舵手汇

www.duoshou108.com

聪明投资者沟通的桥梁

股市奇兵
——揭秘中国涨停板敢死队

揭幕者 著

山西出版传媒集团
山西人民出版社

图书在版编目（CIP）数据

股市奇兵：揭秘中国涨停板敢死队 / 揭幕者著. —
太原：山西人民出版社，2019.4
ISBN 978-7-203-10132-1

Ⅰ. ①股… Ⅱ. ①揭… Ⅲ. ①股票交易－基本知识
Ⅳ. ①F830.91

中国版本图书馆CIP数据核字(2017)第236133号

股市奇兵：揭秘中国涨停板敢死队

著　　者：揭幕者
责任编辑：张书剑
复　　审：贺　权
终　　审：员荣亮

出 版 者：山西出版传媒集团·山西人民出版社
地　　址：太原市建设南路21号
邮　　编：030012
发行营销：0351-4922220　4955996　4956039　4922127（传真）
天猫官网：http://sxrmcbs.tmall.com　电话：0351-4922159
E-mail ：sxskcb@163.com　发行部
　　　　　sxskcb@126.com　总编室
网　　址：www.sxskcb.com

经 销 者：山西出版传媒集团·山西人民出版社
承 印 厂：三河市京兰印务有限公司

开　　本：710mm×1000mm　1/16
印　　张：17.5
字　　数：230千字
印　　数：1—5100册
版　　次：2019年4月第1版
印　　次：2019年4月第1次印刷
书　　号：ISBN 978-7-203-10132-1
定　　价：78.00元

如有印装质量问题请与本社联系调换

"舵手证券图书"开篇序

20世纪末,随着中国证券投资市场的兴起,我们怀揣梦想与激情,开创了"舵手证券图书"品牌,为中国投资者分享最有价值的投资思想与技术。

世界经济风云变幻,资本市场牛熊交替,我们始终秉承"一流作者创一流作品"的方针,与约翰&威立、培生教育、麦格-劳希尔、哈里曼、哈珀&科林斯等世界著名出版机构合作,引进了一批畅销全球的金融投资著作,涵盖了股票、期货、外汇、基金等主要投资领域。

时光荏苒,初心不改,我们将一如既往地与您分享专业而丰富的投资类作品。我们以书会友,与天南海北的读者成为朋友,收获了信任、支持。许许多多投资者成为我们的老师、知己,给予我们真诚的赞许、批评、建议。更有一些资深人士由此成为我们的编辑、翻译、评审,这一切我们感念于心。

我们希望与每位投资者走得更近,我们希望以"舵手投资学院"的方式,给每位读者提供一个反馈和深化学习的家园、一个交流探索的新平台。我们邀请作者进驻我们的投资交流论坛,为读者答疑解惑(www.duoshou108.com)。在这里,您可以与华尔街投资大师亲密接触;在这里,您可以与全国最聪明的投资者交流切磋;在这里,您可以体验全球最新最全的投资技术课程。这里,必将因为有您而伟大!

前言

《股市奇兵——揭秘中国涨停板敢死队》一书，是揭幕者首次为大家揭开敢死队的神秘面纱及他们部分的操盘密技，这也是中国首本揭秘涨停板敢死队的财经书籍。许多内容和细节都是首次披露，涨停板敢死队他们究竟是怎样一批人？是谁第一个发明了涨停板操作方法？涨停板敢死队的操作手法有哪些？中国涨停板敢死队成员分布在全国哪里？只要是各位读者关心的问题，老揭将带领大家一一探寻！来吧！让我们从涨停板敢死队的由来说起！

涨停板背后的故事

　　涨停板敢死队，这一说法源于2003年2月15日，当时的《中国证券报》以《涨停板敢死队》为题，首次披露了银河证券宁波解放南路营业部存在涨停板敢死队的情况。

　　然而，这篇文章一出现，即受到了各大媒体的广为关注，纷纷予以转载，因为涨停板敢死队的风格是快进快出，借势而动。此后，涨停板敢死队一直受市场关注，只要有涨停板敢死队进入的股票，绝大多数都出现了涨停，于是往往会吸引市场眼球，几乎成了股市的风向标。投资者只要发现了涨停板敢死队的身影，就等于是捕捉到了涨停股。

　　早在20世纪90年代初的时候，笔者的一个朋友曾去过宁波，当时是待在中国历史上的一个文化名镇——宁波的慈城，曾经是宁波慈溪的老县城所在地。慈城镇有一处著名的湖，名叫慈湖，水中过道的古亭上，至今仍然留着当年乾隆下江南时的亲笔题名"慈湖"。

　　在慈湖边上，有两株桃树，一株粉色，一株白色，每到五月，便挂满一树的桃花，粉白相间，风一吹，花瓣纷纷坠落，煞是好看。只是这两株桃花却是只开花不结果，就像股市里的涨停板与跌停板，股价在以最大的幅度涨跌，却没有什么成交量。

　　美丽与魅力，或许就如同在那一树粉白相间里的有花而无果。

　　当时，这个朋友经常往来于慈城与宁波市区，曾多次站在三江口的桥上吃着当地一种豆腐串小吃。只是，当年的宁波还很朴素，甚至是北仑港也远没有如今的灯火辉煌。当年，朋友经常抽着宁波牌香烟到三江口上看宁波的夜景。

那时，银河证券所在的宁波"解放南"的前身就已经存在，只是这个朋友当时还未入市，而那些最早聚集在"解放南"的涨停板敢死队也还没有出现。

如今一转眼，似乎只是那个朋友站在三江口上吸了一支当时只有2元一包的宁波烟，涨停板敢死队突然在三江口掀起了一层巨浪，并且，这个浪不仅搅动了三江，还震动了中国的A股市场。

涨停板敢死队应运而生！

股市是看得见却摸不着的市场，但这个货币游戏里却充满了巨大的利益，也因此具有了巨大的诱惑，那些勤劳而勇敢的宁波人，自然从中嗅到了扑面而来的气息，于是一批又一批人涌了进去，并带动周边城市，用他们有限的资金去撬动股市里巨大的财富。

在股市这一经济杠杆中，由于涨停板与跌停板的出现，受涨跌幅的限制，出现了奇特的涨跌停板，也给聪明的宁波人窥见了其中的玄妙，才有了投资者所熟知的"涨停战法"。而围绕涨停板，也就发生了许多耐人寻味的故事。

中国的A股作为一个新兴市场，是以资金推动型的方式屹立在东方的。所以，往往巨大的资金吞吐量造就了一个个涨停奇观。但股市发展到今天，早已没了最初的现金交易去买涨或跌。于是，股市中的涨停板或跌停板也就含有了一定水分。很多时候，投资者眼中的涨停或跌停，也有了许多虚假的成分。然而，股价毕竟涨停或跌停在那里。这也成为了股市投资最大的魅力，尤其是接连出现的一字涨停板，更是吸引了众多投资者欣羡的目光。

所有的涨停板敢死队正是看到了这一点！于是，在我们通过K线图所看到的一个个涨停板背后，便有了一个又一个传奇。

股价出现涨停，是一件看起来十分简单的事情，但在一个个涨停板的背后，往往却有着很多不为人知的故事，而这些故事的缔造者，正是那些涨停板敢死队。因此，要想明白一只股票为什么会出现涨停板或跌停板，想明白涨停板敢死队是如何运用涨停板或跌停板来撬动市场庞大的资金，以实现从中获利的。这样，我们才能够明白股价出现涨停板或跌停板的原因，从而指导自己的操作。

涨停板是股市里的一朵奇葩，而这朵奇葩的获得，却只有靠自己的努力与付出去浇灌。

笔者认为，了解那些涨停板敢死队，关键在于知晓他们相同中略带不同的操盘理念与操盘手法的同时，如何去像他们一样树立严格的炒股纪律和操盘原则，如何辛勤刻苦地去选择股票，从而在对的时间里，做出正确的选择！

目 录

第一章　涨停板敢死队 ·· 1

1.1 什么是涨停板 ··· 2

1.2 涨停板敢死队的由来 ··· 9

1.3 涨停板敢死队经典操盘手法：一字断魂刀（1）················· 14

1.4 涨停板敢死队经典操盘手法：一字断魂刀（2）················· 16

第二章　涨停板敢死队的发源地 ···································· 19

2.1 宁波是涨停板敢死队的发源地 ·································· 20

2.2 宁波敢死队最初的操作手法 ···································· 25

2.3 宁波敢死队代表人物："三个火枪手"与"三驾马车"··· 32

2.4 期货太极叶大户：从 10 万到 100 亿··························· 36

2.5 宁波敢死队经典案例分析：小鸭电器（000951）········ 41

第三章　涨停板敢死队鼻祖 ·· 47

3.1 涨停板敢死队鼻祖张先生 ······································ 48

3.2 华昌化工：从二级市场到一级半市场的华丽转身 ········ 52

3.3 刻意低调的神秘大户 ·· 56

3.4 涨停板敢死队鼻祖上岸，成就"定增王"················· 62

3.5 鼻祖经典案例：中关村（000931）····················· 67

第四章　涨停板敢死队之王 ·········· 73

4.1 杭州涨停板敢死队之王老章 ·········· 74
4.2 杭州涨停板敢死队里的"神雕侠侣" ·········· 78
4.3 老章的操作手法探秘 ·········· 84
4.4 老章经典案例分析：北辰实业和招商轮船 ·········· 92
4.5 老章失败案例：数亿资金折戟中信证券（600030） ·········· 98

第五章　西部涨停板敢死队 ·········· 105

5.1 西部涨停板敢死队的中心：成都 ·········· 106
5.2 职业炒手 ·········· 112
5.3 职业炒手的操作手法及经典案例 ·········· 116
5.4 《葵花宝典》 ·········· 124

第六章　涨停板敢死队之逆袭王 ·········· 129

6.1 福建涨停板敢死队：asking ·········· 130
6.2 asking操盘手法：龙头战法 ·········· 135
6.3 asking的经典案例 ·········· 141
6.4 公开看好品种：短线变长线 ·········· 146

第七章　新生代涨停板敢死队 ·········· 151

7.1 新生代涨停板敢死队：85后赵老哥 ·········· 152
7.2 赵老哥的操盘手法 ·········· 157
7.3 赵老哥经典案例：南车北车 ·········· 164
7.4 西藏同信方青侠 ·········· 173
7.5 方青侠的操盘手法及经典案例 ·········· 177

第八章　炒新敢死队：中信上海溧阳路孙大户 …………… 183

8.1 炒新敢死队 …………………………………………… 184
8.2 中信上海溧阳路孙大户的操盘手法 ………………… 191
8.3 新股炒作经典案例1：兰石重装（603169）………… 201
8.4 新股炒作经典案例2：科迪乳业（002770）………… 207
8.5 新股炒作经典案例3：易尚展示（002751）………… 216

第九章　其他涨停板敢死队：他山之石可以攻玉 ………… 227

9.1 一字板的VIP席位 …………………………………… 228
9.2 最善良的涨停板敢死队 ……………………………… 234
9.3 炒股养家 ……………………………………………… 239
9.4 落升 …………………………………………………… 246
9.5 其他涨停板敢死队及游资席位一览 ………………… 253

后记：我和徐翔的一顿午餐 ………………………………… 261

附：国内知名游资派系及所在营业部 ……………………… 265

第一章　涨停板敢死队

2003年2月15日，《中国证券报》在头版发表了一篇题为《涨停板敢死队》的文章，由此，涨停板敢死队开始浮现在世人面前。当看到他们通过炒股而获得巨大财富的同时，我们不仅会为之喝彩，更要明白，他们是如何才获得了如此巨大的财富的。这不仅仅是操盘手法的技术问题，更是操盘理念所为。

1.1 什么是涨停板

在发展中国家的众多新兴市场之中,中国的证券市场鲜明地体现出了中国特色,那就是涨停板与跌停板制度。

当然,涨跌停板制度并不属于"中国制造",它最早源于国外的早期证券市场,证券市场的出现尽管有很大的投资理念在里面,但每一项制度都会有其优点和缺点,往往出现投资者抓住其缺点,有意放大优点也无形之中放大缺点的现象出现。因此,为了防止证券市场中的股票交易价格出现暴涨暴跌式的过度投机现象的出现,国家对每只证券当天价格的涨跌幅度在制度上予以了适当的限制。

作为新兴市场,中国证券市场在1996年12月13日发布了涨跌停板制度,并在三天后的1996年12月16日开始实施,截至2019年,这一制度已经实施了23年。涨跌停板制度的出台,无疑出发点是从保护广大投资者的利益出发,是为了保持市场的稳定,进一步推进市场的规范化。

制度规定,包含A股、B股在内的股票,基金类证券,在一个交易日内的交易价格相对上一交易日收市价格的涨跌幅度不得超过10%,同时规定,以S、ST、*ST开头的股票不得超过5%,超过涨跌限价的委托则为无效委托。

如此一来,市场上即出现了涨停板,如图1-1、图1-2所示。

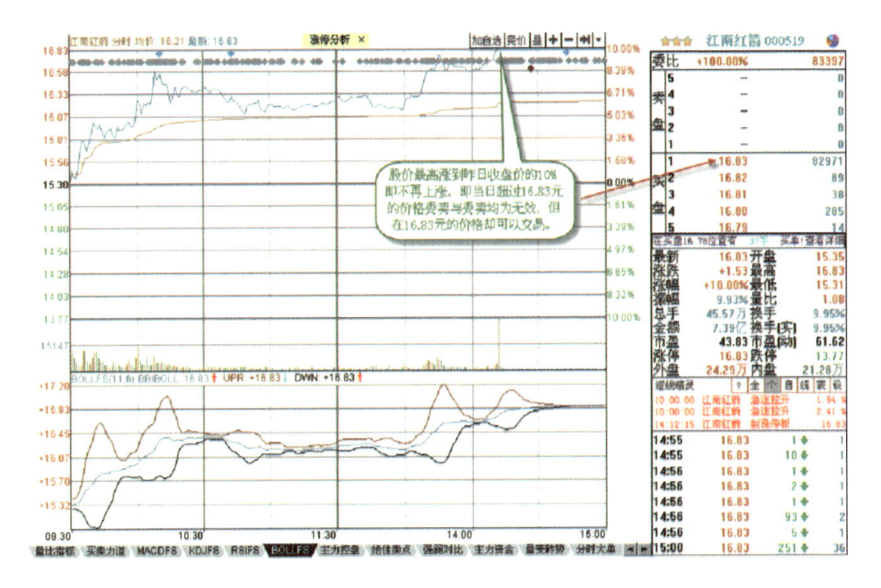

图 1-1　江南红箭 2015 年 12 月 30 日分时图

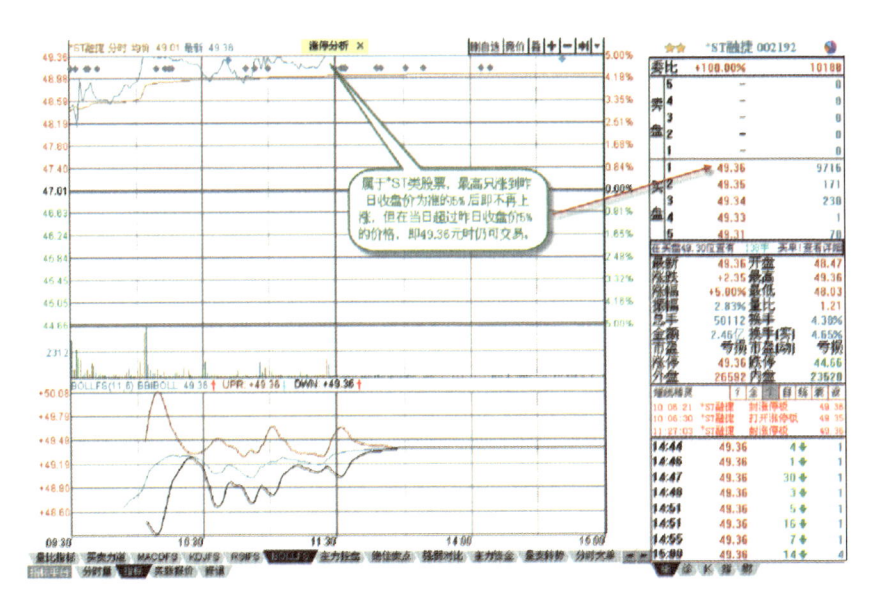

图 1-2　*ST 融捷 2015 年 12 月 30 日分时图

同理，当股票跌幅达到10%，或是ST、S、*ST股价跌到5%时，同样会出现不再继续下跌的情况，所有当日低于该价位的委托均为无效，但在跌停的价位上却可以交易。

在涨停板制度与跌停板制度之下，所谓的中国特色在于，当股价当日上涨或下跌幅度达到10%（ST、S、*ST类股票为5%）后，仍然可以继续以这个涨停价或是跌停价交易，只要是盘中有买有卖即可，直到当日收市为止。而西方国家却无法做到这样，这就是证券市场中的中国特色。

值得注意的是，涨停价或跌停价的计算，是以昨日收盘价为基准的，并采取了四舍五入的方式，只显示小数点之后的两位数，所以就出现了细小的差别，有了小于10%的9.97%—9.99%的涨停板和大于10%的10.01%-10.3%的涨停板，如图1-3与图1-4所示。

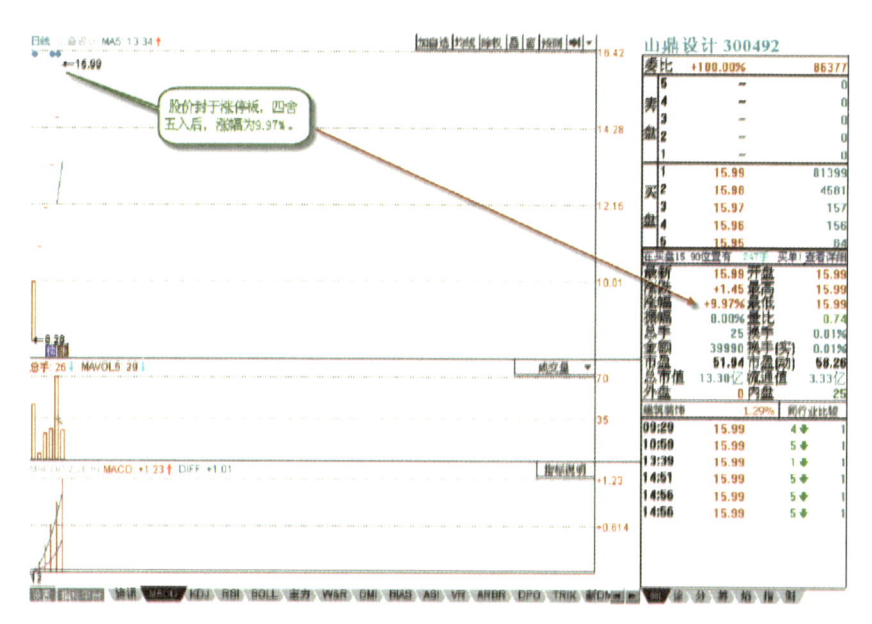

图1-3 山鼎设计日线图

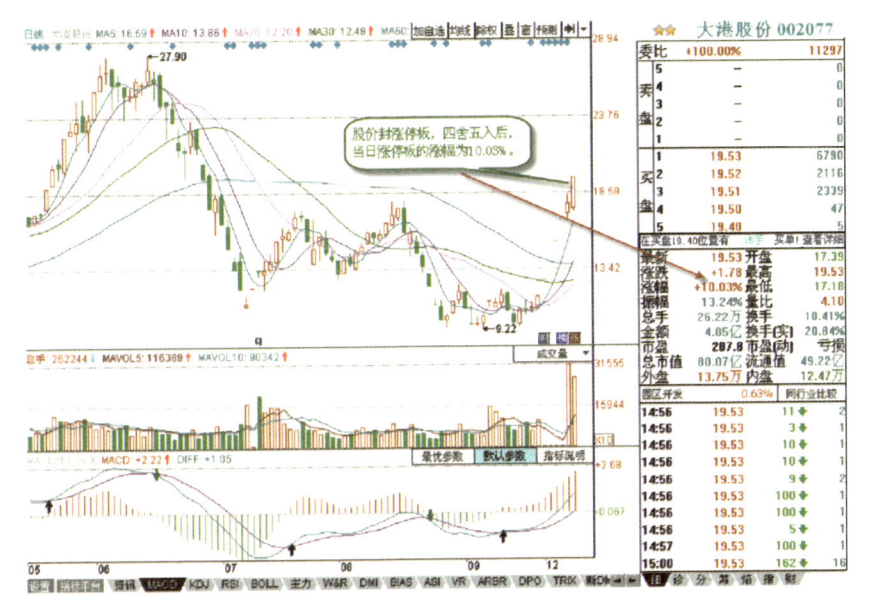

图 1-4　大港股份日线图

这样一来，当一只股票出现涨停或跌停之后，只要有大量筹码一直在以涨停价格委卖，或是以跌停价委买，于是，颇具戏剧性的一幕就会经常上演。

当一只股票在以涨停板的方式出现后，涨停板很快会被打开，甚至股价由此一路出现下跌，最终跌到跌停板，如图 1-5 所示。

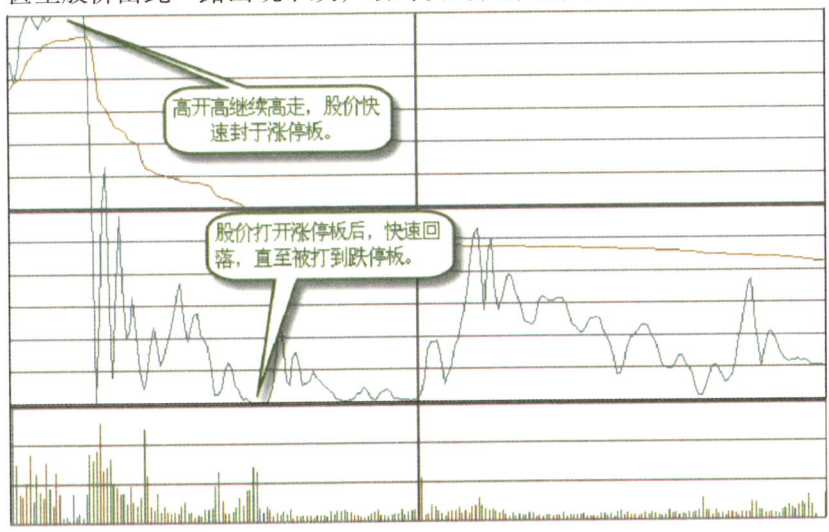

图 1-5　科迪乳业 2015 年 8 月 4 日分时图

当一只股票在以跌停板的方式出现后，跌停板很快会被打开，甚至股价由此一路出现上涨，最终被拉到涨停板，如图1-6所示。

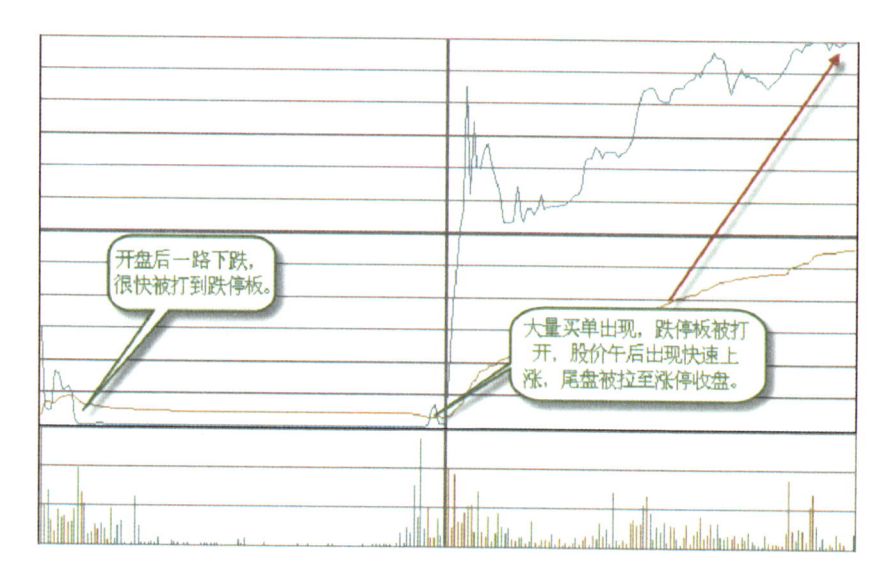

图1-6　万润科技2015年6月30日分时图

这种股价从涨停板到跌停板，或是从跌停板到涨停板现象的出现，就像是蹦极。尽管在涨停板与跌停板制度的制约之下，股价在同一个交易日中无法做到超过10%的大幅上涨或下跌，但是却可以从一个极端快速运行到另一个极端，当日的涨幅或跌幅最高可达到20%，振幅之大，同样不容小觑。

这种股价在当日出现的蹦极现象，原本极少发生，只有在股市经历极端行情时，才易出现否极泰来的极端行情，但是由于庄家如宁波敢死队等游资大户的介入，蹦极似的从跌停板到涨停板和从跌停板到涨停板的立定跳远却在股市中时有发生，已成了常态。

另外，还有一种涨停板也是经常出现的，就是一字涨停，这种涨停方式是直接以涨停板的价格开盘，如果接连出现的话，更是有着一飞冲天的走势，就像古时的范进中举，就像乌鸦展翅变作凤凰……同样是股市在涨停板制度之下所上演的一幕精彩传奇！如图1-7所示。

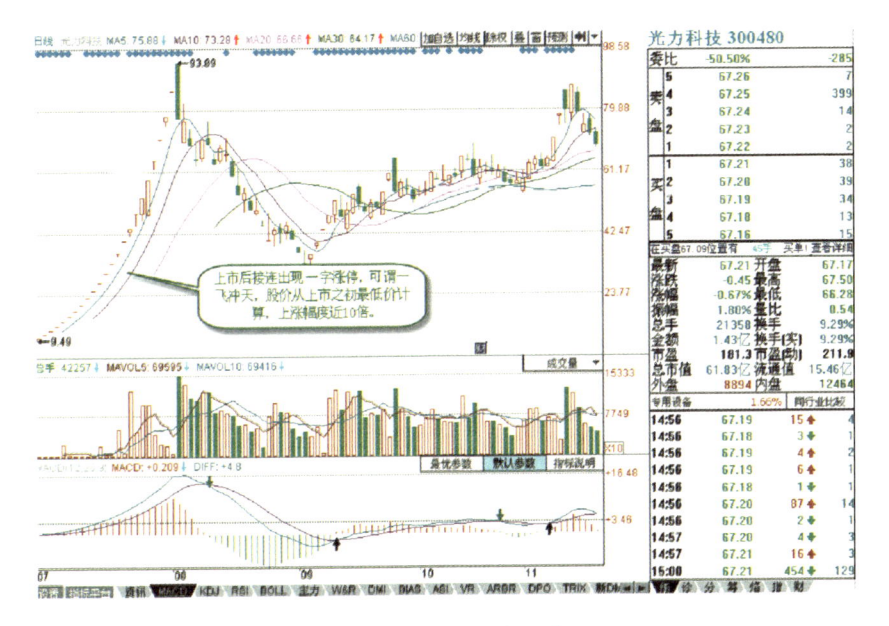

图 1-7 光力科技日线图

这也是极具中国特色的股市涨停板奇观！

然而，在充分了解了涨停板制度和不同的涨停板奇观之后，还有一些特殊情况，是不受涨停板制约的，这同样需要引起投资者的高度重视：

（1）新股上市首日，不受涨停10%的限制。科创板新股上市，前五日不设涨跌幅。

（2）暂停上市的ST股扭亏复牌首日。

（3）股改完成复牌首日。截止2018年底，仅剩2家公司未完成股改。

（4）特殊的重大资产重组完成后，为了防止过度投机，当日超过前日的200%幅度限制就临时停止交易。

其中需要格外引起注意的是，在新股上市的首日，是会根据其发行价有一定幅度的溢价的，并且有着特殊的规定：

（1）上午9点15分开始集合竞价时，可以第一时间委托买卖。

（2）9点半开盘后，投资者可以连续委托买卖，最好按最高涨幅来申报。

（3）要注意委托价格区间的填报，不要成为废单。

这只是时间上的规定，另外，新股上市首日，还有新的规定：

新股上市首日，投资者的申报价格应当符合以下要求，超出有效申报价格范围的申报为无效申报：

（1）集合竞价阶段，有效申报价格不得高于发行价格的120%，且不得低于发行价格的80%。

（2）连续竞价阶段，有效申报价格不得高于发行价格的144%，且不得低于发行价格的64%。

在这些特殊规定之下，投资者如果要想在新股上涨首日买入股票，是有着不同程序的，要以竞价的方式才能买到。此时，如果只从股票的日线上是无法看出区别的，股价始终看似涨停的样子（当日破发者除外），如图1-8所示。

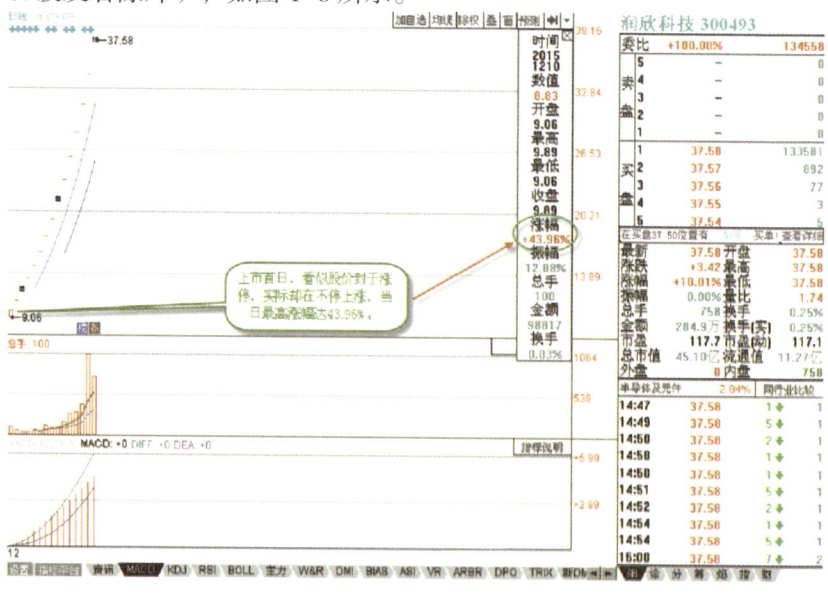

图1-8 润欣科技日线图

此时，若是投资者打开新股上市首日的分时图，将是一片空白，根本没有上涨的波动，如图1-9所示。

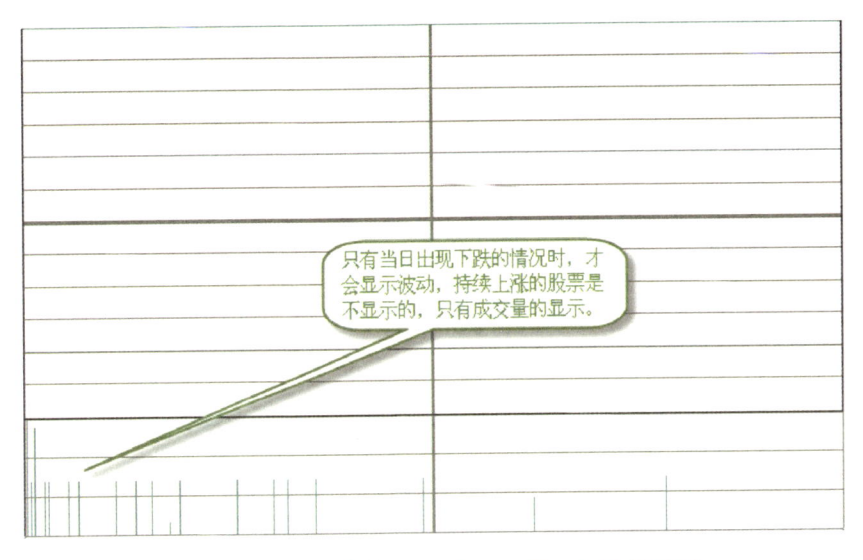

图 1-9　润欣科技 2015 年 12 月 10 日分时图

在国家严格的涨停制度之下，很多的涨停板事实上早已失去了其最初的意义，大笔资金的介入，又在这一约束之下延伸出了许许多多、林林总总的名目，制造出了一个又一个令股民叹为观止的传奇。

所有这些，其实正是具有浓郁色彩的和中国特色的股市涨停板传奇！

1.2 涨停板敢死队的由来

所谓的涨停板敢死队，多是外界对那些游资大户的一种叫法，顾名思义，是指一群不怕死的人，将大批资金在极短时间内涌入某只股票，从而令这只股票出现了快速涨停。本意是指这些散户在市场的操作过程中都不怕死，所以敢于游走于涨停板的边缘。

敢死队的概念最初流入中国，要追溯到 20 世纪 80 年代初期。当时，央视引进了美国系列电视剧《加里森敢死队》，敢死队成员均是一位美国军官加里森从监狱里挑选出的一个个身怀绝技的服刑人员组成，并由其带领，深入德军内部，孤军奋战，完成了一个又一个任务，从而成为战斗力远超军方的战斗特遣小队。

敢死队概念因此而来。当年，由于这部剧的播出，影响了很多社会青年，因此只播出了数集便中止了播放，但却影响和启发了许多20世纪70年代出生的人，尤其是宁波那几位后来聚焦于股市的涨停板敢死队的核心人物，比如大徐、小徐和老吴等。

当时间进入到1990年11月26日，上海证券交易所成立。次年，深圳证券交易所试开业。中国在拥有了自己的股票市场时，这些人身处沿海，都对此感触最深，经历了1992年"8·10"事件的惨痛，又看到了1994年7月30日《人民日报》发表证监会与国务院有关部门共商稳定和发展股票市场措施的文章，推出"停发新股、允许券商融资、成立中外合资基金"等三大利好救市政策后，股市出现了上证指数下探325.09点后的绝地反击行情，一路上涨到了1052.94点，如图1-10所示。

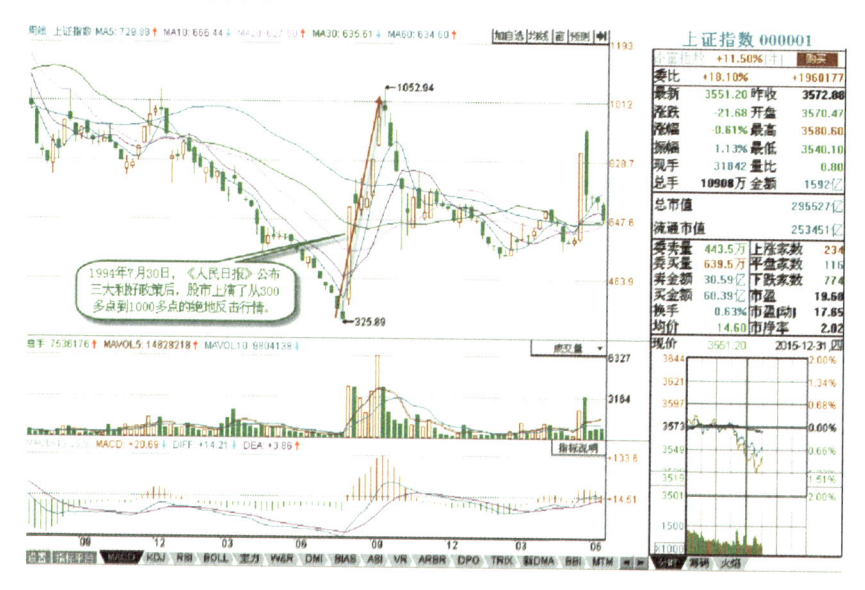

图1-10 上证指数1994年周线图

其后又经历了1996年4月至1997年5月，上证指数从512.82到1510.18的大牛市，如图1-11所示。

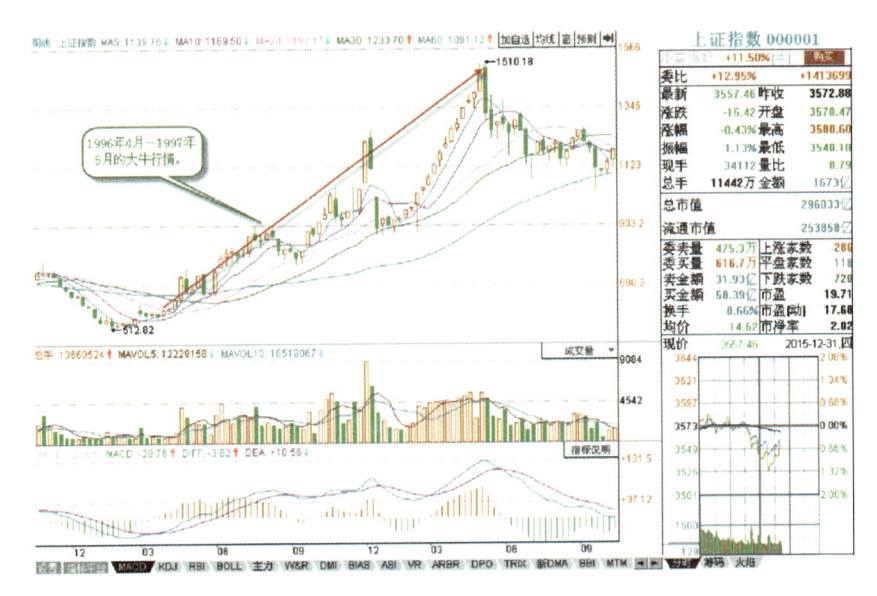

图 1-11　上证指数 1996 年—1997 年周线图

几番大起大落的震荡，让聪明的宁波人，尤其是像大徐、小徐和老吴等一样目光敏锐的人，从中看到了赚钱的商机，开始投身于股市。

那时候，他们只不过是一心想赚钱致富的散户投资者而已，与如今入市的投资者没什么两样，不同的是，他们身处改革开放的沿海城市，在感受着政策天平倾斜的同时，在一边摸索一边学习的过程中，很快像《加里森敢死队》里的那些成员一样，找到了其中的奥秘，胆子也随着技术的不断提升，以及对市场规律的准确判断，慢慢变得大了起来。此时，他们像飞蛾一样，头顶全部家当扑向了股市之火。

幸运的是，他们没有被股市之火熔化，而是实现了凤凰涅槃式的重生……

那时的敢死队的核心人员，他们之所以能够聚集在一起，甚至只闻其名即成为了好友，和古代的文人其实没什么不同，所凭借的是他们对操盘技术的掌握和了解，以及他们在实践中一个个成功的案例。然而，三五成群的集结，却让他们如加里森在最初成立敢死队时一样，看中的是每个人的"绝技"，只不过他们所形成的方式不同罢了。

由最初的惺惺相惜，到后来的携手并肩，聚集成群，一切都是自然而然的，甚至是自发的，期间并没有任何的做作。最初的涨停板敢死队不过是几个弱小的散户投资者自然而然地抱团取暖，但因为他们的聚集，使得这个群体所拥有的资金量，随着不断的胜利，像滚雪球一样越滚越大。因操盘技术高超和资金的高度集中，使得这些资金的流动拥有了军队般的高度统一。

所有这一切，其实并没有什么异常，可是资金的流动，却是要经过证券营业部这条通道的。

由于这些人对操盘技术的熟练，以及对庄家操盘手法的深谙于心，他们根据这些而选择股票的时机，往往是那些庄家介入后即将启动的时刻，再加上大笔资金的快速涌入，通常使股价几乎瞬间引发了涨停，而其后，更因为他们动用大批资金在个股身上，实施快速拉升后的胜利大逃亡，自然引起了市场的注意。

这些人介入的股票，往往会以放量涨停的方式快速进入两市的"龙虎榜"，例如2015年9月10的上海普天（600680），当日在以接近涨停价开盘后，很快封死在涨停板上，如图1-12所示。

图1-12　上海普天日线图

另一个不争的事实是,在这些股票快速出现在两市的"龙虎榜"时,其成交明细的统计也会从海底一下子浮现出来,并且所有这些大单进进出出的通道——证券营业部,也鹤立鸡群般位列两市的成交活跃度的最前沿,如图1-13所示。

【龙虎榜】 上海普天 09月10日成交明细

2015年09月10日,同花顺数据中心显示,上海普天(600680)报收19.69元,涨幅10.00%,成交量1239.85万股。

上榜类型:连续三个交易日内,涨幅偏离值累计达20%的证券 历史上榜明细

序号	交易营业部名称	买入金额(万)	卖出金额(万)	净额(万)
	买入前五金额合计为14183.33万元			
1	财通证券股份有限公司绍兴人民中路证券营业部	5757.58	--	5757.58
2	中国银河证券股份有限公司宁波解放南路证券营业部	3570.50	--	3570.50
3	华泰证券股份有限公司南京中央路证券营业部	2107.80	--	2107.80
4	方正证券股份有限公司长沙桐梓坡路证券营业部	1454.15	--	1454.15
5	华泰证券股份有限公司武汉西马路证券营业部	1293.30	--	1293.31

图1-13 同花顺2015年9月10日"龙虎榜"成交明细

原本神秘的曲径,一下子远隔千万里,变成了一条康庄大道,投资者不禁惊叹于这些秘密小分队如此的大手笔,尤其是当大盘行情不好的时候,这种现象依然如故地出现在了两市"龙虎榜"上。众多的投资者,甚至是那些大报小报的记者,几经求索,却终因这些人为人处世的低调,不能相识。与他们在股市征战的业绩及凌厉的操盘手法相比,形成了极大的反差。然而,涨停板敢死队那些经典的操盘手法却是极为鲜明地留在了投资者面前。

1.3 涨停板敢死队经典操盘手法：一字断魂刀（1）

涨停敢死队以其巨大的资金吞吐量，将中国银河证券宁波解放南路证券营业部推上了股市的风口浪尖，但资金量的大小只能从一个侧面反映出有众多的游资大户聚积于中国银河证券宁波解放南路证券营业部，使得这里流通于股市的资金较大，交投活跃，但并不能令其在中国股市形成一种震撼。

要想做到令人过目不忘，往往与其凌厉的操盘手法有关。当然，在资金推动型的市场上，大笔资金的涌入，自然会出现如 2007 年和 2015 年上半年一样众人拾柴火焰高的情况，但是当资金在某一特定时间内高度集中于某些股票时，同样会达到这种效果，这种局部放大的现象给人的印象更为深刻。

这就是在涨停板制度之下的涨停或跌停！尤其是那种在逆势中的涨停，如在 2016 年元旦过后的第一个交易日（2016 年 1 月 4 日），大盘在震荡下跌的趋势中出现了长阴暴跌，盘中两次指数触及熔断机制，出现停盘，如图 1-14。

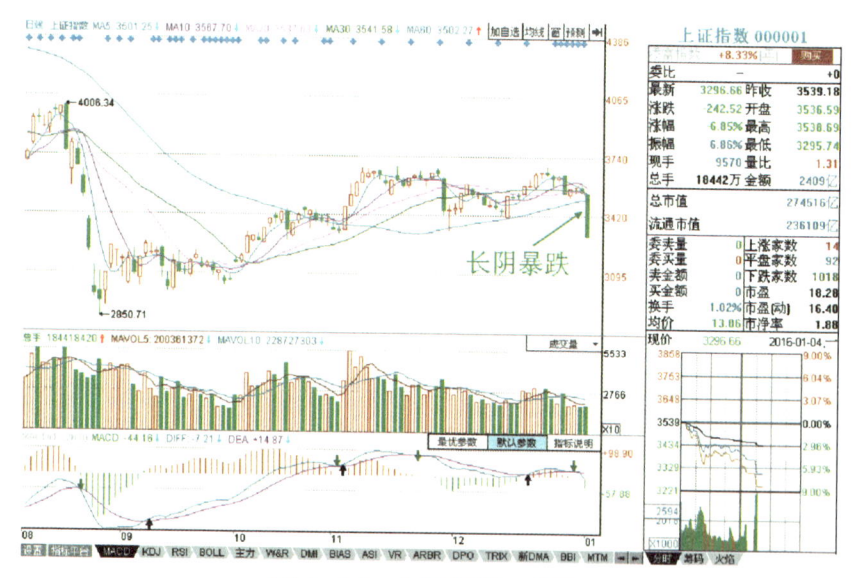

图 1-14　上证指数日线图

然而在当日，梅泰诺（300038）却出现了高开后的一路上涨，并封于涨停，如图1-15。

图1-15　梅泰诺日线图

这种极度的两极反差现象的出现，往往留给投资者的是过目不忘的记忆。而宁波敢死队长期通过中国银河证券宁波解放南路证券营业部的窗口，向世人所屡屡传递出来的，正是这样一个个类似的信息，以至于在20世纪90年代末期，那样一个无论从制度上还是信息传播速度上远不及当今的情况下，投资者会牢牢记住他们！

然而，宁波敢死队中那些人物的低调，却再一次为他们蒙上了更为神秘的面纱。虽然投资者无法一睹宁波敢死队成员的庐山真面目，但是却可以从资金的流动，看到他们操作股票时的手法。

说起宁波敢死队，投资者自然不会忘记其凶猛的操盘手法，但是这些经典的手法，在如今看来早已不是什么秘密，和股票进入快速拉升期时，庄家所用的操盘手法没什么大的区别。在当时来说，这些手法都是敢死队成员通过反复实践，不断摸索和总结出来，也正是源于他们的勤奋好学，逐渐形成了规律，但由于其技法在操作中，更为明显地体现出了凌厉的特色，因此才为后人广为传诵。

然而，投资者在面对一只只为涨停板敢死队介入的股票满天涨停的时候，也深刻记住了他们在出货时的凌厉动作——一字断魂刀！

正是这种大举快速吃进并大举快速逃离的"游击战"，让宁波敢死队像抗日战争时期的游击队一样，达到了出奇兵以致胜的目的。

1.4 涨停板敢死队经典操盘手法：一字断魂刀（2）

所谓一字断魂刀，是宁波敢死队短时间大举出货时的一种惯用手法，指的是他们在出货时，为了大量在高位卖出筹码，采用一字横盘并放出巨大成交量的方式进行出货，分时图上，此时可以看到，他们在出货时股价形成一个"一"字形，但随后即出现快速下跌，就像一口铡刀从头顶落下来，因此被称冠以一字断魂刀。

但不同的时期，由于市场的热络度不同，因此，一字断魂刀的表现方式略有不同：

（1）当市场处于牛市中时，由于此时市场的跟风盘较多，涨停敢死队往往可以通过拉高股价实现轻松出货的目的，而不用担心熊市中股价被拉高后的曲高和寡。

比如，在2014年1月15日，当时整个市场处于牛市中，鄂尔多斯（600295）在经过前期快速上涨后，此时短线看似在调整，并且在K线上还收出阳十字星，但当日分时图上却出现了主力在低开后快速拉高后的一字断魂刀出货，如图1-16所示。

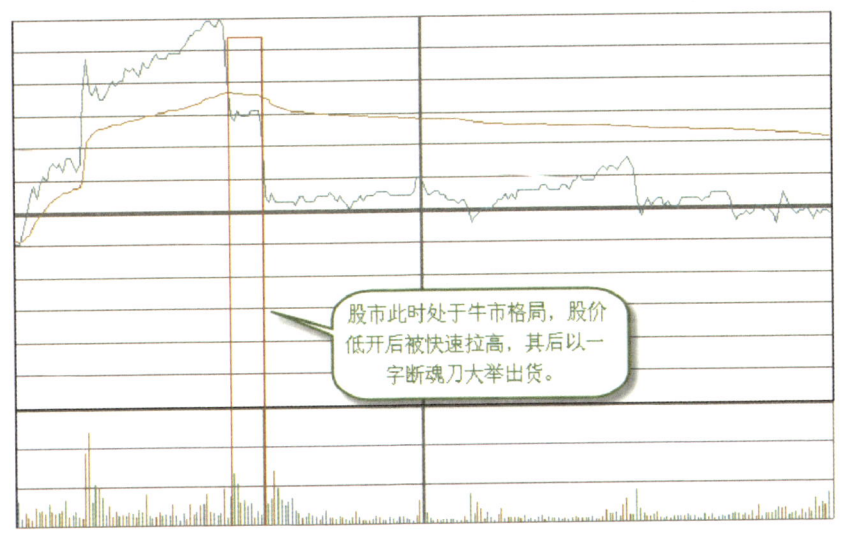

图 1-16　鄂尔多斯 2014 年 1 月 15 日分时图

（2）当市场或股价处于下跌趋势时，往往股价在盘中的快速拉升与其后的回落更为明显。

比如，文峰股份（601010）在 2015 年 4 月拉高实施高送转，在快速上涨后于 4 月 14 日同样出现了一字断魂刀，如图 1-17 所示。

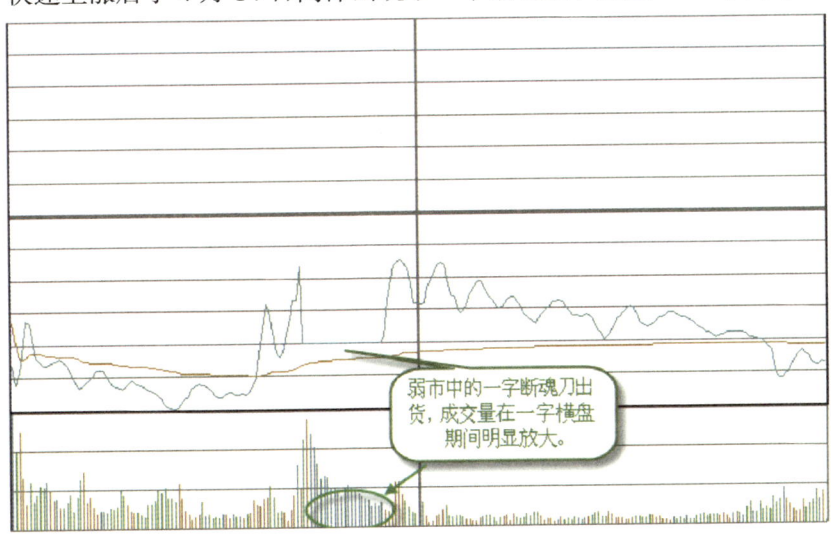

图 1-17　文峰股份 2015 年 4 月 14 日分时图

从一字断魂刀出现时的市场表现来看，行情好时，涨停板敢死队往往会将股价高开后快速拉至涨停，并维持在涨停板上大举出货，因此时市场向好，跟风盘的不断涌入，将其出货的举动掩盖了，并且随后，股价往往会出现持续的上涨出货，但此时往往是股价最后的赶顶期。而当行情处于下跌状态时，他们又借机用对倒大单，将股价拉升到相对的高位，之后大举实现一字横盘的放量出货。

不管是在哪一种情况下出现一字断魂刀，都是宁波敢死队在大举估出筹码，一经出现，股价将在短期内出现大起大落的快速上涨和下跌的趋势。

很多投资者都将这种操盘手法归功于小徐，但其实，宁波敢死队的这些操盘技法并非他一人之功，而是一种集体智慧的表现，尤其是一个叫老吴的人。

在宁波敢死队初具规模的2000年，老吴辞掉了在天津的操盘手工作，只身来到了宁波，在银河证券宁波解放南路营业部要了三个房间。他之所以看中这家营业部，是因为老吴觉得这家营业部实力不俗，是个藏龙卧虎之地。因为那时候，宁波一共有34家营业部，而银河证券宁波解放南路营业部却占据了1/4的交易额。

那时候，小徐还不知道类似在涨停板挂单、撤单又不露痕迹的奥妙，是老吴手把手教会了他这一绝招。具体方法是：在两台电脑上同时按下同一数量的挂单和撤单，这样，自己账户排在前面的买单顺利撤单，从而免于成交；而后面的挂单因为排在别人的挂单后面，同样无成交之担心。这样做的好处是：可以大大节省自己用于拉涨停的资金，而让别人的资金充当炮灰，挂单数量不但一直很大，而且看不出大单撤单的痕迹，显得筹码相当紧俏。

正是这种不露痕迹的对敲手法，才有了后来涨停板敢列队凶狠的操盘手法，以及令广大投资者闻之而色变的一字断魂刀。其中，所谓像老吴一样的元老级人物的涌入，对宁波敢死队来说功不可没。

第二章　涨停板敢死队的发源地

"炒股不跟解放南，纵是神仙也枉然。"众多民间股神的出现，让宁波成为了当之无愧的涨停板敢死队的发源地。不论是最初的期货炒作，还是后来的股票投资，不管是叶大户，还是"三个火枪手"与"三驾马车"，涨停板敢死队在宁波的集中出现，并不是偶然的，是这些人所处时代与他们独具一格的禀性使然，也是中国股市从无到有再到快速发展的一种见证。

2.1 宁波是涨停板敢死队的发源地

作为1984年被列为沿海14个开放城市之一的宁波来说，很多人并不陌生，因为它是海上丝绸之路的东方始发港，并被英国评为世界五佳港口之一，也是甬江、奉化江和姚江等三江汇聚的风水宝地。

宁波汤圆和炒年糕早已为世人所知，但真正让投资者记住宁波这个美丽港口城市的，并不是这些，而是涨停板敢死队。

在宁波海曙区月湖畔，坐落着一座大楼，在很多人看来，或许这个楼并无奇特之处，不过是一家证券公司的办公楼，并不起眼，但是在已超过一亿大军的股民心目中，它却赫赫有名。这些投资者，很多人并没有去过那里，但是却每日在炒股软件的"龙虎榜"里看到它——银河宁波解放南路营业部！

因为它就是众多股民心目中的"宁波汤圆"！

最初，这里还名不见经传时，就像当年马云在西子湖畔的民宅里办着门庭冷落车马稀的公司时一样，不过是一家普通的证券营业部。那时还不能网上交易，很多在外人眼里不务正业的人会像疯子一样，骑着个除了铃铛不响哪里都响的破自行车，或是撸起裤管步行跑到这里来，天天抬头看墙上那些或红或绿的屏幕，或是吸着廉价的宁波烟交头接耳地大谈特谈，或是灰溜溜地跑到门口买上一两张证券报，坐在地上津津有味地看上一番……

五冬六夏，这些人日日似乎都在重复做着这一件事，并且做得有滋有味，百做不厌。他们原本都不相识，却因为一个涨停成为了英雄不问出处的朋友，因一股票的涨跌而喜而悲，而痴而狂，也为了排队等候交易而焦虑，最后手一慢而懊悔好几天。

这样的日子，一直持续到了2003年2月15日，《中国证券报》

突然在头版刊发了一篇《涨停板敢死队》的文章,银河宁波解放南路营业部突然在股民的眼前一亮——宁波敢死队!

再去看大盘,似乎每一个涨停的背后,都出现了银河宁波解放南路营业部的身影,很多大单的出处,也似乎都出自这里。银河宁波解放南路营业部成了一个众多股民一看到,即再也挥之不去的梦!如图 2-1 所示。

图 2-1 中国银河证券网宁波解放南路营业部

在宁波,也许正是因为了 2003 年《中国证券报》的这一篇报道,让很多并不知晓银河宁波解放南路营业部的投资者,将目光转移到了这里,他们顺着三条江河,来到了三江口的月湖河畔,像当年的徐福一样,只为求得一个长生不老方。于是,三教九流的投资者的大量聚积,让昔日并不繁华的银河宁波解放南路营业部一下子热闹起来,甚至繁华起来。

原来破旧的办公楼,因此成为了集市一样的股民聚集地,也渐渐成了这些人心目中的圣地,像唐僧心里的西方净土大雷音寺。八方圣徒的前来朝拜,让银河宁波解放南路营业部渐渐成为了各个游资大户的集合地,无须号令,成千上万的大单像北方的雪花,纷纷出现在了银河宁波解放南路营业部的交易明细上。而即使是如今风光不再，银河宁波解放南路营业部依然在股市中占有着不可动摇的地位，在很多涨停牛股的背后，依然有着银河宁波解放南路营业部挥之不去的身影，如图2-2所示。

【龙虎榜】 西泵股份 12月07日成交明细

2015年12月07日，同花顺数据中心显示，西泵股份（002536）报收82.49元，涨幅6.17%，成交量1183.74万股。

上榜类型：日换手率达20%的证券 历史上榜明细

序号	交易营业部名称	买入金额(万)	卖出金额(万)	净额(万)
	买入前五金额合计为4496.88万元			
1	光大证券股份有限公司上海中兴路证券营业部	1152.84	1086.84	66.00
2	华泰证券股份有限公司江阴分公司	913.81	56.33	857.48
3	华泰证券股份有限公司上海浦东新区福山路证券营业部	826.14	701.99	124.16
4	中国银河证券股份有限公司宁波解放南路证券营业部	817.24	86.12	731.13
5	宏源证券股份有限公司深圳福华一路证券营业部	786.84	8.74	778.11

图2-2 同花顺"龙虎榜"西泵股份成交明细

银河宁波解放南路营业部成了股民心中的大雷音寺，宁波敢死队也成为了股民心目中的"神"。因为只要是进入炒股软件"龙虎榜"的股票，但凡交易明细中，只要有银河宁波解放南路营业部的身影位居其中，这股票就会出现接连的涨停。

当年，央视《加里森敢死队》的播出，曾在一代中国人心中留下了童年般难以磨灭的印记；而如今，宁波敢死队的出现，也让中国股民看到了一支股市奇兵。

中国人，因为宁波汤圆和炒年糕记住了宁波；而中国股民，却因为银河宁波解放南路营业部而记住了宁波。

事实上，在同一时期，全国各地也曾涌现出了不少著名的证券营业部，比如国信证券上海北京东路营业部、华泰证券江阴虹桥北路营业部、招商益田路免税商务大厦营业部、东吴证券杭州文晖路营业部、招商证券广州天河北路营业部、国泰君安上海江苏路营业部、国信证券深圳红岭中路营业部等。银河证券宁波解放南路营业部之所以成为涨停板敢死队的发源地，是因为只要是这里的游资大户操作的股票，都会出现接连的涨停，因此，宁波也成为了股票涨停板敢死队的代名词。

聚焦在银河证券宁波解放南路营业部里的那些游资大户们，他们之所以能够如此凶狠地操纵股价，是因为他们手里握着令外人咋舌的巨量资金，因此才能做到游刃有余，比如，2015年当之无愧的明星妖股海欣食品（002702），如图2-3所示。

图2-3　海欣食品日线图

海欣食品的牛气冲天，银河证券宁波解放南路营业部在其中扮演着重要角色，因为在同花顺的"龙虎榜"上，海欣食品成交明细里，很多买入资金都出自这里，如图 2-4 所示。

【龙虎榜】 海欣食品 10月22日成交明细

2015年10月22日，同花顺数据中心显示，海欣食品（002702）报收32.82元，涨幅9.99%，成交量3024.00万股。

上榜类型：连续三个交易日内，涨幅偏离值累计达20%的证券 历史上榜明细

序号	交易营业部名称	买入金额(万)	卖出金额(万)	净额(万)
	买入前五金额合计为20915.36万元			
1	光大证券股份有限公司杭州庆春路证券营业部	9853.02	3407.44	6445.57
2	中国银河证券股份有限公司宁波解放南路证券营业部	3435.85	176.35	3259.50
3	华泰证券股份有限公司深圳益田路荣超商务中心证券营业	3332.30	3626.99	-294.68
4	浙商证券股份有限公司杭州萧山恒隆广场证券营业部	2418.64	2526.33	-107.69
5	国金证券股份有限公司上海嘉定区金鹭路证券营业部	1875.55	1770.25	105.30

图 2-4 同花顺"龙虎榜"海欣食品成交明细

这些像海欣食品一样的妖股，以接连涨停的方式出现在股民眼前，又如烟花一样消失在了中国股市璀璨的星空。其实，在宁波解放南路营业部的游资大户眼里，这不过是他们日日重复的操盘过程中很普通的一幕，但正由于2003年出现在股民眼中的这冰山一角，全国各地那些蠢蠢欲动的游资大户们却因此而受了佛祖的点化一般，顿时醍醐灌顶般醒悟过来，才有了如今妖股丛生的中国股市。

宁波也因此成为了涨停板敢死队的发源地和股价涨停的代名词。

在中国股市二十多年的年轻生命旅程中，尽管长江后浪推前浪，历史的脚步在不停向前行走着，中国股民却始终无法忘却宁波这座美丽的城市，以及在这座城市里每天都在上演的一个个股市传奇！

2.2 宁波敢死队最初的操作手法

股民真正记住宁波敢死队，是因为他们凶悍的操盘手法。

因为只要是见到过宁波敢死队操盘的股票的投资者，甚至可以用过目不忘来形容，那简直是一场惊心动魄的经历，其对心脏的考验，甚至超过了好莱坞大片。以至于坊间曾流行着这样一句话："炒股不跟解放南，便是神仙也枉然。"

其实说起来，宁波敢死队最初的操盘手法并没有奇特之处，无非是他们做到了这三个字：快、准、狠。但真正亲眼看到其操作过程后，你才真正体会到了这三个字的分量。

先说说"准"。"准"体现最深刻的是宁波敢死队在选择目的股上。比如在选股时，宁波敢死队都是有针对性的和讲求步骤性的：

（1）首先打开涨跌幅，搜索，若是大盘向好时，必须要求个股的涨幅要大于2%；若是大盘调整时，目标股必须要强于大盘。如果目标股是板块热点，则更好。比如，初步发现了股1、股2和股3。

（2）再调出量比排行榜。此时，要搜索量比放大超过1倍以上的股票，越大越好。然后确定股1、股2和股3是否也在量比排名之中。如果没有，则立即剔除。

（3）打开股1、股2和股3的日K线图，断定这些股是否正处在盘底末期，或是上涨阶段的初、中期。若是处于上涨阶段的末期，或是已经处于三个波段上升后的高位区时，则立即剔除；如果还处在下跌阶段时，则坚决剔除。

（4）如果只有股1满足了前面三道程序，那么立即打开周线图。如果这股票周线上也处在筑底的末期，或是上涨初期时，就应当及时买入了。

尽管这一操盘手法，宁波敢死队已运用多年，但时至今日，如果投资者仔细看盘，同样会发现，经过岁月的多年洗礼后，这种选股时的基准定位法，依然为宁波敢死队的成员延续着，旧貌换新颜，不过是当时的老股票换作了新股票而已。

比如，在2015年12月16日，南坡A（000012）在日线上就符合这个条件，其日K线上正好处于告别底部的震荡盘整阶段。此时，如果打开其周线图就可以发现，此时的南坡A正好处于底部震荡整理之中，也就是均线拐头向上后即将出现上涨，从庄家思维来看，此时的庄家正在抬高仓位洗盘，低位逢低吸筹，如图2-5所示。

图2-5 南坡A周线图

无论从日线或是周线上，南坡A此时的K线形态均处于庄家筑底的末期，并日渐流露出即将发动上涨的初期，此时正是介入的良机。

这就是"准"。宁波敢死队的"准"往往和雷达一样，通过快速扫描后才将目标锁定在个股身上。

然而，仅仅有了"准"字还远远不够，因为这一点对于操作股票的人来说，只是一个开始，接下来，就要做到"快"，因为只有做到了"快",才能在第一时间参与到行情之中,所以,当目标股满足了以上四个条件之后,宁波敢死队往往会以大于60%的仓位,在第一时间内坚决买进。如果此时大盘是处在阴跌过程中,那么通常只能以小于20%的仓位快进快出。

比如,同样是南坡A,当发现其符合宁波敢死队的选股条件后,往往就会成为其大举猎杀的对象。但出手快并不仅仅体现在一个买字,还要知道在什么时候卖,才能将利润锁定在囊中,真正获得收益。比如宁波敢死队在第一时间内买入南坡A后,当股价接连拉出涨停后,一旦筹码略显松动,即在2015年12月24日果断完成了胜利大逃亡,而当日,南坡A的日线上收出了一根巨量长阴,如图2-6所示。

图2-6 南坡A日线图

此时,如果我们只从K线上是无法看到宁波敢死队的身影的,但是却可以从宁波敢死队资金大笔流动的平台——银河宁波解放南路营业部成交资金的走向中,明晰地看到其中的端倪,如图2-7所示。

序号	交易营业部名称	买入金额(万)	卖出金额(万)	净额(万)
	买入前五金额合计为16820.04万元			
1	广发证券股份有限公司吴江仲英大道证券营业部	5065.25	3262.24	1803.01
2	华泰证券股份有限公司南京户部街证券营业部	3536.26	25.50	3510.76
3	中信证券股份有限公司温州分公司	2957.92	72.84	2885.08
4	中国银河证券股份有限公司绍兴证券营业部	2831.27	35.51	2795.76
5	国泰君安证券股份有限公司上海福山路证券营业部	2429.34	41.25	2388.09
	卖出前五金额合计为40420.35万元			
1	机构专用	--	13875.60	-13875.56
2	中国银河证券股份有限公司宁波解放南路证券营业部	77.24	8469.89	-8392.65

图 2-7 同花顺"龙虎榜"2015年12月24日南坡A成交明细

从中可以看出，在银河宁波解放南路营业部，关于南坡A当日的成交数额并不大，与那些买入的资金来看，不过只是九牛一毛，但是，此刻多数机构还在大举买入时，宁波敢死队却以位居第2的排名大举卖出。

买入的时间及时，此时庄家已经介入，但卖出的时间又远远较庄家早，这种掐头去尾取其中的操盘手法，其实正是宁波人的个性：做事干净利索，从不拖泥带水。

然而，在做到了"快"与"准"的同时，宁波敢死队又是如何具体操盘，才能够做到"狠"呢？要想明白这一点，就要从宁波敢死队封涨停上入手，则更为明朗些。

那么，宁波敢死队是如何封涨停的呢？

（1）当大盘行情较强时，如果某股票以不回档的方式涨了5%—6%之后，他们就会趁股价短暂走软时机果断杀入，然后用很大的买盘向上扫单，一口气将股价拉至涨停，如图2-8所示。

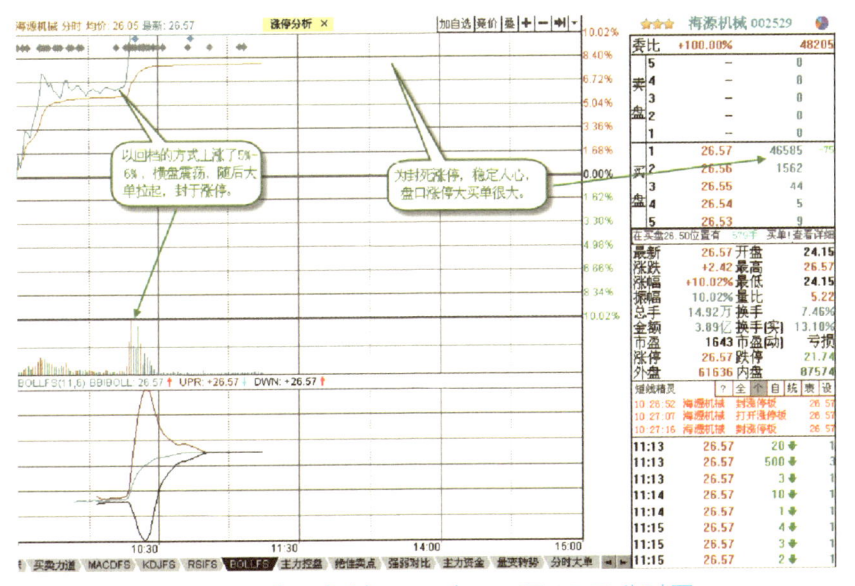

图 2-8　海源机械 2015 年 12 月 28 日分时图

（2）对于他们看好的题材股，在早盘集合竞价时，经常以直接超出昨日收盘价 1%—2% 的价格竞价，开盘后持续向上扫单，直至封于涨停，这个过程用时往往很短，一般不超过 5 分钟。由于早市抛盘并不大，更易于攻击，所以他们完全借助"短平快"的手法制造强势的感觉，如图 2-9 所示。

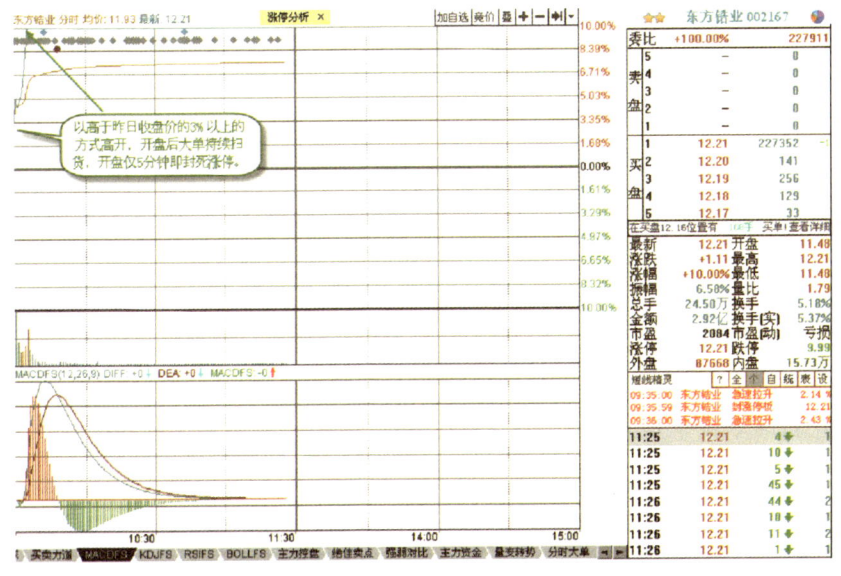

图 2-9　东方锆业 2015 年 12 月 28 日分时图

（3）下午两点之后拉抬强势股，一些早盘走强的热门股，在下午两点之后如果还在均价附近缩量整理的话，他们就会以很大的买盘扫单，股价几乎呈90度角上涨，在跟风盘的涌现之下出现快速封死涨停，如图2-10所示。

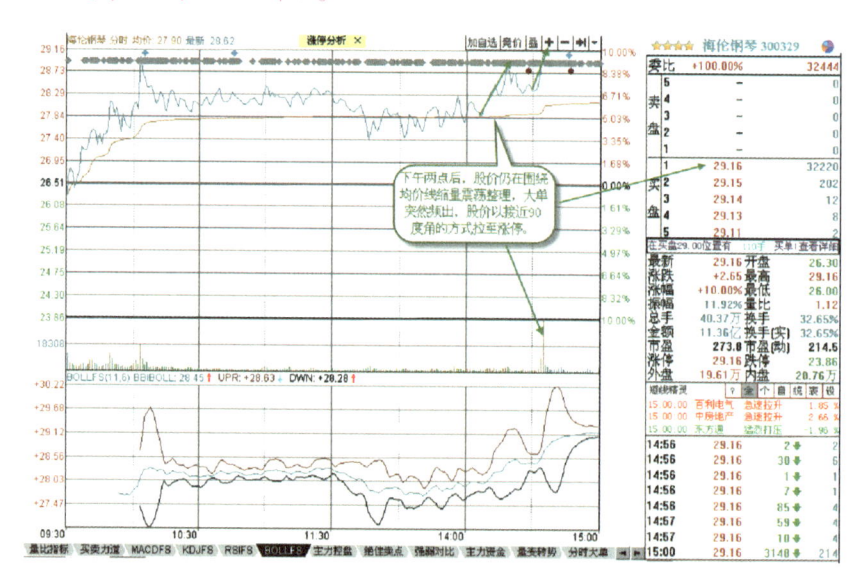

图2-10　海伦钢琴2015年12月28日分时图

宁波敢死队将个股拉于涨停的过程中，无论采取哪种方式，都体现了一个"快"字，而"快"的背后，无疑透露出来的是"狠"，因为只有"狠"角色，做事才会果决，才不会拖泥带水。而一旦股价冲上涨停，宁波敢死队往往会挂出巨量的买盘稳定人气，这从他们操作的股票涨停时的封单处可以一眼看出，从而降低了持股者的卖出欲望，而这一点，也是他们炒作成功的关键环节，与图2-6中显示的一样，2015年12月23日时，股价还处于一种长阳早盘封涨停的上升状态中，可次日却出现了长阴出货的下降趋势，让昨日的高位跟风盘根本无机会获利卖出。

然而如果大盘走软，他们又会毫不犹豫地撤单。在"快、准、狠"理念的指导下，宁波敢死队始终遵守着借势的操盘理念。一如郑板桥在《题竹石》中写的一样："咬定青山不放松，立根原在破岩中，千磨万击还坚劲，任尔东西南北风。"这首诗既点出竹之处境，又直接说出竹的贞定，而宁波敢死队也颇有板桥先生所言的竹的贞定，那就是隐藏在"快、准、狠"操作手法背后的操盘思路：

（1）通过技术手段，他们始终在寻找处于"两极"的股票：上升趋势加速段的极强势股票和远离套牢区、处于超跌中的极弱势股。

（2）寻找基本面变化对股价构成重大影响的股票，他们都很精通基本面变化与短期股价的关系，总是提前研究当天出现的各种重大题材，对题材的可操作性排序后，再确定攻击对象。

这两点，正是当前那些证券分析师调研的弱项，分析师只会将其中各个环节割裂开来写成调研报告，却忽略了最为重要的一环，也是宁波敢死队多年来始终长盛不衰的强势：基本面与个股指标、形态上的有效结合。

但是有一个问题出现了：有经验的投资者都知道，当股票完成底部的筹码收集进入初期阶段时，庄家往往会对其进行洗盘，以震掉那些低位短期获利筹码，难道说，宁波敢死队就不害怕庄家吗？就不怕被庄家洗吗？

毋庸置疑的一个事实是，宁波敢死队并不是庄家，但是他们在完全洞悉庄家操盘手法、思路的情况，都练就了一双火眼金睛，所以经常选择在庄家即将拉升股价的时候快速进场，有意避开了庄家的洗盘，从而有效避免被庄洗。

据一位宁波敢死队的徐先生对媒体说："其实我们和庄家基本没什么联系，一年做这么多股票，可能认识那么多庄吗？哪有时间？但我们确实以庄家为生。以我们的水平，已经可以看出庄家性格、偏好、手法、资金量、成本。一方面，我们不会选择远高于庄家成本的股票，以免高位接货；另一方面，我们会选择庄家准备拉升前的一瞬间进场，让庄家被迫拉抬，分一杯羹。当然，也有不'合作'的，我们进去第二天大幅低开，不出他就不拉，一出他反倒马上来个涨板，但这种情况极少。"

没有人能够随随便便成功，隐藏在宁波敢死队风光无限的背后，是他们多年来积累的经验使然，而这些经验则来源于他们的勤奋与刻苦的本性，因为他们每天都要复盘到深夜，这份刻苦钻研，是很多常人无法做到的。

一方水土养育一方人。尽管在宁波敢死队最初的阵营里，很多著名的操盘手并不是宁波本地人，甚至是远隔千里之外的他乡人，但他们不远千里来到了这座美丽的城市之后，无形之中已与当地人很快融为一体，将宁波人做事的个性，更为鲜明地体现在了他们操盘的整个过程中，从而收获了一般人一生都难以企及的财富。

2.3 宁波敢死队代表人物："三个火枪手"与"三驾马车"

随着宁波敢死队的声望越来越大，在财经江湖里的地位越来越突显，其核心人物也渐渐从冰山之下慢慢浮现出来。

其中，最引注目的是"三大高手"，被世人称为"三个火枪手"，这其中徐强的地位不容忽视。徐强即徐翔，出生于1976年，17岁即进入股市，年龄在当时虽然不大，但其高超的技艺却是令人赞叹的，因此人们都叫他小徐。其位列宁波敢死队之首位，主要还是其异常凌厉的操盘手法。只可惜，后来因违规操作，锒铛入狱。老揭有一位大哥，是这么评价徐翔的：出生草莽，义气立生，一页风云散。

还有一个人姓吴，在当时仅30多岁，和徐强一样，此人学历不高，但天分极佳，炒股水平与徐强在伯仲之间。两人大约在1999年从别的营业部转战到了银河证券宁波解放南路营业部。据悉，当时的资金不过几十万元，可是4年后，两人账户上的钱却都变成了数千万元，成为了当之无愧的民间股神。

在两位民间股神并驾齐驱的日子里，还有另一位人物是不可忽视的，那就是老徐。此人生于1975年，据说其大学时期即开始炒股，1997年毕业从北京商学院毕业后，压根就没找什么工作，而是一头扎进了银河证券宁波解放南路营业部。

因年龄的关系，人们都称其为老徐，但别看年龄稍长小吴和小徐，但自结识小徐之后，即从散户大厅搬到了4楼，甘心做起了小徐的助手。由此，宁波敢死队的"三个火枪手"就此形成。

此外，还有一位高手马先生，据坊间传闻，马先生曾是银河证券宁波解放南路营业部里不容忽视的人物，在2000年时，四个人曾并称为"超短F4"。只可惜，这位马先生在两年后被临近的天一证券，后改为光大证券的营业部挖走，并带走了不少大户。因此，马先生所在的天一证券（现为光大证券）营业部与解放南路营业部经常出现在"龙虎榜"上。

除了这两家营业部，还有一家证券营业部也在解放南路，与"三个火枪手"所在银河证券只有一路之隔，那就是银河证券和义路营业部。因为这家营业部同样出现了敢死队，其成员大多与银河证券宁波解放南路营业部所在的"三个火枪手"交往密切。

从2002年开始，这三家证券营业部——银河证券和义路营业部、天一证券（光大证券）营业部、银河证券宁波解放南路营业部频繁出现在"龙虎榜"上，被称为了并驾齐驱的"三驾马车"。而所有这一切，都是由于他们在股市中的尽情表演所致。

比如，在2002年6月21日，聚集在银河证券宁波解放南路的"三个火枪手"，以满仓吃进中海发展（600026）。周一开盘后，中海发展即出现一字涨停，此后又连拉出数个涨停，短短5个交易日后，从21日的收盘价4.59元，最高4.64元，到28日就达到了7.30元，最低6.51元，其短期涨幅令人咋舌，如图2-11所示。

第二章 涨停板敢死队的发源地

33

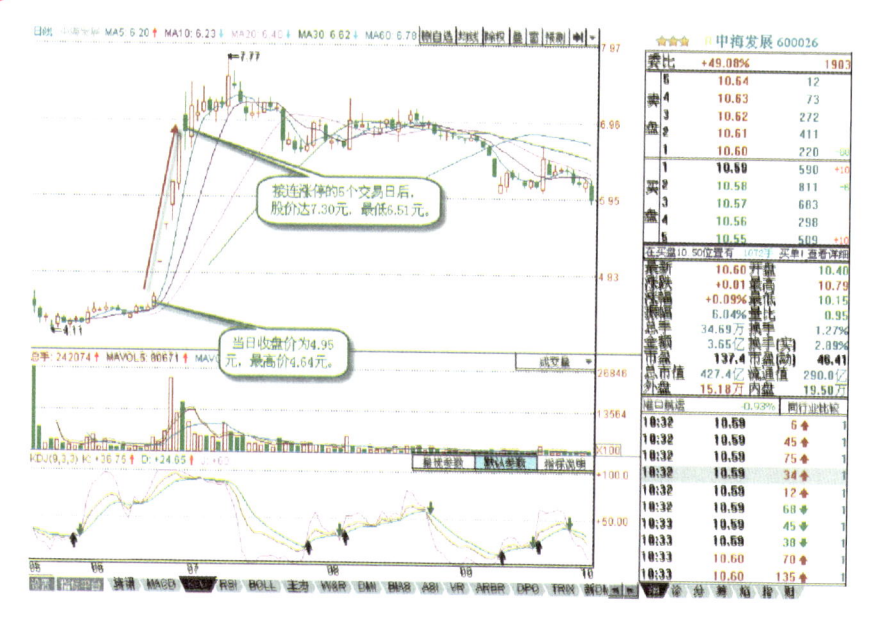

图 2-11　中海发展日线图

当时的中海发展以领头羊的姿态，使大盘短暂地走出了低谷，引发了当年赫赫有名的"6·24"行情，但随后，大盘却出现了更大深幅的下跌，如图 2-12 所示。

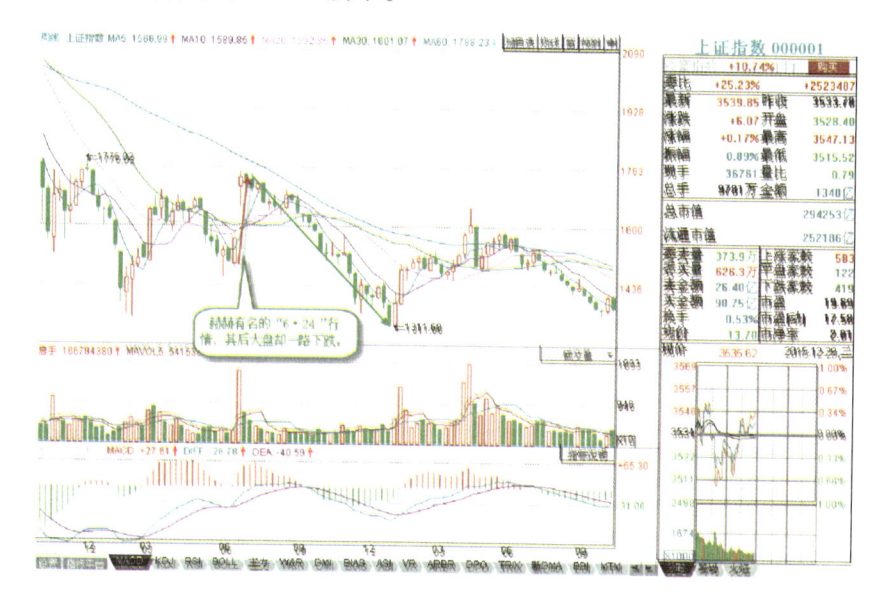

图 2-12　上证指数周线图

在这一段昙花一现的日子里，银河证券宁波解放南路多次上榜，市场人士认为，正是宁波敢死队发动了这轮行情，宁波敢死队也就一战成名。于是接连出现了2003年的"1·14"行情和《中国证券报》头版的大幅报道，以及2004年的"9·14"行情，宁波敢死队再次粉墨登场。这就是股市著名的"三大战役"，如图2-13所示。

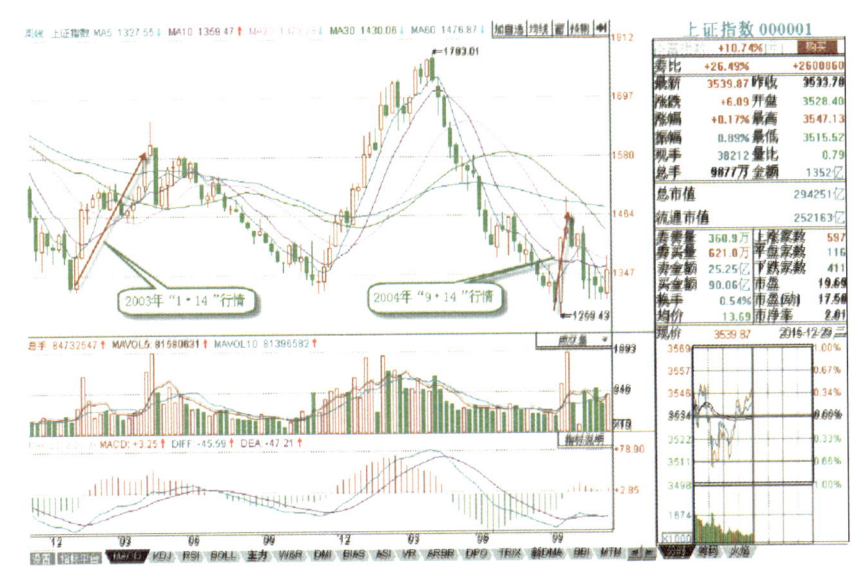

图 2-13　上证指数周线图

"三大战役"后，宁波敢死队更是威名远播，令整个财经江湖为之侧目。

其实看起来不过只是三次反弹行情，但是从这一点却可以看出，宁波敢死队之所以令世人过目不忘，是因为他们不只是从牛市中于股市撇油，而是巧妙运用资金杠杆的力量，用有限的资金去撬动庞大的市场，从中分得一顿又一顿盛宴！而更为撼人的是，这些行情由于以"三驾马车"为中心的宁波敢死队的介入，使得原本死气沉沉的股市天空多了几记响雷！因为他们不只是在牛市中挥舞，甚至在阴跌不断的熊市也疯狂！

当然,"三个火枪手"仅仅是宁波敢死队中极具代表性的象征。尽管后来,"三个火枪手"已经转战分散,但银河证券和义路营业部、天一证券(光大证券)营业部、银河证券宁波解放南路营业部三家营业部,却至今依然是宁波敢死队的核心,因为众多的资金依然高度聚集在这三家营业部里。

"三个火枪手"不过是宁波敢死队里重要的早期核心人物,但是在他们周围,以及"三驾马车"的阵营里,却有着许多股市高手,他们过着普通的生活。这些人的身价早已过亿,却过着几乎与常人无异的生活,十分低调。虽然他们早已衣食无忧,但依然从事着炒股,而这成为个人的爱好,并且不会因股市掘金的成功而看不起他人,与那些一夜暴富者全然不同。包括那些宁波敢死队的重要成员们,他们从不接受媒体的采访,白天忙碌于工作,只有当夜晚来临时,他们才走进宁波的街头小巷,过着普通人看来神秘的生活。

2.4 期货太极叶大户:从10万到100亿

在宁波敢死队中,有一位独树一帜的人物,他就是传说中的叶大户。

叶大户生于20世纪60年代末。说他独树一帜,是因为此人与其他敢死队成员不同,总喜欢穿一身宽松的太极服打太极拳,但是极少有人见叶大户打太极,即使见到了也不认识。

叶大户的太极拳打得如何,很少有人知晓。但他行云流水之间在期货市场表现出的挥洒自如,却独有见地,甚至连安信证券的首席经济学家高善文都对其称赞有加,称其"洞察深邃,胆识过人"。

在2013年，《中国证券报》曾发表了一篇题为《"期市四绝"的记忆碎片：输不起的是机会》的文章，将叶大户、浓汤野人林广茂、混沌派掌门人葛卫东，以及"农民哲学家"傅海棠并称为"期市四绝"，并将叶大户称为"南帝"。从这篇报道中，足见叶大户在期市中的地位。然而，就是这样一位重量级人物，早年曾在足佳期货做操盘手，由于做单还不错，被派至宁波的营业部。只是后来，足佳期货在上海三夹板上由于逼仓不成功而暴亏，公司倒闭，叶大户带着遗憾离开了足佳期货。

在最初的几年里，叶大户却因操作失误，落了个几近倾家荡产，并与妻子感情出现不和。这段时间是叶大户情绪最低落的时期，与所有那个年代做期货失利的人一样，令叶大户几近跳楼。

直到2003年，低迷了三年的国内期货市场逐步焕发出生机，叶大户把心一横，将房子抵押出去，凑足了10万元，而此时，正是宁波敢死队的"三个火枪手"威震江湖大显身手的时候，叶大户已下定了决心，不成功，则成仁。

正赶上农产品的牛市，叶大户心一横，重仓押在大豆上，结果从2003年开始，大豆展开了一波直上九天的牛市，一直持续到了2004年的上半年，大豆价格从2200元飞涨到了4000元，如图2-14所示。

这一波大豆，让叶大户赚到了500万，奠定了其后事业的基础，从此踏上了期货界大佬之路。

图 2-14　大连商品期货豆周线图

此后，叶大户先后分别在铜、橡胶的牛市上，接连创造了辉煌的战绩，如图 2-15、图 2-16 所示。到 2006 年底时，叶大户的资产已达到了 6000 万。

图 2-15　上海商品期货沪铜周线图

图 2-16　上海商品期货橡胶周线图

此时，期货行情步入再次震荡，而股市此时却刚刚步入了牛市，如图 2-17 所示。

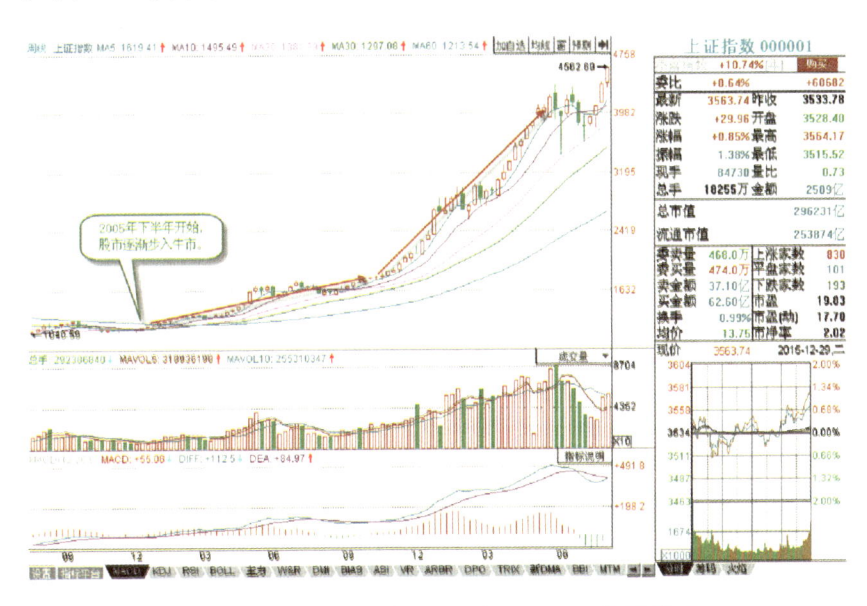

图 2-17　上证指数 2005 年—2006 年周线图

宁波敢死队此时自然进入了叶大户的眼中，因为他是地地道道的宁波人，自然为宁波敢死队迅捷的"印钞"战绩所折服，即刻加入了其中。

然而，最初在敢死队里，叶大户只不过是其中一名普通的小会员，也就是普通散户眼里的大户而已。尽管此时的叶大户身价已今非昔比，但在沿海城市里，当时不过如沧海一粟而已，可是叶大户凭借着自己对交易的天生悟性，很快便深得宁波敢死队的操盘精华。开盘探寻庄家的动向，并以吃庄为主，采用决断的快进快出，不仅对宁波敢死队的操盘手法很快谙熟于心，并且创造了不少新的战法，很快受到了宁波敢死队的认可，成为了其中灵魂级人物。

从叶大户加入宁波敢死队的时间算起，他是 2005 年加盟的，当时的资产是 6000 万，可仅仅过了两年多，至 2007 年底时，叶大户的资产已高达 4 亿。如此大的收益，可以说丝毫不逊于"三个火枪手"。

入行虽有早晚之分，可修行却因个人的悟性不同，结果自然会迥然不同。

此时已是 2010 年，也是叶大户开始在期货市场上大展太极神功的一年，他凭借着自己宏观的洞察和对棉花的深刻理解，判断全球棉花将掀起一波大牛市，于是调动大笔资金大举做多棉花。

果然，棉花期货在 2010 年 8 月底突然启动，仅仅过了两个多月，至 2010 年 11 月时，行情出现了翻番，如图 2-18 所示。

到了 2010 年底，叶大户的个人资产已经达到了数十个亿之多。

从一个濒临破产、感情失意几近跳楼的落魄之人，再到平地突起的浙江敦和投资公司董事长的百亿富翁，叶大户在经历了宁波敢死队的洗礼后，完成了其人生的蜕变和华丽转身。固然，在叶大户身上还有着太多的不完美，但经年的研习太极拳，不管其一招一式是否如太极名家陈小旺、陈正雷那样完美，但他却深得太极拳的精髓——外表温文儒雅，又不失霸气，用意而不用力，意到则力到。

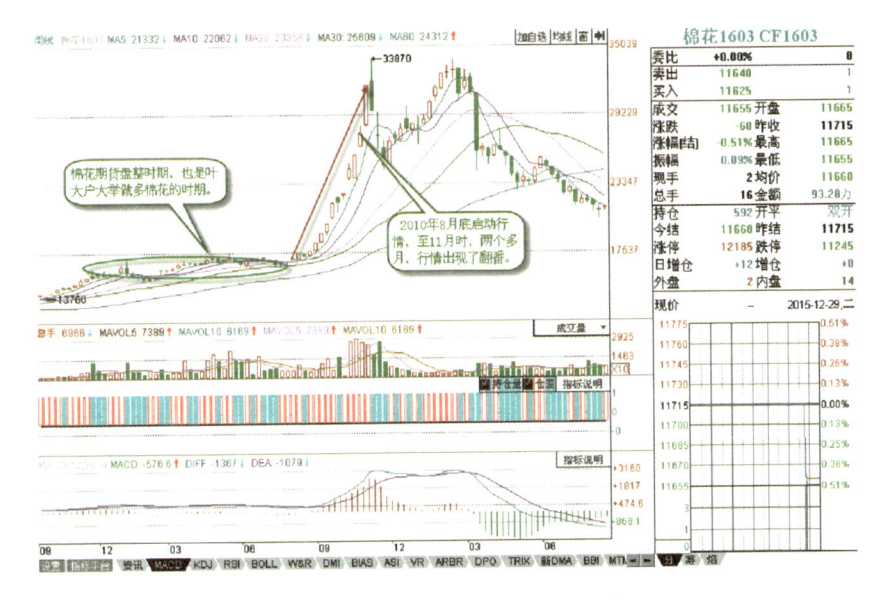

图 2-18　郑州商品期货棉花周线图

无论是为人还是处世，叶大户都做到了这一点：不动则静若处子，一动则身若脱兔，柔若无骨而炸似惊雷。

2.5 宁波敢死队经典案例分析：小鸭电器（000951）

宁波敢死队自出现后，其操作的股票可以说是不计其数，像是北方冬天漫天飞舞的雪花一样。尤其是在如今，时代的发展决定人们生活习惯的日渐改变，追求短、平、快的高速发展，已然成为了世人追逐时光的常态。而这一点，恰恰符合了十几年前宁波敢死队最初的操盘理念。从这个意义上讲，宁波敢死队是有着些许超前意识的。

如今的股民，与十几年前宁波敢死队初入市时已截然不同，几乎没有愿意持股超过10天的价值投资者。因为10天在他们的意识里已经很长了，更多的是恨不得当日买了一只股票，即刻出现上涨甚至涨停。

只可惜如今的股民晚生了十几年。虽然宁波敢死队的最初成员早已各奔东西，甚至早已经杳无音讯，消失在了银河证券宁波解放南路的营业部，但其当年快、准、狠的操盘手法，早已为各大机构所熟悉，成为他们操纵股价时所惯用的手法。如今的盘面上，可以说涨停林立，涨停也早已不是什么稀奇之事，但是在当年，股民之于涨停的热情，是要远远超过如今的。

入市较晚的股民，如果提起小鸭电器，尽管查询股票代码仍可找到，但其名字早已是明日黄花，或许没几个人会知道，因为它早已更名为中国重汽（000951）。但是宁波敢死队当年在江湖上大展拳脚、扬名立万的时候，它却是名闻遐迩的，甚至是在一些老股民心中，每每提及，依然记忆犹新，恍如昨日。

将时光拉回到农历2002年末，也就是阳历2003年初。这个春节，对所有股民来说，是个令人欢欣鼓舞的春节。因为上证指数在2002年收官时，出现了V型反转后的强势反弹，并且维持在高位震荡。春节一过，行情是大有可期的，因为在2002年末已经确立了底部，如图2-19所示。

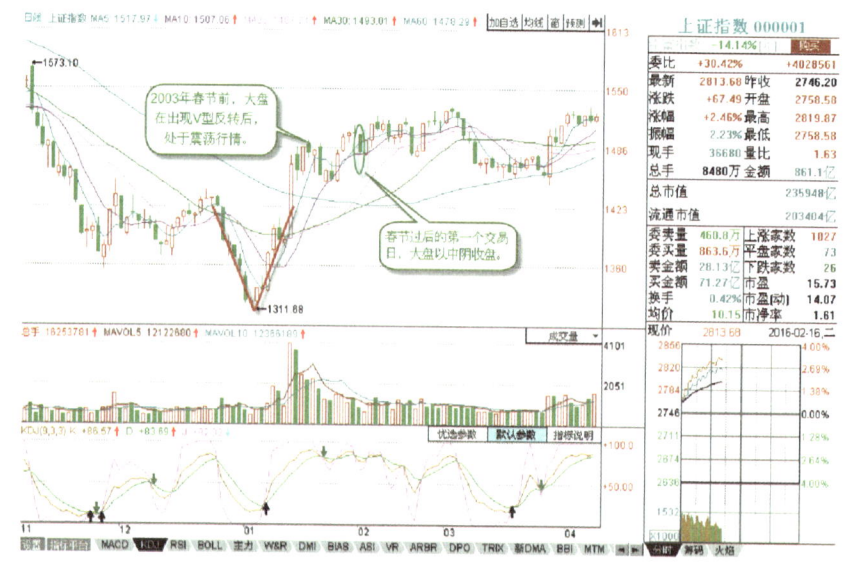

图2-19　上证指数2002年底至2003年初日线图

然而，谁也没有想到，在结束春节假期后的第一个交易日，也就是2003年2月10日，大盘却收出了一根中阴线，并没有出现开门红。可是就在这样一个大盘阴雨绵绵的日子里，小鸭电器（现中国重汽）却出现了一个亮点，以中阳放量涨停的形式出现在了羊年！

在这个交易日，之所以小鸭电器能够成为一大亮点，是因为在这一天，在沪深两市中，只有两只股票出现了涨停，小鸭电器即刻点亮了深市大盘，也成为了深市当日最为耀眼的明星，如图2-20所示。

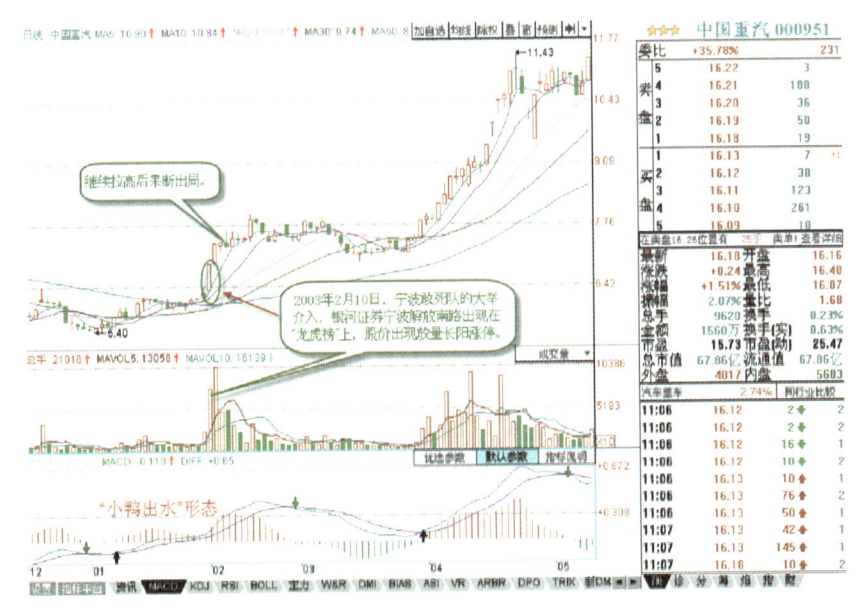

图2-20　小鸭电器（现中国重汽）日线图

正如此时日线图上小鸭电器的MACD指标显示一样，DIFF线已经出现了明显的拐头向上，即将向上突破0轴，出现"小鸭出水"形态。对投资者而言，这无疑对股民信心是一个很大的提升，像一湖春水里，一只小鸭即将浮出水面的情景。

然而，此时只要是留心股市公开信息的投资者，很快就会发现，在小鸭电器成交量的前5名中，一个熟悉的名字出现了——中国银河证券宁波解放南路证券营业部！

这意味着，宁波敢死队在羊年伊始，已经发动了第一场进攻！

事实上，从中国银河证券宁波解放南路证券营业部的"龙虎榜"上即可以看出，宁波敢死队在2003年到来后就已经接连出手了。据粗略统计，从2003年1月2日至2月14日，共26个交易日中，在沪深两大交易所公开披露的信息公告的"涨幅榜"中，宁波敢死队共有11天18次榜上有名，操作的股票数量多达17只，榜上封涨停资金累计高达1.5亿元。

很显然，宁波敢死队不可能是这17只股票的庄家，这么多的主力在此分仓的可能性也是微乎其微的，因为这个营业部太显眼了，最合理的解释只能是，他们在不停地打短线，从而造成了大量资金的成交。

这和宁波敢死队快、准、狠的操盘理念有着很大的关系，因为他们只有从盘口看到一只股票短线势头较猛，有望形成向上突破后，才会果断介入。并且，一旦介入后，往往行动十分迅猛狠辣，采用逼空手法将大小抛单通通吃掉，并一气封于涨停。因此，只有那些日线与周线形态和技术指标均已走好的股票，才能真正入得宁波敢死队的法眼。

小鸭电器就是这样。从图2-20中可以看出，此时，日线图上已出现明显的前期底部低位震荡，说明庄家此期间在大举低位吸筹码。如果再打开小鸭电器的周线图，则更会发现，在2002年11月底至2003年1月底期间，出现了明显的底部迹象，并且各条均线此时均已走平，即将向上运行，说明周线趋势已由下跌即将转为多头上涨，如图2-21所示。

图 2-22　小鸭电器（现中国重汽）周线图

这一点恰好符合宁波敢死队的选股标准。另外，短、平、快更是在其身上淋漓尽致地表现了出来，因为对于很多的投资者，若是在此时买入了小鸭电器后，刚刚出现告别底部后的放量上涨，是不会轻易出局的，但是，宁波敢死队却在其后再次放量出现长阳及涨停后，选择了果断出局，从而实现了短线3、5日丰厚的获利。而其后，股价出现了高位震荡，宁波敢死队却已然早已实现了获利，并将目光锁定在了其他股票身上。

如果从其日K线图上来看，宁波敢死队所抓到手的利润，仅仅是庄家在即将拉高洗盘时果断介入，而在拉高震荡之前选择出局，有效地规避开了庄家。由此可见，宁波敢死队在操盘过程中，做到了精准定位，在最恰当的时机出手，而后再最容易引发洗盘变化的时候选择了离开，真正做到了短、平、快。

有时候，宁波敢死队也会遇到"顽固"的庄家，你进去了，它偏不涨，而你一出来它即上涨。这样的庄家是极为少数的，因为很多庄家不会因为少量游资的注入而轻易改变自己的操盘策略。所以，宁波敢死队才会做到快，即使是遇到如此"顽固"的庄家，他们也要坚决出货，即使是出现了亏损。

用某位敢死队成员的话说，要是一只股票他们拿股一周的话，就得算超长线了。

事实上，宁波敢死队在小鸭电器的操作上，是他们日日操盘中一个极为普通的案例。只不过当时是恰逢了大盘的大跌，小鸭电器又偏偏成为羊年首个交易日中极少涨停的个例，并且故事又发生在当年那个中国A股市场还不活跃的年代，而随后《中国证券报》又在头版报道了宁波敢死队的事迹，无形之中，宁波敢死队被集中套上了众多神秘的光环，自然显得格外引人注目了。

因此，此时的股市江湖，正需要一个近在眼前的宁波敢死队的操盘实例来佐证这一切。小鸭电器的案例即被抬着花轿走了出来，有如镀了金。在阳光之下，小鸭电器便如成了佛祖如来，金光闪闪地出现在股民面前，有如横空出世般，为世人虔诚地视为了经典。

第三章　涨停板敢死队鼻祖

涨停板敢死队尽管发源在宁波，但张先生却成为了世人所公认的涨停板敢死队的鼻祖。然而张先生远在江苏南京，那么，他又是如何完成"远来的和尚更会念经"的呢？因为张先生开创性地将自己在期货操盘中运用的手法带入了股市，从而成为了各地涨停板敢死队竞相效仿的楷模，也成就了他涨停板敢死队无以超越的鼻祖地位。然而，从张先生身上，我们更应当看到他是如何在"价值投资基础上的趋势交易"的。

3.1 涨停板敢死队鼻祖张先生

提起涨停板敢死队，人们首先想到的自然是宁波，因为那里是最容易聚集那些游资大户、抱团取暖的中小投资者的地方。但是追根溯源，即使是那些宁波敢死队的最早核心成员，若是说起来，他们依然首推张先生为涨停板敢死队的鼻祖。

如果算起来，张先生并不在宁波，而在江苏的南京，且从未出现在宁波敢死队之中，那么为什么他会被世人尊为涨停板敢死队的鼻祖呢？如图3-1所示。

图3-1　江苏省与浙江省部分地区地图

自古江苏省与浙江省就是不可分割的一个整体，尤其是江苏南部地区与浙江北部地区，无论生活习惯还是语言上，都是相通的，而古代帝王在行政设置上均以两江为一体，如两江总督等。新中国成立后，又将这一区域统一规划为长江三角洲经济带，因此，从地理位置来说，江浙是一个不可分割的整体。

一方水土养育一方人。同在这一区域长大的张先生虽然身在南京，与宁波只是遥遥相望，但与宁波敢死队其实从一开始就有着无法割舍的血脉相连。

早在国家尚未实施涨跌停板制度之前的1993年，张先生当时只是南京卷烟厂的一名普通职工，作为一名国有企业的职工，无疑抱了个"铁饭碗"，相对来说，生活是很稳定的。但张先生骨子里却流淌着许多的不安分，因为他目睹了中国证券市场的成立，并从中深切感悟到了巨大的商机。

这一点，南方人与北方人喜欢安逸的生活习性是截然相反的，而也正是骨子里江浙人那份永不安分的血液，促使他迈出了人生淘金的第一步，也是至关重要的一步——炒期货。这一步在当时那个年代的很多人眼里却是“不合时宜”，甚至有些“不务正业”。

就像杨百万当年倒卖国库券一样，如果不是杨百万当年的“不务正业”，我们也就不会看到后来的杨百万了。

张先生当时正是在这种不安分的涌动下，踏入了期货市场。但是在刚刚踏入期货市场的初期，张先生和所有中小投资者一样，并不是一帆风顺的，尽管经常失败，张先生涉及的期货品种却很广，包括国债期货、商品期货在内，他几乎操作过每一个期货品种，这使他对国内期货的认识更为充分，如图 3-2 所示。

上海商品期货

	名称	代码	买价	卖价	买量
1	沪银1601	ag1601	3217	3221	2
2	沪银1602	ag1602	3231	3235	1
3	沪银1603	ag1603	3242	3252	1
4	沪银1604	ag1604	3269	3277	1
5	沪银1605	ag1605	3291	3293	1
6	沪银1606	ag1606	3303	3304	164
7	沪银1607	ag1607	3308	3325	2

郑州商品期货

	名称	代码	买价	卖价	买量
1	棉花1601	CF1601	11760	11790	20
2	棉花1603	CF1603	11515	11585	8
3	棉花1605	CF1605	11240	11245	115
4	棉花1607	CF1607	11160	11185	1
5	棉花1609	CF1609	11135	11140	37
6	棉花1611	CF1611	11190	11210	1
7	棉花连续	CF7777	11760	11790	20
8	棉花指数	CF8888	–	–	182

大连商品期货

	名称	代码	买价	卖价	买量
1	豆一1601	a1601	3637	3861	2
2	豆一1603	a1603	3474	3482	2
3	豆一1605	a1605	3614	3615	4
4	豆一1607	a1607	3581	3673	1
5	豆一1609	a1609	3522	3523	1
6	豆一1611	a1611	3450	3579	6
7	豆一1701	a1701	3433	3434	51

金融期货

	代码	名称	现价	涨幅(结)
1	IC1601	中证1601	6782.2	-3.11
2	IC1602	中证1602	6589.0	-3.80
3	IC1603	中证1603	6449.0	-3.12
4	IC1606	中证1606	6118.8	-2.92
5	IC8888	中证指数	6700.4	-3.13

天津贵金属

	代码	名称	卖价	买价	涨幅%
1	TJAG00	现货白银	2920	2928	+0.65
2	TJAG10	迷你白银	2920	2928	+0.65
3	TJAG30	白银30KG	2920	2928	+0.65
4	TJAL00	现货铝	9653	9691	+0.97
5	TJAL10	现货铝1T	9653	9691	+0.97

境外商品期货

	名称	代码	买价
1	轻质原油连续	@CL0Y	37.000
2	纽约金连续	@GC0Y	1075.600
3	纽约铜连续	@HG0Y	2.060
4	日经225期指连续	@NK0Y	18500.000
5	日经225MINI连续	@NS0Y	18469.000

外汇

	代码	名称	现价
1	AUDUSD	澳元/美元	0.7209
2	EURUSD	欧元/美元	1.0825
3	GBPUSD	英镑/美元	1.4716
4	USDCAD	美元/加元	1.3914
5	USDCHF	美元/瑞郎	1.0022

图 3-2　同花顺期货

在当时，国内电脑还未普及，这些期货行情，张先生都是通过报纸及证券交易所获得的，但正是这种经年的长期月累，以及张先生自身的勤奋好学，让他很快熟悉了其中涨跌运行规律。

然而，后人之所以将张先生尊为涨停板敢死队的鼻祖，一是因为他涉猎股市的时间早，当时在期货市场尽情挥洒的张先生同时也进入了股市，但是当时的炒股对张先生而言，不过只是小试牛刀；二来是，其后发生的一件事，让张先生忍痛离开了期货市场，而转战于股市。

那就是1995年发生的"327"国债事件！"327"是一个国债的产品代号，而非日期，由于其兑付办法是票面利率8%加保值贴息。而保值贴息有很大的不确定性，决定了该产品在期货市场上有一定的投机价值，因此成为了当年最为热门的炒作素材，并由此引发的"327"国债事件。1995年2月23日，也被世人称为中国证券史上最黑暗的一天。

正是这一事件的出现，对当时的张先生和所有投资期货的人来说，都是一次很大的震动，让张先生深切感受到了期货投资中存在着很大的风险，这也是促使他离开期货市场投资股市的主要原因。

当时的1998年之后，股市出现了较为明显的底部迹象，如图3-3所示。

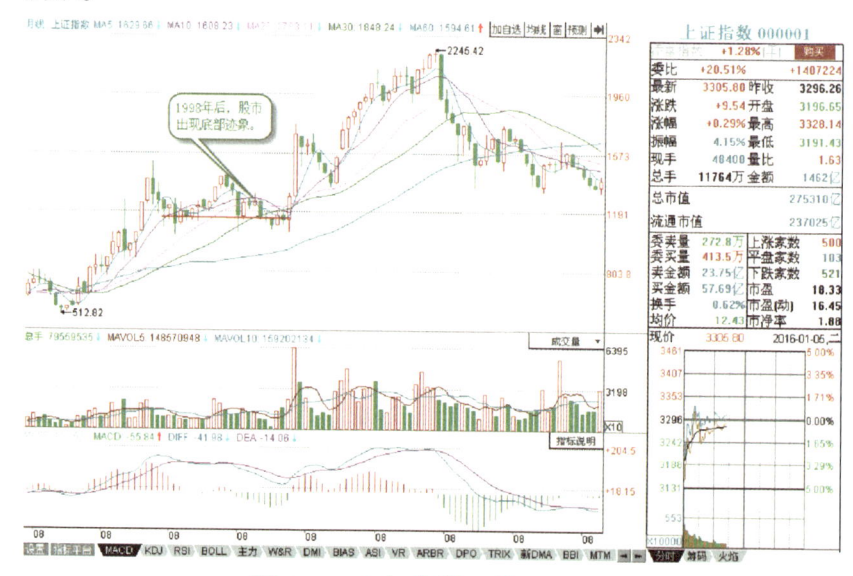

图3-3　上证指数月线图

对于熟悉投资市场的张先生而言，尽管股市的收益远不如期货，但都是投资的领域，也是他左右权衡之下做出的一个重要选择。而这一步之遥的迈出，不想，却成就了张先生涨停板敢死队鼻祖的美誉！

说起来，之所以会出现这种情况，全然是由于张先生短线投资的理念所造成的，因为每一个投资者都知道，如果以长期投资为主，必然更看重的是其投资价值，但对于短线投资者来说，他们看重的往往是短期的投资机遇。因此，长期投资与短线投机存在着很大的差别。

张先生之前在期货市场上，正是属于那种短线投资者，因此，他一直未中断对知识的大量攫取，此时已经积累了大量的知识，具有了别人所没有的专业技术。玩惯了期货的人来做股票，某种程度上无异于使惯了长枪的大将再去耍匕首，运作起来自然是得心应手。

在海通证券的营业部，张先生驾轻就熟地运用着那些长期积累的操盘手法，开始了他在股市辉煌而短暂的生涯。

而宁波敢死队的那些核心成员，正是在这一时期从张先生身上借鉴和学到了很多的操盘方式与策略的。因为张先生在投身于期货时的理念就是：用最短的时间获取最大的利益。在这种投资理念指导下，张先生操作股票的手法则像他的人一样，做到了干净利落，从不拖泥带水。

张先生这种快进快出的操盘方式，很快给他带来了巨大的收益，同时，也深深影响了不远的邻省浙江宁波一个证券营业部里的大徐、小徐和老吴这些人，于是才有了凶悍的宁波敢死队。而由于宁波敢死队的这些核心成员，不仅从张先生的操盘手法中得到了启示，还继承了他的勤奋，每天都认真研究交易技术，广泛涉猎相关的专业书籍，并将张先生这种追强势股的操盘方式进一步极端化，因此才有了后来的宁波敢死队。所以，不仅是对于聚集在宁波的那些敢死队成员，即使是对于后来在全国各地营业部相继出现的那些涨停板敢死队，都一致公认，尽管张先生在股市里停留的时间有如昙花一现般短暂，但却是涨停板敢死队当之无愧的鼻祖！

3.2 华昌化工：从二级市场到一级半市场的华丽转身

那些在海通证券的营业部里尽情挥洒豪情的日子里，尽管张先生靠着不断地追逐强势股，让他获得了巨大的收益，但是毕竟最终进入市场时，张先生选择了期货，并且即使是受"327"国债期货事件的深刻影响，但他依然对期货念念不忘。

大凡在资本市场里追逐利益的投资者都是这样，因为是投资都会有一定风险的，而你承受风险的能力越大，则最后的收益往往也会越大。这种风险与利益的同步，也让每一位投资者沉醉其中无法自拔，而这一点，也是资本市场最大的特色和魅力所在。

在资本市场里就是这样，高风险总是伴随着高收益！这也是令张先生始终无法忘却的亲身体会。在进入二级市场之前，他依靠着对风险的承受，已经赚到了400万的资金。因此，当张先生在三级市场赚到了几千万后，期货再次频频出现在眼前，让他站在天平中间，不时地看看左面的砝码，又看一看右边的砝码，如图3-4所示。

图3-4 风险与收益

在一番权衡之下，张先生的眼前不由为之一亮，道通期货出现在了他的面前。这一次，他没有再直接杀入期货市场，而是在2007年11月9日，借道江苏瑞华收购了苏州阪神电器股份有限公司持有的道通期货48%股权，成为了该公司的第二大股东，这也是他目前参股的惟一一家期货公司。这一举动却让他不再只是期货市场的一个玩家，而成为了直接的参与者。

后来，当股指期货推出后，张先生毫不犹豫地就杀了进去，如图 3-5 所示。

图 3-5　中证指数日线图

而说起张先生参与股指期货，主要还是因为他的炒股，尽管在股市上，张先生有其凶悍的追涨强势股的操盘手法及策略，但由于参与的股票品种较多，加上他不断地参与上市公司的定向增发，实属不得已而为之。因为股指期货有着对冲的作用，张先生可以利用一部分资金做空股指，一旦行情不好时，导致其定增的股票出现亏损，但是他在做空股指上依旧可以获得利润，从而对冲掉二级市场上的亏损。

如此就成了一手做空,一手做多,可以做到左右逢源,无往而不利。因此,从这方面来讲,涨停板敢死队尽管继承了其凶悍的操盘手法,有过之而无不及,但在获利上和张先生相比,简直可以说是小巫见大巫。

张先生参与上市公司的定增,完全是因为其中存在着巨大的利润。因为敢于提出定向增发,并且已经被大投资人所接受的上市公司,都会有较好的成长性,是为了募集到更多的资金来发展公司的。而参与定增的机构,往往看中的是公司的未来成长性及股价的溢价性,所以参与定增的机构或资金,往往会获得至少50%左右的收益。

另一个不争的事实是,上市公司往往会在定增预案出台前,将股价锁定在一个固定的价位,这样对于自己的定增对象的选择更有吸引力,同时又可以将定增价定高,顺利获得定增。而作为那些参与定增的机构或私募大户来说,又总是想降低定增价,同时缩短定增的锁定时间。所以36个月的锁定期在最初,往往会定为12个月,这样更为便于从中获得收益,因为往往在锁定股份期间,他们会将股价推至高位,与当时定增价相比,往往形成很鲜明的对比,从而获得更大的收益。

然而张先生最为经典的却不是定增,虽然他参加的成功定增案例很多。早在2008年的时候,张先生发动了一起比定增更大的投资,就是发起华昌化工(002274)公司股票的上市。

当年,张先生是以私募股权的形式出现的,张先生的江苏瑞华是以华昌化工第三大股东的身份出现的。而在此之前的2003年,华昌化工尚未上市,张先生是直接从一级半市场上参与的华昌化工的溢价增资,直接出资1500万元,以每股4.34元的价格对当时的华源化工进行溢价增资,占总股本的比例达9.36%。

到了 2004 年 2 月，华源化工整体变更设立华昌化工（002274），依据 2003 年 9 月 30 日经审计的净资产值 15013.3 万元，作为华昌化工的注册资本。原各股东按照持股比例相应调整持股数量，江苏瑞华持股数调整为 1405.74 万股，对应的投资金额每股成本 1.067 元，并承诺上市后股份锁定期为 12 个月。

到了 2008 年 9 月 25 日，华昌化工登陆深市中小板，首日开盘价即为 17.52 元，如图 3-6 所示。

图 3-6　华昌化工周线图

到了 2010 年 4 月 15 日，搜狐证券转发了发表于《中国证券报》的一篇文章，称张先生掌舵的江苏瑞华投资发展有限公司以 18 元 / 股的价格，通过深交所大宗交易系统抛出了 705.74 万股，占总股本的 3.51%。那么从买入华昌化工时的 1.067 元 / 股，到卖出的 18 元 / 股，张先生用了七年的时间，却获得了 16 倍之多的投资收益，如图 3-7 所示。

私募大佬张建斌抛出华昌化工 七年投资增值16倍

来源：中国证券报　　　　　　　　　　　2010年04月15日09:15

2008年9月，华昌化工IPO上市，江苏瑞华以第三大股东身份位列发起人股东之列，股份锁定期为12个月。假使江苏瑞华未来按照此前18元/股的价格进行抛售，那么从买入的1.067元/股至卖出的18元/股，江苏瑞华七年时间投资增值近16倍。华昌化工（002274）周四一纸公告，将此前一天发生的涉及金额高达1.27亿的大宗交易大白于天下：

第三大股东、私募大佬张建斌掌舵的江苏瑞华投资发展有限公司以18元/股价格，通过深交所大宗交易系统抛出705.74万股，占总股本的3.51%。

"普桑开进，大奔开出"

与二级市场叱咤风云不同，江苏瑞华对于华昌化工（002274）股份的持有、卖出则是PE（私募股权）投资行为。"桑塔纳开进，奔驰开出"，一位接近江苏瑞华的人士对记者形容这笔买卖。

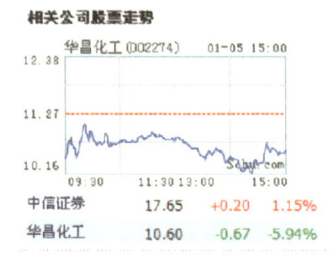

图 3-7　搜狐网证券走势图

难怪当时这样来形容张先生："普桑开进，大奔开出。"

即使与2015年里最大的牛股正业科技（300410）的500%的涨幅相比，张先生的获得也是其3倍多。而从时间上来讲，正业科技是2014年12月31日上市的，完成这样的涨幅历时1年，但从庄家的建仓、洗盘，拉升到出货，费时耗力，与张先生比起来，简直不可同日而语。并且，张先生这7年并不仅仅是将精力完全放在了华昌化工这一股票身上，其参与定增投资的股票还有很多。

然而，与张先生高调投资的行为形成鲜明反差的是他的为人处世，这也几乎成为了许多资本大鳄的一个共性，让外界始终只闻其名而不知其人。

3.3 刻意低调的神秘大户

在一级半市场风起云涌，是因为张先生抓住了股改。许多公司需要从原有的国有企业变为股份制，以更好地适应市场的需求，大国发展企业，这才有了参与华昌化工的"普桑开进，大奔开出"。而其中巨大的利润又使得张先生似乎悄然间消失在了二级市场。

与那些聚集于银河证券宁波解放路南营业部的涨停板敢死队不同的是，张先生的突然销声匿迹，并不是像那些敢死队是因为媒体的广为关注，而不得不转移根据地。因为在宁波敢死队声名鹊起之后，很多媒体及证监会或庄家开始过于关注他们，使得他们的操作往往很容易暴光，所以不得不分散到附近的各地。张先生的销声匿迹，是因为他看到了更好的盈利模式，所以才从二级市场上悄然"失踪"，而并不是真正地消失于二级市场。

张先生和他的江苏瑞华依然在股市里进行着博弈，只不过，此时的张先生却全然没了急攻猛进，再加上此时的各路庄家早已从他当年的身上学到了做股票的那种凶悍，将一股票从10元左右一跌拉到100多元的事情，在如今的股市中十分常见。但对于此时的张先生和他的江苏瑞华来说，却做得相当"低调"，在股价于二级市场上出现数倍收益的时候，张先生和他的瑞华却只从中博取10元的利润，如图3-8所示。

图 3-8　华通医药日线图

如图3-8中所示，尽管股价短期上涨幅度较大，但此时的张先生和他的瑞华只截取其中最为稳妥的一个涨停。这种面对股市大餐的时候，他们只在大餐上来后，取其中的一瓢饮之的做法，很有些谦谦君子的作风，但实质上却依然延续着他最初进入股市时的策略，也就是宁波敢死队后来一直遵从的理念：博短。就是说，从股市中博利时，他们只选择其中看准的利益出现时再伸筷子。

张先生的这种做法，尽管稳妥，但获取的利益少，同时他们的换手率却很高，也就意味着，他们出手的频率要高。这一点，依然延续了他最初介入股市时的一贯作风。只不过此时的他，已不用像最初时亲自操刀了，因为瑞华已有了自己的一套班子，张先生早已躲在幕后了。

然而，张先生并不是那种坐在幕后垂帘听政的太后，他同样有着自己忙碌的事情，只是相对于外界而言，很多人都以为他退隐江湖了。

难道昔日叱咤股坛的涨停板敢死队鼻祖真的隐退了么？

从难得一见的张先生的照片中可以看出，其颇有些年轻时香港明星郑少秋的味道，像个谦谦阔少爷。如果只是从照片中，根本看不出，这个人就是叱咤股坛的涨停板敢死队鼻祖，也很难与其操盘中凌厉的手法结合到一起，然而这一切都是个不争的事实。现在他确实很少出现在人们的视野中了，但是弥漫在股市的硝烟从来就没有消散过。因为资本市场从来都不寂寞，很多故事依然在不停地上演着，并且其中往往会出现许多的神秘富豪，但随着尘埃落定，这些神秘富豪最终还是从冰山之下渐渐浮出了水面，而当时叱咤风云的张先生就在其中。

在2014年7月中旬，几乎各大证券网和证券报刊均在显著位置刊发了有关南京熊猫（600775）股价暴跌的消息。在2014年7月16日，经过3个多月的停牌后，南京熊猫复牌，但开盘后即出现巨大的成交量，股价很快出现跌停，尾盘虽然被瞬间拉起，却最终以跌停收盘，如图3-9所示。

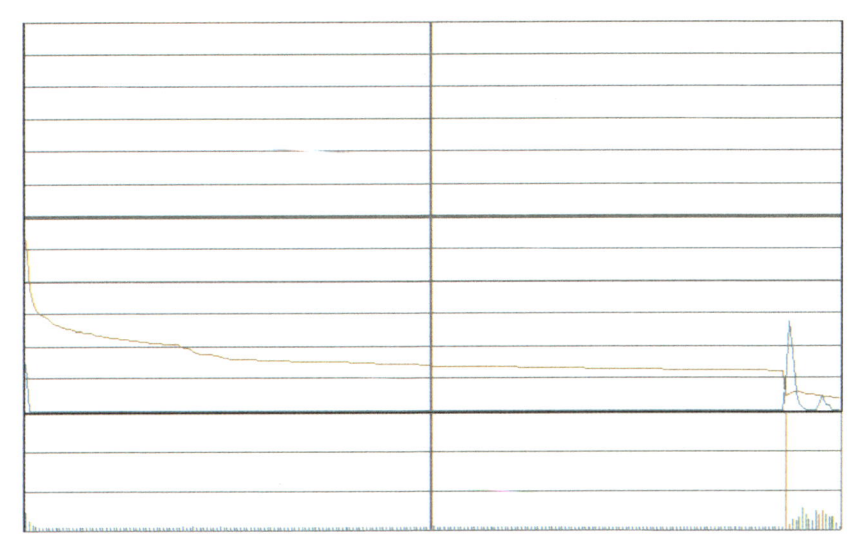

图 3-9　南京熊猫 2014 年 7 月 16 日分时图

在接下来的两个交易中，南京熊猫再次接连出现了放出巨量的下跌走势，仅仅经历了复牌后的三个交易日，南京熊猫的股价即出现快速暴跌近两成，如图 3-10 所示。

图 3-10　南京熊猫日线图

在此期间，大盘正处于横盘震荡的整理之中，当日大盘短线恰好处于高位震荡，并收于放量阴十字星，即刻引起了一阵的恐慌：大盘是否要出现破位调整？如图3-11所示。

图3-11　上证指数2014年日线图

南京熊猫的暴跌引发了许多股市恐慌盘的出现，但大盘并未因此而出现进一步大跌，而是震荡后出现了企稳。此时，当投资者再聚焦于南京熊猫后才发现：南京熊猫的暴跌，原来是大股东的解禁套现所致。但其快速疯狂的套现之举，还是让许多人望而生畏！

再去查看南京熊猫的相关资料，此时一家股东出现在眼前：南京瑞森投资管理合作企业（有限合伙），如图3-12所示。

据南京熊猫复牌后的一纸公布显示：股东南京瑞森投资管理合伙企业（有限合伙）于2014年7月16日通过集合竞价的方式减持1558.5955万股，交易价格为8.421元/股，涉及金额高达1.31亿元，约占当日成交总金额的33%。

南京熊猫 600775

同花顺F10 全面解读 全新体验 最新价：16.60 涨跌幅：-3.71% 上一个股 下一个股 输入股票名称或代码

南京熊猫 600775 最新动态 新闻公告 公司资料 概念题材 股东研究 主力持仓 经营分析 财务概况 股本结构 分红融资 资本运作 公司大事 盈利预测 行业对比

增发机构获配明细

获配机构：9家，获配价格：5.10元，共获配：25882.35万股，共耗资：13.20亿元。 公告日期：2013-07-02

序号	机构名称	获配数量(万股)	申购数量(万股)	锁定期	解禁日期	机构类型
1	南京瑞森投资管理合伙企业（有限合伙）	5100.00	5100.00	12月	2014-07-02前	一般法人
2	南京中电熊猫信息产业集团有限公司	3921.57	3921.57	36月	2016-07-02前	一般法人
3	江苏国泰华鼎投资有限公司	3500.00	3500.00	12月	2014-07-02前	一般法人
4	财通基金管理有限公司	3000.00	3000.00	12月	2014-07-02前	基金管理公司
5	北京市基础设施投资有限公司	2600.00	2600.00	12月	2014-07-02前	一般法人
6	南方工业资产管理有限责任公司	2520.00	2520.00	12月	2014-07-02前	一般法人
7	西藏自治区投资有限公司	2500.00	2500.00	12月	2014-07-02前	一般法人
8	兴业全球基金管理有限公司	1760.39	1760.39	12月	2014-07-02前	基金管理公司
9	西藏山南中和投资管理中心（有限合伙）	980.39	980.39	12月	2014-07-02前	一般法人

注：此处解禁日期为估算值，具体日期均以上市公司公告为准。

图 3-12 南京熊猫个股资料

原因终于查明白，原来是定增的股东锁定期满后的大笔减持所致。此时很多人才悄然明白。如果将时光倒流至一年前，也就是2013年7月2日，南京熊猫开始定向增发，并锁定获配机构为9家，获配的价格为5.10元，锁定期为12个月。其中，南京瑞森投资管理合作企业当时获配5100万股。

至2014年7月锁定期已满，以如今的减持价8.421元计算，与当时的5.10元相比，相差了3.321元，获利超过65%，难怪会遭到大笔减持。

南京瑞森投资管理合作企业又是一家怎样的企业呢？又是怎样的资本大佬执掌着这家公司呢？

原来，南京瑞森投资管理合作企业成立于2012年6月27日，由资本市场赫赫有名的私募大佬张先生持股98%。

如此一来，一直神秘的南京瑞森投资管理合作企业在投资者眼里熟悉起来，因为这背后的神秘资本大佬原来是张先生，难怪南京熊猫会出现如此疯狂的暴跌。

张先生此时尽管已经退居市场背后，却从未真正离开过股市，其凶猛的操盘手法，依然时不时出现股市，虽然只是昙花一现，却依然灼灼焕发出昔日的风采！

3.4 涨停板敢死队鼻祖上岸，成就"定增王"

原来一直以来，很多人以为张先生离开了股市，其实他从来就没离开过，只不过，通过参与"法人股"的方式，让其收获了巨大的财富。因此，他不再直接参与股票市场，而是通过参与"法人股"或是参与上市公司定向增发的方式从前台退居幕后。

昔日的涨停板敢死队鼻祖，如今已真正上岸，不再始终在股市最前沿去冲锋陷阵，而是转移了战场。

华昌化工只不过是张先生参与"法人股"的一个较为突出的例子而已，他在 2007 年 5 月，又出资 8217 万元，购得了金风科技（002202）0.83% 的股权，并于 2007 年 12 月 26 日成功登陆深市中小板。作为风电行业的龙头，金风科技的上市，又创出了开盘市盈率之最，以 138.00 元的价格开盘，如图 3-13 所示。

图 3-13　金风科技日线图

所有这些都给投资者留下了深刻的印象，因此说，张先生留给投资者印象最深的，其实并不是像宁波敢死队那种在股市中的翻云覆雨，而是在一级半市场上的法人股定向增发。

尤其是在 G 股（股权分置改革试点股票）改革之前，张先生投资了大量的上市公司法人股，这也使他的财富获得了巨大的增长。

一直到了 2006 年，新法规的诞生，出现了定向增发市场，张先生和他的瑞华投资于是斥重资积极介入，开始了他几近疯狂的定增之路。在其后的三年里，张先生共参与了上市公司的定向增发项目 28 个，累计市值近 30 亿元。其中，新中基（000972）、华鲁恒升（600426）、中铁二局（600528）等都获得了 200% 以上的投资收益。

由此可见，张先生的定增之路，高利润成为了吸引他不停试水的最根本原因。投资者都知道，上市公司的定向增发是为了募集到一定的资金用于公司的发展，目前规定：要求发行对象不得超过 10 人，发行价不得低于公告前 20 个交易日市价的 90%，发行股份 12 个月内（认购后变成控股股东或拥有实际控制权的 36 个月内）不得转让。因此，定增最为关键的还是要求拥有较大的资金，而多年的市场博弈，张先生此时已经完全具备了这一点。

在 2006 年，定向增发的再融资方式刚刚在国内的市场中出现，市场普遍对此还不太了解，但是张先生却以极快的速度介入了定增，从而成为了当之无愧的"定增王"。

华鲁恒升（600426）就是当时最为典型的案例。当时，华鲁恒升确定了定增方案，决定定向增发 8000 万股，以募集资金用于公司的发展，当时张先生以 7.50 元的价格共成功认购了华鲁恒升 500 万股的定增股份，如图 3-14 所示。

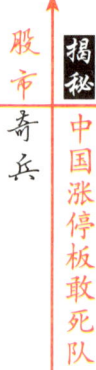

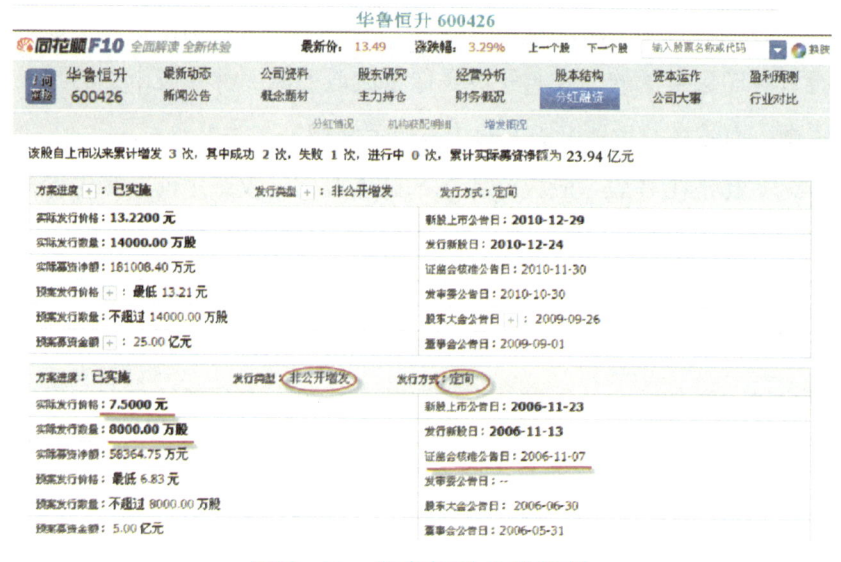

图 3-14 华鲁恒升个股资料

华鲁恒升的这一次定向增发，张先生和他的江苏瑞华成为了第一个吃螃蟹的人，别看他当时仅仅得到了 500 万的定增股份，但是，当时股市的行情不错，张先生获得定增份额时，华鲁恒升的股价正位于相对的低位。一转眼，当股份锁定期满后的 2007 年 11 月，华鲁恒升

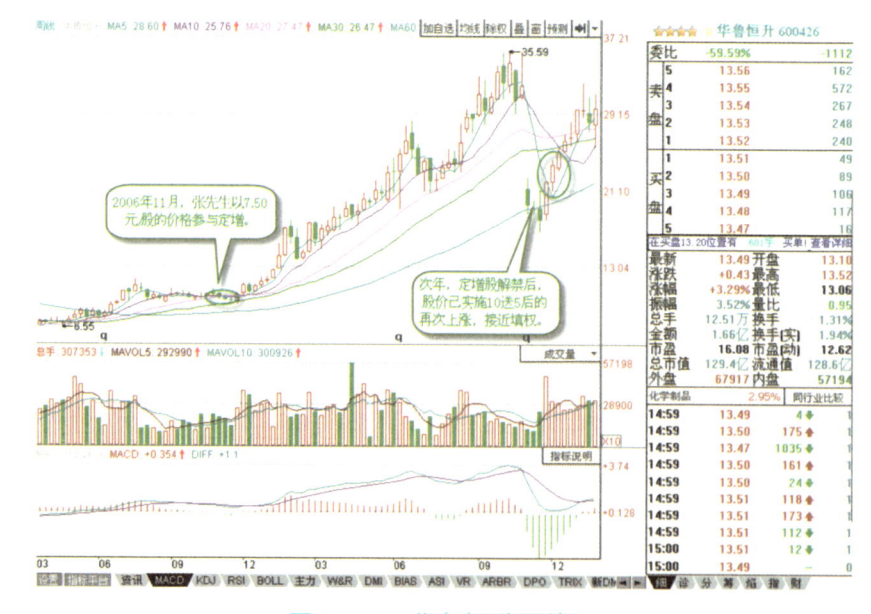

图 3-15 华鲁恒升周线图

的股价已经上涨到了 30 多后的 10 送 5 高送转后的快速填权过程中，此时的股价已经接近了填权，达 30 元 / 股左右，如图 3-15 所示。

如此粗粗一算，张先生因此而获得的收益极为可观，仅仅至华鲁恒升送转前的价位时就已经高达 4 倍。

最早吃螃蟹的张先生，自然从华鲁恒升的定增中尝到了很大的甜头，从而也刺激了他的味觉神经，频频出手，开始了他周而复始的定向增发之路。

尽管，张先生一直以来是一个处世极为低调的人，极少在公开场合露面接受记者的采访，隐藏在了定增大军的背后，但是透过一个个上市公司发布的增发对象名单，南京瑞森投资管理合伙企业只是其参与定增的一个子公司而已，西藏瑞华投资发展有限公司等公司同样是张先生旗下的一个公司。比如，在 2013 年 5 月宇顺电子（002289）的定向增发中，西藏瑞华投资发展有限公司与南京瑞森投资管理合伙企业就同时出现在了宇顺电子的定增名单中，并分别以 10.38 元 / 股的价格各自认购 1000 万股，持股比例均为 8.81%，由此一来，等于是张先生的江苏瑞华以 200 万股的股份出现在了宇

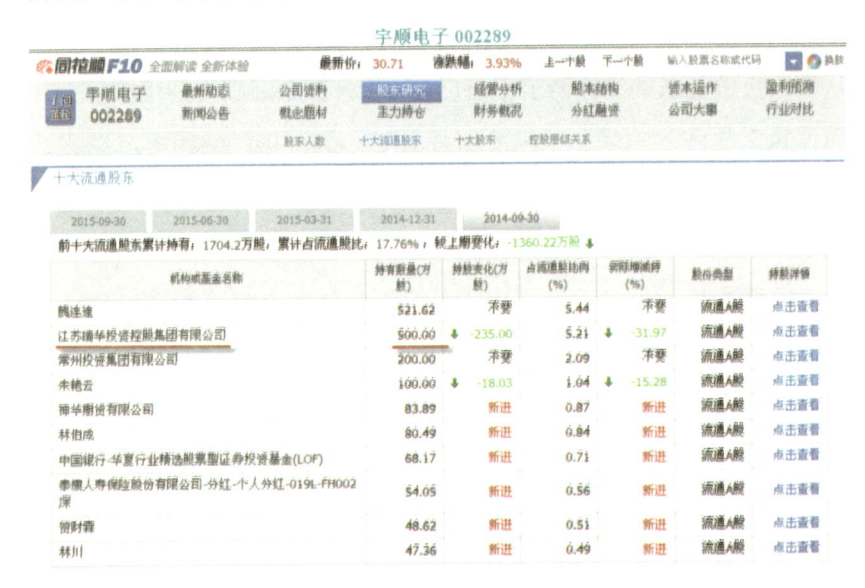

图 3-16　宇顺电子个股资料

顺电子第二大股东之列。即使是到了2014年的9月底时，张先生仍然持有宇顺电子高达500万股的股份，高居公司前十大流通股东的第二名，如图3-16所示。

此时宇顺电子的股价一直维持在20.00元左右震荡，很明显是张先生在维持股价在高位区的震荡减持。而此时，如果以当初张先生参与定向增发时的价格10.38元/股计算，他早已经实现了100%的收益。

从张先生参与宇顺电子的此次定向增发看，其轻松获利的程度远远要小于当初的二级市场股票操作，轻而易举地获得了增发所带来的巨大收益。

参与宇顺电子的定增，不过只是张先生投资定向增发过程中一个极为普通的案例。只要投资者留心，就不难发现，从2006年上市公司的定向增发再融资出现后，只要有定向增发出现，几乎就会看到张先生的身影，无论是以江苏瑞华，还是西藏瑞华，或是南京瑞森的名义出现，不过只是呈现在世人眼中不同的一个影子而已，真正的幕后大佬始终是张先生。

频频地参与和设计众多上市公司的定向增发，也使得张先生在从涨停板敢死队的江河游上岸后，成就了自己名副其实的"定增王"，而他执掌的江苏瑞华，也因此而成为了一级市场、一级半市场和二级市场上一个亮丽的名牌。在众多挤破脑袋靠近上市公司定增的机构中，江苏瑞华也因此拥有了别人没有的"优先权"。

所谓市场中的最牛散户，或涨停板敢死队鼻祖，如今早已是老黄历了。张先生的注意力早已不在二级市场了，这方面的业务早已由公司的专业人士去打理了。但人们在面对游走于一级市场、一级半市场的资本大鳄张先生时，却总是无法忘怀当年他在二级市场上翻江倒海时的一幕幕惊涛骇浪的传奇……

3.5 鼻祖经典案例：中关村（000931）

谈到张先生操盘的凶猛，自然让很多人想到了当年的中关村，因为即使是在今天，很多涨停板敢死队都在效仿他的操盘手法，追击涨停强势股早已不是什么秘密，但是都逃不出当年中关村的影子。

时间虽然过去了十几年，但留在投资者脑海中的印记，却是无法磨灭的。就像中关村在国人心中的地位一样，只要提起高科技，人们自然而然就会想到美国的硅谷，因此，中关村早已成为中国投资者，包括其后全国各地涌现的涨停板敢死队心目中无法磨灭的硅谷。

很多人对成功人士的评价都喜欢用天生聪慧来形容，实际上所谓的天性，尽管是一个人对外界事物的天然表现，但天性使然并非是一个人天生所具有的，而大多是历经事情之后的一种对外界的看似天然的自然反应。

张先生就是这样，他所拥有的一切，都是来自于他后天的刻苦学习，比如放弃期货投资后，他之所以能够感觉到股市即将进入底

图 3-17　上证指数 1999 年日线图

部，完全是因为他多年来在期货市场一边打拼一边刻苦学习的结合。这种实际操盘与理论汲取的不断结合，让他对市场有了一种超于常人的认识，所以，在他进入股市不久，即爆发了载入中国股市史册的"5·19"行情，如图3-17所示。

正是平时日积月累的学习和操盘实践，让张先生有了极少人所具有的"感觉"。正如对于学习的看法，很多人都会说学习是为了掌握相关的知识，但只要看看那些自古自小即进入南书房刻苦学习四书五经的清朝三代帝王即可知，他们之所以能够开创出为后人所崇尚的一代王朝，如康熙、雍正、乾隆等，因刻苦学习而掌握知识仅仅是一个方面，学习除了获取知识之外，最大的功效在于开智。

张先生对市场的"感觉"正是因此而来。

正是基于这种对市场的"感觉"，张先生告别期市后选择了股市，在喜迎1999年的"5·19"行情之后，股市冲高后出现了一波调整，但在年底上证指数探底到1341.05点后，出现了一波快速反弹，其后再次步入调整，到了2000年1月时，指数出现了震荡企稳，如图3-18所示。

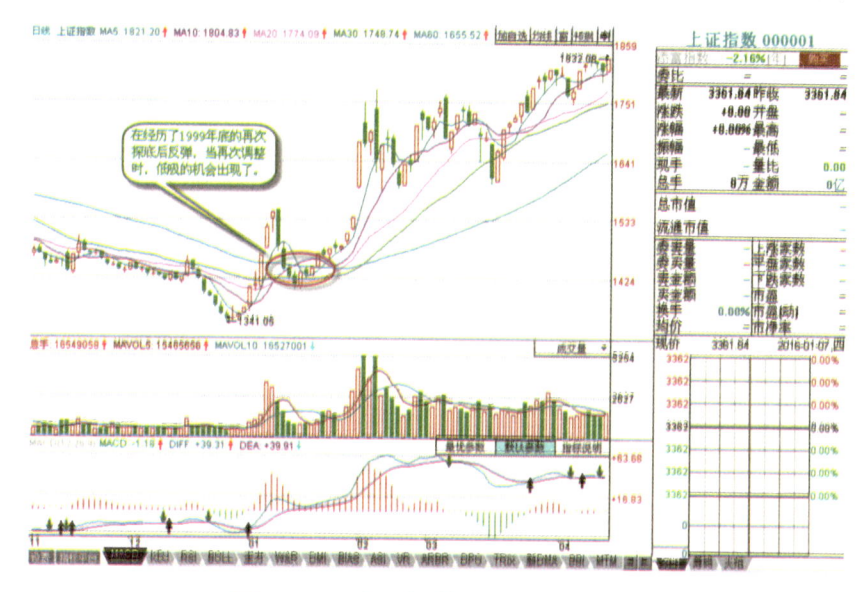

图3-18　上证指数2000年日线图

张先生此时眼前一亮，因为他看到了机会。

在当时，个人电脑刚刚开始在中国普及，中关村无疑是引领科技进步的先锋。尽管如今由于多元化发展，公司的业务早已由单一的科技发展，扩展到了房地产、医药等领域。在当年，中关村（000931）无疑是中国第一大科技股，是中国的科技前沿。

张先生一下子就看中了中关村，因为在国外成熟市场，很多风投公司都极为喜欢科技股，如美国的红极资本对雅虎，后来雅虎对马云的阿里巴巴……这样的例子比比皆是。

另一个关键性的因素是，当时中关村的股价仅仅20元左右，在当时来说虽然已经算是高价股，但从行业发展的角度来看，此时正是属于高价股的"低价区"。所以，张先生一下子就看中了中关村。

当时的政策也不如现在规范，因为中国的A股市场属于新兴市场，很多制度都来自于对国外的经验借鉴，以及结合中国国情的摸着石头过河的逐步试行阶段，监管上还远没有今天严格，很多证券营业部是可以给优质客户融资炒股的。甚至是，在全国不少营业部也曾出现了一些营业部私自用资金炒股的现象。

张先生在当时进入股市时，手里已经拥有了400万的资金，加上他在"5·19"行情中的盈利，不仅是当之无愧的游资大户，并且属于营业部的优质客户，营业部很快就给他融到了两三千万的炒股本金。这也是促使张先生能够在股市上一锤定音的重要原因之一。

若在今日，投资者完全可以通过融资融券的方式获得资金的支持，当时的张先生却完全没有这种机遇，但证券营业部给予了他这个优质大户一个几乎同等的优待。

张先生用这些资本，在2000年1月，以20元左右的价格迅速完成了对中关村的底部收集，而之后，令投资者惊讶的事情发生了：就在张先生买入中关村后，在2000年2月4日拉出一个涨停后，又接连出现了6个涨停，其后长阴出货后，再次接连出现了三个长阳涨，令两市投资者为之震惊！如图 3-19 所示。

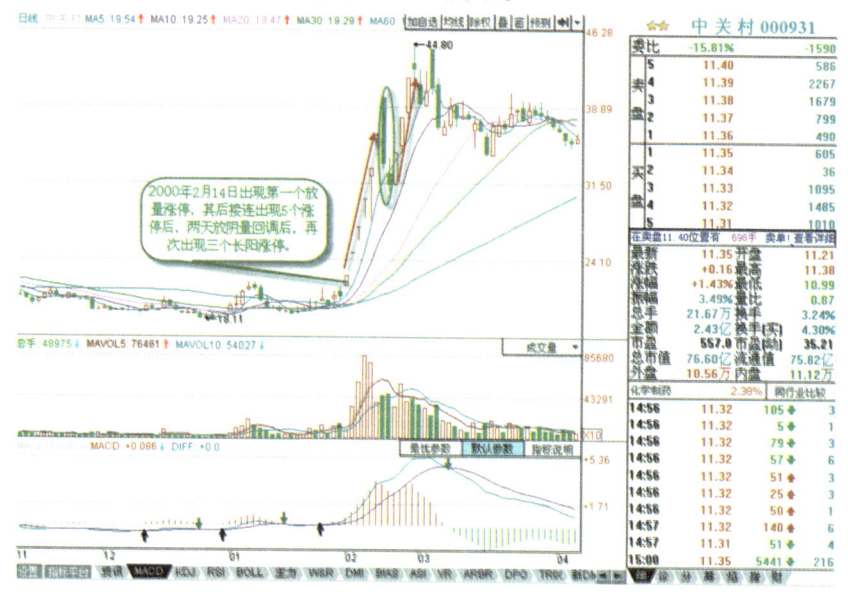

图 3-19　中关村日线图

如此强劲的上涨与回调，不要说在当年，即使是在如今庄家遍地的两市，其操盘方式依然是十分凶悍的，因此很快即成为了两市一道美丽的风景。

还有一个关键的因素是，当时中关村作为新上市不久的股票，没有什么庄家，这使得张先生当时的操盘才得以顺利实施，如果是发生在现在，肯定会遭遇庄家的干涉难以顺利实施，这也是很多如今的涨停板敢死队分散各地隐藏的原因之一。但在 2000 年，张先生的这一次高调进场，却让其赚了足足几千万，实现快速积累财富的同时，也震惊了市场！

到随后的 2001 年，张先生此时的个人财富已经达到了 1 亿，而此时，各地涨停板敢死队的出现，一时间风起云涌。张先生利用期市的操盘手法运作股票的方式，此时早已不再是秘密，那些蜂拥而出的涨停板敢死队们纷纷借鉴，玩的人一多，自然引起了各方的注意，张先生也因此功成身退，两年后成立了江苏瑞华，开始了他的股权投资之路。但当时张先生在股市中尽情挥洒出来的中关村传奇，却成为了中国股市中无法抹去的记忆，像一颗不灭的星星一样，永远闪烁在中国股市灿烂的星空！

张先生与他的中关村传奇并不是偶然，是他用自己的勤奋打开了智慧之门，从而看到了中国改革开放后股市发展中极为细小普通的一瞬间的一个缩影，所以，在成就个人财富积累的同时，张先生也用自己的智慧不断见证和实践着中国经济的高速腾飞！

然而，继涨停板敢死队鼻祖退隐股市之后，各地相继涌现出的涨停板敢死队，他们又以什么方式继续续写中关村传奇这一不灭的股市神话呢？

第四章　涨停板敢死队之王

在杭州西子湖畔，不仅流传着许仙和白蛇的传说，同样流传着一对股市伉俪并肩奋战的故事，他们被世人喻为股市里的"神雕侠侣"，尽管女的被人看作是男人的影子，但这个男人却在涨停板敢死队里有着无可动摇的地位，被人称作是涨停板敢死队之王。这个人叫做老章。然而，他又是因为什么才有了如此的王者地位呢？

4.1 杭州涨停板敢死队之王老章

俗话说,上有天堂,下有苏杭。提起杭州,人们自然就会想到西湖,很多美丽的传说都出自这里,比如千古传诵的《白蛇传》,让这里充满了几分缠绵的诗情画意,雷峰塔穿过西湖波光潋滟的湖水远远望去,更是让人生出几许的联想,如图4-1所示。

图4-1 杭州西湖

唐朝诗人张祜曾做过一首《题杭州孤山寺》:

楼台耸碧岑,一径入湖心。

不雨山长润,无云水自阴。

断桥荒藓涩,空院落花深。

犹忆西窗月,钟声在北林。

然而,如今行走在西湖断桥之上,那一径入湖心的并非是楼台,而是自20世纪90年代开始步入股市后即威名四起的老章。全国早已有超过1亿的炒股大军,老章的名字也成为了每一个投资者茶余饭后议论不断的话题。

老章一直住在杭州,如果他闲来到断桥边散散步,相信很多投资者都不会认识他,因为他的长相很普通,是个微胖的矮个子,但性格很温和、低调,穿着也极为朴素。若行走在人群里,并没有什么特殊,但是只要他坐在电脑前,每一位投资者都不禁为他的操盘而惊出一身冷汗:这样一个温和的人,怎么操起盘来如此凶猛?手握鼠标,就像是拿着一把寒光闪闪的圆月弯刀一样,令人不寒而栗。

在杭州,或是在股市里,只要提起老章,没有人不跷起大拇指的,因为他是当之无愧的涨停板之王。

老章出生在1967年,从天津商学院毕业后,分配到了杭州解放路的一家百货商店,从事起家电的销售和批发业务。后来的1992年,老章辞职,回到老家临安,做起了复印机维修的生意。

临安素有杭州后花园之称,当地特产丰富,风景秀丽,大明山更是山高谷深,重峦迭嶂,如图4-2所示。

图4-2 浙江临安大明山

当年王阳明也曾回到老家余姚，才有了后世的阳明洞，却未悟得仙术，最终回归到朝堂之上不辞辛劳继续为官，但老章在老家小住几年后，却突然悟得了炒股真经。于1996年一个偶然的机会，拿着5万元的积蓄投入股市，却不料从此成就了一段惊心动魄的传奇。

在1996年至1998年，炒股可以透支，这个机制成就了老章。入市的第二年，他就从5万元增长到20万元，1999年达到500万，一年后又到了3000万元。资金的增长，让他的胆子大了起来，他开始炒香港创业板，但很快，3000万即亏掉了一半，这反而让他冷静了下来，在亦趋亦稳的投资中，几乎再没吃过大亏，到了2007年时，其资产竟然已经高达20亿。此时，如果将其名列最牛散户百强榜，一点也不为过，因为在当年，如果将其放入福布斯中国富豪榜上，竟然能与正泰集团老总南存辉并驾齐驱，排到了275位。

在整个2007年中，东吴证券湖墅南路营业部在上交所的股票交易额中有639.5亿元。如果当时的沪深两市成交额相当，那么老章一个人的交易量，就占据了整个东吴证券湖墅南路营业部的一半强。在2005年的时候，他的交易量曾一度占据了营业部90%的份额。

如此高的交易数额，自然也使老章所在的证券营业部屡屡排列在其他营业部之前，并登上两市"龙虎榜"，这自然使得很多杭州的证券营业部都将目标对准了老章。然而，老章自进入股市以来，只是换了三家营业部。

第一家是2000年时，老章到了国信证券杭州保俶路营业部。两三年后，老章又去了新疆证券庆春路营业部。由于老章的加盟，新疆证券庆春路营业部马上成为了杭州证券市场上最大的一匹黑马。在2002年时，该营业部全国排名743名，次年就蹿到了270名，接下来的两年分别为317名和325名。在2005年全国八大涨停板敢死队栖身营业部中，新疆证券庆春路营业部排名第五。

可惜好景不长，到 2005 年 7 月时，老章突然转移到了东吴证券，新疆证券庆春路营业部的交易额应声而下，2006 年竟直线下降到了 1840 名。显然，老章和他的众多追随者的离去，让新疆证券一下从云端坠入谷底。随之而起的却是东吴证券湖墅南路营业部，而后又搬迁到了文晖路，老章也随之一同迁了去。

当时的东吴证券不在西湖东北边上的文晖路，而在湖墅南路，所以老章不是冲着环境而去的，并且极富传奇色彩。

老章还在新疆证券庆春路营业部的时候，有一次和宁波敢死队过来的一位成员一起吃饭，恰好东吴证券湖墅南路的总经理杨运也在场，酒席间，这位细心的杨女士是又端饭又送菜，极为殷勤，像个饭店的服务员。老章当即被感动了，随后下定决心，移师到了东吴证券湖墅南路营业部。

正如很多杭州当地证券营业部的人所言，老章有如此庞大的资金规模，他既可以让一个营业部绝处逢生，同时也可以让一个营业部瞬间死去。

老章到来前，东吴证券湖墅南路营业部一直默默无闻，但由于他的到来，东吴证券湖墅南路营业部像横空出世的一匹黑马，突然跃上一个又一个的"龙虎榜"，最终成为了令市场刮目相看的浙江游资大本营。

难怪东吴证券湖墅南路营业部总经理杨运是在当年年初买的一辆私家车，自从老章移师东吴证券之后，这辆在当时东吴证券里唯一的一辆轿车，从此就成了不会开车的老章的专车。老章也成为了当之无愧的最牛散户，每天东吴证券湖墅南路营业部杨运总经理的车都会准时接他来营业部炒股，风雨无阻，如图 4-3 所示。

图 4-3　老章炒股

4.2 杭州涨停板敢死队里的"神雕侠侣"

随着各种版本的《神雕侠侣》的播出，人们对金庸先生的这部小说早已烂熟于心。《神雕侠侣》里的杨过与小龙女都是武功高手，并骑一只神雕笑傲江湖，但那只是金庸先生小说里的人物，如图 4-4

图 4-4　电视剧《神雕侠侣》（2014 年内地版）

所示。

在现实中，杭州的西子湖畔，同样有着一对令投资者欣羡的"神雕侠侣"。只是他们不骑神雕，而是日日乘坐着一家证券公司的专车到营业部去笑傲股市。

他们只是一对普通的夫妻，并且是两个投资股市的散户，其中老章的名字却在股市里如雷贯耳，因此才有了如此的待遇。

另一个人自然是老章的妻子，但是很多人知道她却是在2009年7月9日深交所的一纸公告：在IPO重启后首批新股即将上市交易之际，为打击短线操纵行为，对托管在东吴证券杭州文晖路营业部的"方文艳"账户和托管在江海证券深圳宝安南路营业部的"黄丽娟"账户采取了限制交易1个月的监管措施。

深交所之所以采取如此严厉的措施，主要是当年，两账户频频出现大笔集中申报、连续申报、高价申报或频繁撤销申报等严重异常交易行为，同时两账户置深交所的告诫于不顾，异常行为屡禁不止。

再往深里挖，老章的名字便出现在了其中，其中的方文艳正是他的老婆，而更一位黄丽娟则有可能是他的一个"马甲"，只是没有实际的证据而已。但方文艳与老章的关系却是不容置疑的。

如果投资者细心留意，这个方文艳并不陌生，自2000年以来，方文艳一共在9家上市公司中的十大流通股股东中出现过。

2000年年底，方文艳因持有111万股抚顺特钢（600399）而成为公司的第二大流通股东。2002年，她只在新华医疗（600587）出现一次，之后就消失了整整3年。到2006年时，方文艳高调复出，现身于津滨发展（000897），持有212.43万股；通化金马（000766），持有100万股；湖南投资（000548），持有608610股。到了2007年一季度，方文艳又同时出现在三只股票的公开信息里：ST幸福（现为华远地产600743），持有209.8万股；飞乐音响（600651），持有284.2万股；正虹科技（现为建新矿业000688），持有111.14万股。

其中，ST幸福（现为华远地产600743）因在2006年10月19日—2017年4月4日连续出现了24个涨停，股价从4元左右飞升至了14元左右。在一度高达5544倍市盈率的ST幸福中，方文艳一举成为第一大流通股东，如图4-5所示。

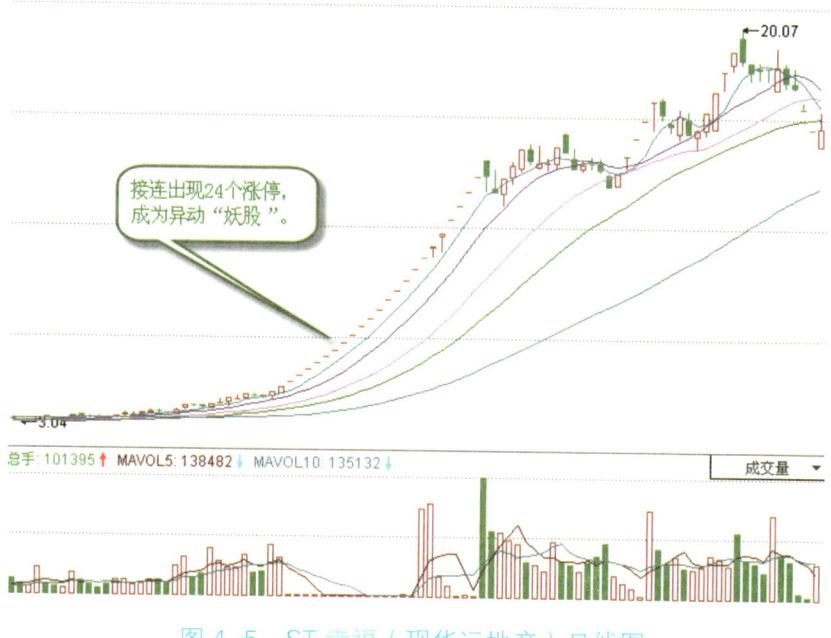

图4-5 ST幸福（现华远地产）日线图

此时，方文艳曾一度引起了各路媒体的广泛关注。不过除了一个名字之外，没有人知道她的底细。方文艳还短暂持有过467万股大唐发电，此后她就从公众视野消失了。

值得玩味的是，在方文艳曾经销声匿迹的3年中，其丈夫老章却频频现身于一些股票的十大流通股股东中。比如，2003年三季度的中科合臣（现鹏欣资源600490），2004年的东方明珠（600637）、天奇股份（002009）、海虹控股（000503）、敦煌种业（600354）。2005年，老章又先后在清华同方（现同方股份600100）、电广传媒（000917）、甬成功（现荣安地产000517）、南京港（002040）现身。

更为奇怪的是，在这些股票的公开信息里，两个人出现的时间都巧妙地避开了交叉，说明他们只是在轮流以各自的名义操作股票。并且，他们的名字在一股票二大流通股东出现时，只出现如昙花一现的一次，从不第二次出现，说明在操作上，他们都是以短线操作为主的。

如此一来，老章与方文艳不过成了同乘一只"神雕"的"侠侣"而已。

所不同的是，当面对某股票时出现的名字不同罢了。进一步查寻登记发现，老章进入股市，只用他和妻子两个人的名义办理了开户，没有任何的助手和智囊团，更没有带徒弟，也不做什么委托理财。因为他的习惯是独立思考、独立操作，而妻子方文艳根本不是股票行家，只在交易室中给老章做一些外围的辅助事情，比如接电话等，具体的操盘全出自老章之手。

毫无疑问，方文艳只是老章的一个"马甲"！但方文艳这个老章的"马甲"，在股市中却是身经百战、不容忽视和小觑的，笔者猜测她是与老章同乘一只"神雕"的"侠侣"，以杭州为基地，在中国股市上掀起了血雨腥风。

方文艳的账户所挂靠的和老章一样，是东吴证券杭州文晖路营业部，由于他们动辄十几亿或几十亿的资金吞吐量，在自身实现股市掘金的同时，也将东吴证券的前身湖墅南路营业部和搬迁后的文晖路营业部，一次又一次地推到了风口浪尖，经常出现在两市成交量的"龙虎榜"。只要在东吴证券杭州文晖路营业部上榜的个股，往往会出现在两市"龙虎榜"上，并且这些股票，大多出自老章与方文艳这一对股市神雕侠侣之手，如图4-6所示。

图 4-6　中国财经网东吴证券杭州文晖路营业部"龙虎榜"

这些高居东吴证券杭州文晖路营业部"龙虎榜"的个股，也往往成为两市的热点，高居两市的"龙虎榜"，当日出现涨停，如图 4-7 所示。

图 4-7　同花顺姚记扑克 2015 年 3 月 3 日"龙虎榜"

其中，买入量最大的即是东吴证券杭州文晖路营业部，并且当日股价以放量长阳涨停出现，如图 4-8 所示。

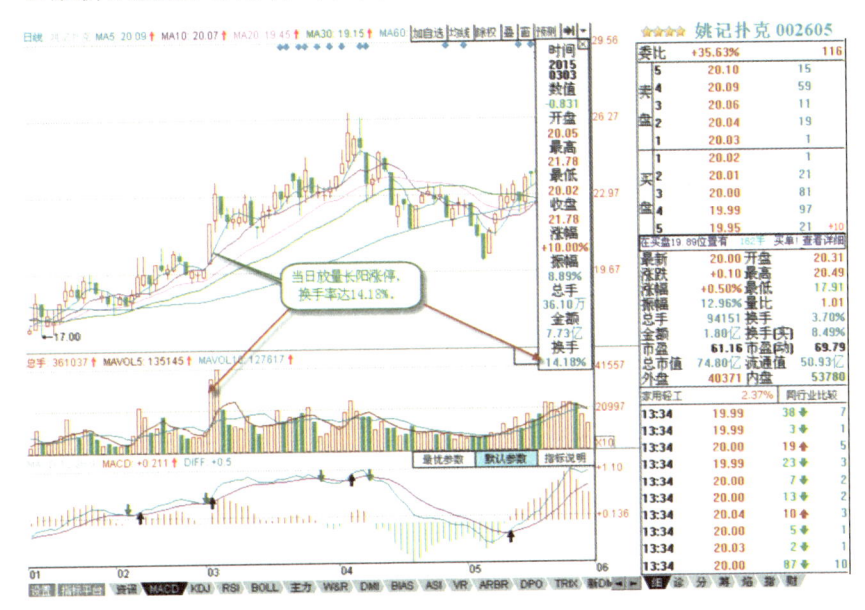

图 4-8　姚记扑克日线图

　　从 K 线的盘面以及换手率、买入量等数据，依稀可见躲在 K 线图背后电脑桌前的老章及方文艳忙碌的影子。

　　每个人都有其不同的习惯和特征，而这些，往往又会通过其做事时的方式方法体现出来，年长日久，自然就会形成他独具个性的风格，而只有整天生活在一起的夫妻，才会深谙其中的那份默契。

　　因此，从这个意义上讲，方文艳早已不只是老章的"马甲"这么简单。而这一对股市伉俪像一道奇异的风景，成为了隐居在西子湖畔的股市版"神雕侠侣"！

4.3 老章的操作手法探秘

在股市中,老章之所以能翻云覆雨,财富得到快速膨胀,从5万元的小散,迅速成长为身价数十亿的游资大鳄,仅每年的印花税,就要上交数亿元,他自然有依靠的"九阴真经",而这些也正是很多普通投资者最易忽略或不在意的。

(1)强势原则

专挑那些短期爆发力强的股票做短线,这也是因国内A股市场的特征所逼出来的。因此,老章往往从盘口看到某股票短线的趋势较猛,并有望形成向上突破后,即刻选择果断介入。一旦其介入后,股价的表现往往会提速,变得更迅猛狠辣,因为他手中有着很大的资金,可以采用逼空的手法将大小抛单通吃,一口气将股价封上涨停。

然而,如果和庄家比起来,老章的资金算是小的,但他往往选择那些此前形态和技术指标均已真好的股票,所以耗资金并不巨大就可以做到轻易将股价封住涨停板。如姚记扑克(002605),在形态已真好的2015年3月3日,股价即出现了快速拉升至涨停,几乎是一气呵成,中途不过只是出现了像是倒手挂了一下单的停顿时间,如图4-9所示。

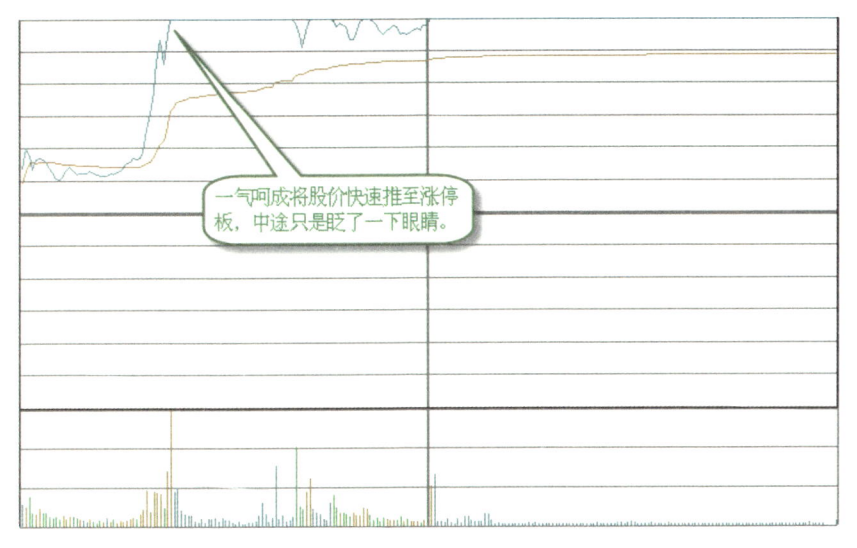

图4-9　姚记扑克2015年3月3日分时图

（2）不管盈亏，第二天坚决离场

铁的纪律是利润的保障，所以不论盈亏，第二天坚决离场。因为往往涨停的股票次日其上涨的势头通常不会减，仍以震荡上扬为主，所以老章出货并不困难。仍以姚记扑克为例，3月3日买入后，次日股价仍呈上涨趋势，再一日则以高位震荡为主，正是因为他在大举出货所致，如图4-10所示。

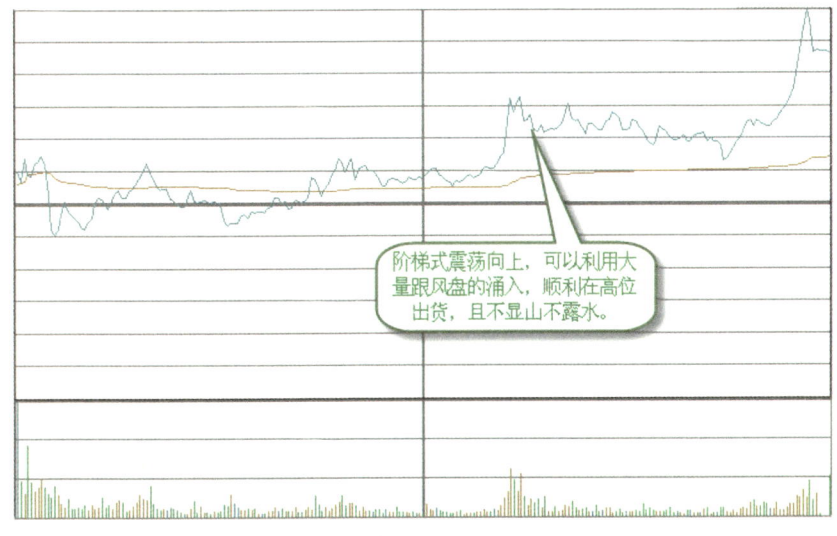

图4-10　姚记扑克2015年3月4日分时图

如此操作的好处在于，可以提高成功率，这也是他与普通散户所不同的地方，永远把投资风险放在首位。而据悉，高建平的操作成功率高达80%，偶尔的几次失误，是因为遇到了庄家高度控盘的股票，庄家怕他如此短线操作打乱了自己的计划，所以在涨停次日故意大幅低开，让其知难而退。由于他一直严格按照纪律行事，次日在止损位出局，损失并不大，所以才称为涨停板敢死队。

（3）坚决不碰庄家高度控盘的股票

庄家高度控盘指的是，庄家手中的筹码往往已经很多，其数量超过了股票整个流通筹码的30%上，因为此时的筹码集中度较高，庄家可以根据自己的意愿任意操纵股票，如果发现盘中有大笔资金出现来干扰自己的操作节奏，则很容易被洗出局。

比如在2015年9月的特立A（000025），此时整个流通A股有17929.45万股，第一流通股东深圳市特发集团有限公司却持有13128.35万股，占整个流通盘的比例高达63.82%，明显属于庄家高度控盘，庄家可以任意令股价接连上涨或下跌，如图4-11所示。

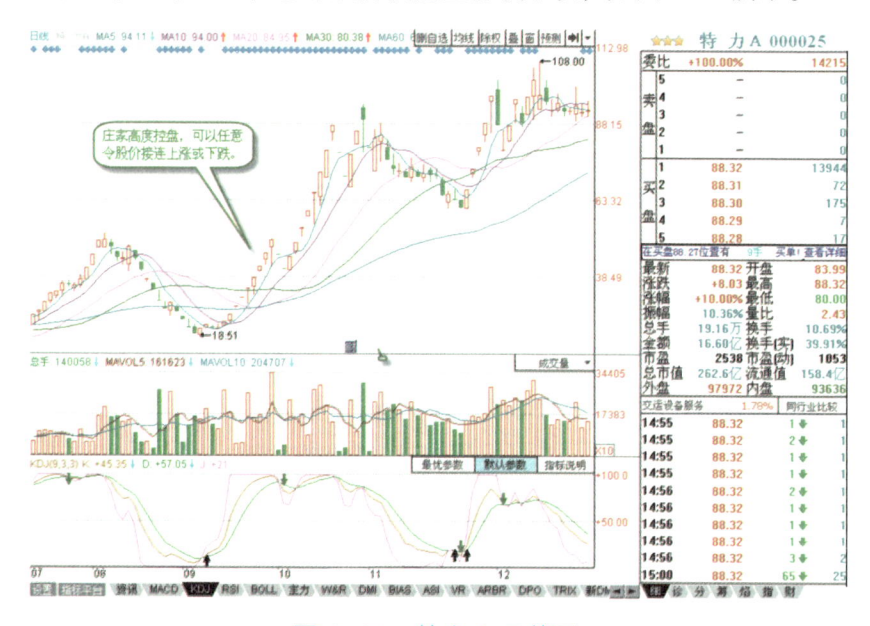

图4-11 特立A日线图

（4）对大盘走势的准确把握

由于对技术的研究，老章往往能够准确地预判出大盘的行情，从而提前摸准大盘未来的趋势演变，做到提前建仓埋伏，像诸葛亮一样，借大盘的东风推动买入的股票的小行情。比如2002年著名的"6·24"行情与2003年"1·14"行情中，两次大盘的井喷行情，如图4-12所示。

图4-12 上证指数2002年6月—2003年3月日线图

（5）龙头效应

在运用龙头效应时，老章不仅在选股上，能够做到龙头股或领涨股，还能够准确地选择那些超跌股，并在大盘刚刚见底面临反弹时果断买入。而由于其拥有较大的资金，一经大笔买入，不仅那些同在一个营业部里的投资者会随风而动，且盘中也会因此风起云涌，致使成交量快速放大，出现当日的涨停，及其后的接连涨停。比如2007年的大唐发电（601991），如图4-13所示。

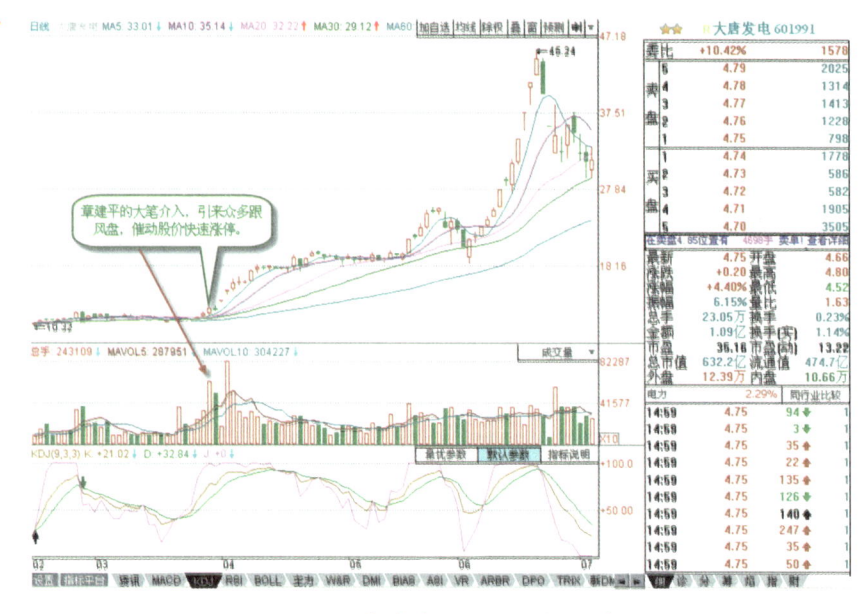

图 4-13 大唐发电 2007 年日线图

（6）选股思路

在选股思路上，老章一直坚持两种思路：

一是在技术上处于"两极"的股票。处于上升趋势加速段的极强势股，或是远离套牢区、处于超跌中的极弱势股，如图 4-14 所示。

图 4-14 恒宝股份日线图

二是寻找基本面变化对股价构成重大影响的股票。通过提前对当天出现的各种重大题材进行研究，对题材的可操作性排序后，进一步确定攻击对象。坚决杜绝问题股及 ST 股，所选择个股往往业绩还可以，或是有一定的题材支持，具备成为短期热点的一些必要条件。

（7）快速拉涨停

在拉涨停时，有几种情况：

一是如果大盘较强时，老章往往会采用一口气拉上涨停的方式，此时分时图上股价经过震荡吸筹后，成交量骤然放大，股价出现突然拉升，盘口上大单频频出现，股价线上涨的线条十分流畅，中途没有任何的停缓，几乎呈直线上涨，如图 4-15 所示。

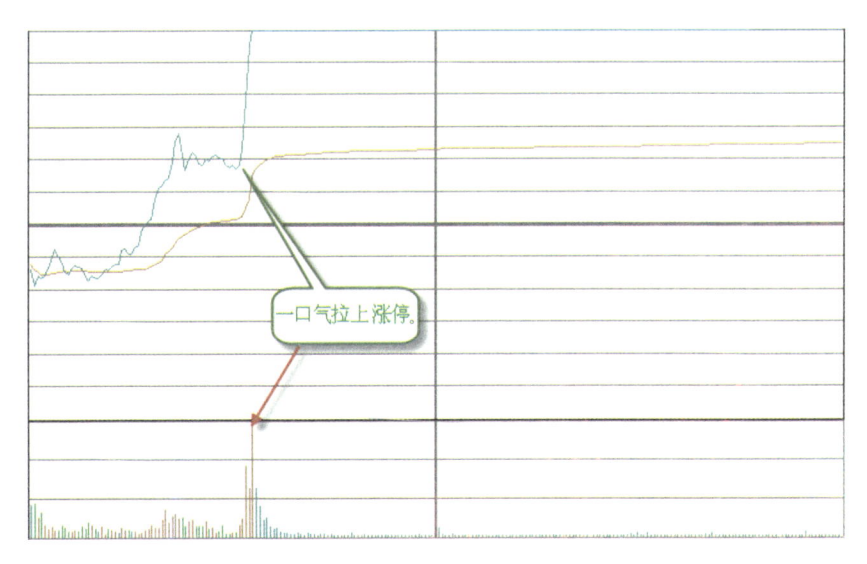

图 4-15　三联商社 2015 年 5 月 13 日分时图

二是早市攻击，利用短平快的手法，制造出一种强势的感觉来吸引跟风盘，如图 4-16 所示。

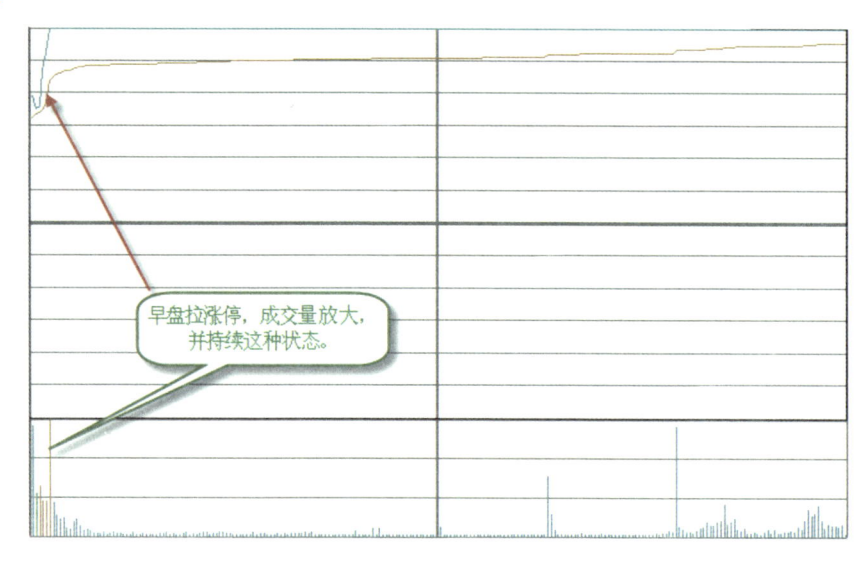

图 4-16　张江高科 2014 年 9 月 16 日分时图

三是下午两点之后拉升。一些早盘走强的热门股，他会以很大的买盘来低价扫单，股价几乎呈 90 度角上涨，在跟风盘的帮助之下封上涨停。这类股一旦冲上涨停，他们会挂出巨量的买盘稳定人气，以降低持有者的卖出欲望，如图 4-17 所示。

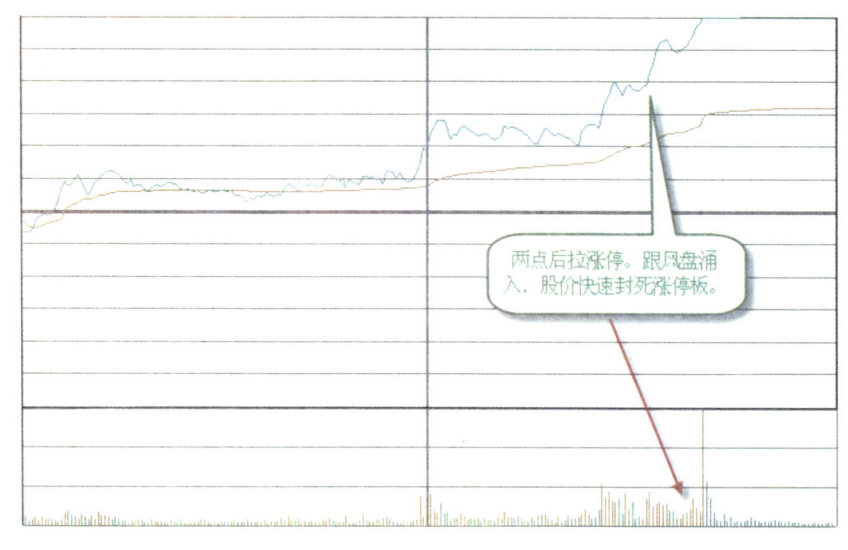

图 4-17　北方创业 2015 年 4 月 10 日分时图

（8）形体选股

老章在选股上，往往选择那些个股底部构筑较为扎实，且都在温和放量、小阳线上行过程中。这类股票，即使没有他去参与，就算不能出现放量封涨停，但向上突破也是迟早的事情。老章的介入，不过是起到了推波助澜的作用，所以成功率极高，如图4-18所示。

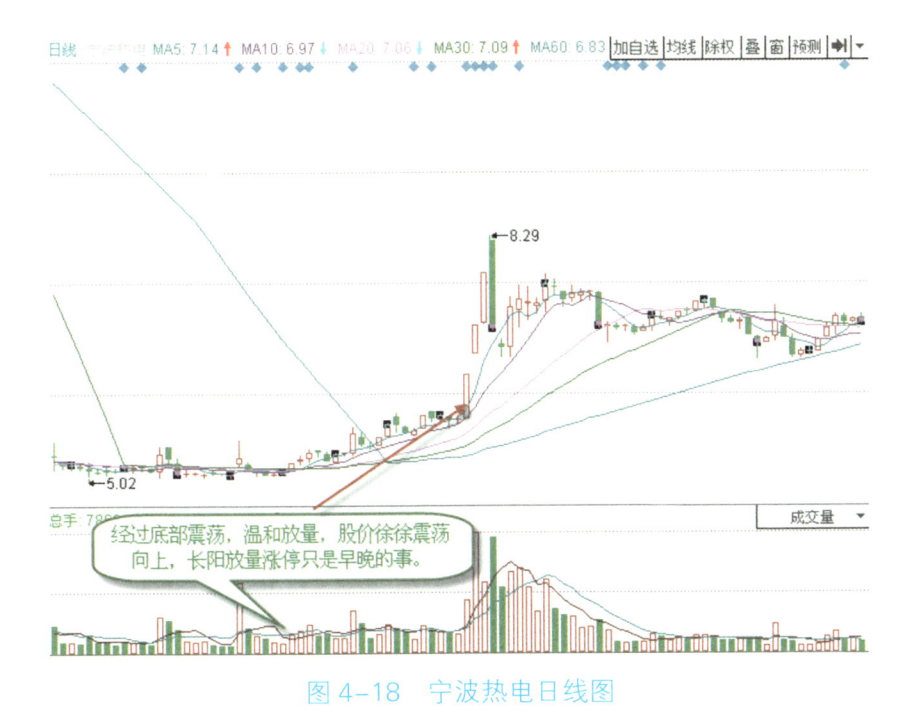

图4-18　宁波热电日线图

（9）重价更重势

处于下降通道中的个股，老章基本上不参与，因为这类股票上行能量太弱，所以很难成为市场的短期热点，如图4-19所示。

图 4 - 19 惠而浦日线图

在这"九阴真经"的指引下，老章练就了一身盖世武功，像《射雕英雄传》里的老顽童周伯通一样，在桃花岛上修得了双手互搏的神功，在股市里大玩特玩起了左手打右手的双手互搏，从而赚了个盆满钵满。

4.4 老章经典案例分析：北辰实业和招商轮船

从步入股市以后，老章操作过数百只股票，但在投资者眼中，即使是那些后来出现的各地敢死队，却一直以北辰实业（601588）和招商轮船（601872）为自己的奋斗目标。即使是那些敢死队的早期核心人物，同样不会忘记这两只股票，因为老章在操作这两只股票的过程，曾让他大赚特赚了上亿元，平均每只股票获利5000万以上，这种战绩是很难达到了，也是不少游资大户所日夜梦寐以求的。

　　就像在2004年雅典奥运会110米栏的跑道上，以12.91秒的成绩追平了由英国选手科林·杰克逊创造的世界纪录夺得冠军一样，当刘翔一只脚跨过十道栏架的最后一根时，历史在这一时刻即发生了变化，如图4-20所示。

图4-20　刘翔2014年奥运夺冠瞬间

　　这一次，虽然刘翔只是奋力地一跃，但由此改写了他个人的命运，并续写了奥运史上的传奇。两年后，同样的奇迹出现在了西子湖畔的老章身上，虽然他没有刘翔那份体力，却在气势与魄力上完全不输于刘翔，因为他开创了中国股市上新的财富传奇！如图4-21所示。

图 4-21　高手在于控制

说起来，老章于刘翔2004年夺冠的两年后，以两只股票创造出了上亿元的收益后，其行为无异于两年前刘翔在雅典奥运会110米栏上的那一跃。只是刘翔当年是在电视荧屏前面对全球人的注目，而老章却只是在电脑前轻轻动了动鼠标。

但世界却因此而发生了改变。同时，他们也因此而改写了各自的命运：刘翔成了家喻户晓的体育明星，老章由此变为了股市里无人不晓的身价上百亿的涨停板敢死队之王。

这两只股票就是北辰实业（601588）和招商轮船（601872）！

北辰实业在2006年10月16日是一只刚刚登陆沪市的新股，东吴证券湖墅南路营业部，也就是老章所在的证券营业部，当日即买入了92268946.62元，位居买入排行榜第二。11月9日，北辰实业出现首次涨停，而此日东吴证券湖墅南路营业部再次大量买入了

31769415.98元，在两交所成交量排行榜上名列第一。其后的11月20日到22日，在连续三个交易日里，东吴证券湖墅南路营业部又5次上榜，且3个交易日中共成交了1.54亿元。

从10月16日北辰实业上市时的价格3.27元，到12月6日收盘时的8.91元，在一个多月时间，北辰实业即大涨172%。在此期间，东吴证券湖墅南路营业部一共上榜了14次，累计买入2.5亿元，卖出2亿元，如图4-22所示。

图4-22 北辰实业日线图

而与北辰实业几乎同步进行的，还有招商轮船（601872），同样在上市后掀起了大涨行情。

2006年12月1日，招商轮船登陆沪市，上市首日股价即从开盘的5.51元最高涨到了6.70元，收于6.37元。东吴证券湖墅南路营业部排名买入第一位，单向买入资金高达1.05亿元，随后三天，招商轮船连续涨停，湖墅南路营业部分别买入0.35亿元、0.45亿元、0.58亿元，卖出0.65亿元、1.09亿元和0.5亿元。到12月11日，期间共 7 个交易日，东吴证券湖墅南路营业部一共上榜 10 次，累计买入了 3.3 亿元，卖出 3.52 亿元，如图 4-23 所示。

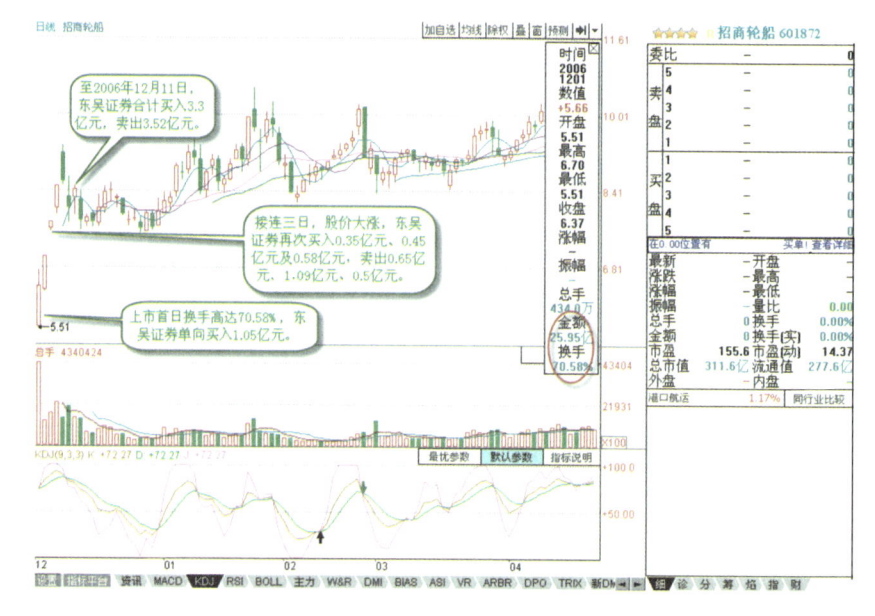

图 4-23　招商轮船日线图

尽管在这两只股票身上，当年的各路神仙各显神通探索，但当年不比如今，由于技术手段的相对落后，加上对个人隐私的保护，投资者并不知道老章在其中所获得利润的确切数字。因为老章一直以来毕竟是个人炒股，和普通的投资者没什么区别，只不过他动用的资金较大，是一个超级大户而已，但他没有触犯法律，属于合法投资，没有人有这个权利去清查他的账户。因此，关于老章在 2006 年底投资招商轮船与北辰实业两只股票的过程中，究竟获得了多少具体的收益，在外界眼里，始终是个谜，像是一个人紧紧握住了拳头，如图 4-24 所示。

图 4-24　紧握拳头

然而尽管老章并没有向外界透露 2006 年在招商轮船与北辰实业两只新股投资上获得的具体收益，但有一个事实是无法隐藏的，那就是老章资金进出时的必经道路——东吴证券湖墅南路营业部。就像一艘轮船如果只是停在水里，人们虽然无法确切称出其具体的重量，但是却可以根据这艘轮船的吃水情况来粗略估算出船上的货物一样。从东吴证券湖墅南路营业部在此期间的资金低位买入与高位卖出时的资金量上，老章在招商轮船与北辰实业这两只股票上的获利，不再是什么秘密，去除掉其他散户资金的进出，在招商轮船与北辰实业这两只股票上，老章至少获利达上亿元。

短期如此巨大的收益，立刻举世皆惊。但是，即使是一个人拥有了巨大的资金量，也无法保证其在短期内投资的巨大收益，因此，老章在招商轮船与北辰实业这两只股票上的收益尽管如此大，毕竟是他智慧的结晶，也是他用自己的智慧和胆识与资本市场博弈的收获！如图 4-25 所示。

图 4-25　散户与市场的博弈

只是，在这场惊心动魄的博弈中，老章用他过人的胆识、智慧和投资理念，以及对 A 股市场的深刻理解，缔造了一个很多人都难以实现的财富传奇！因为证券市场，始终是在经济杠杆下运行的，只有懂得了如何借力用力，才能用有限的资金，去撬动庞大的市场，做到四两拨千斤！

4.5 老章失败案例：数亿资金折戟中信证券（600030）

通过招商轮船与北辰实业这两只股票，尽管可谓一炮而红，令整个 A 股市场为之震惊，但说白了，他依然只是一个超级散户，尽管资金吞吐量较大，毕竟证券市场是波谲云诡的，市场不会总是处于单边上涨行情之中。

即使是在单边上涨的牛市之中，同样会发生突如其来的暴风雨，比如发生在 2007 年 5 月 30 日的"5·30"行情，在单边上涨行情中，突然仅仅用了短短 5 个交易日，上证指数即从之前的最高点 4335.96 点，跌至了 6 月 5 日的最低点 3404.15 点，跌去 931.81 点，如图 4-26 所示。

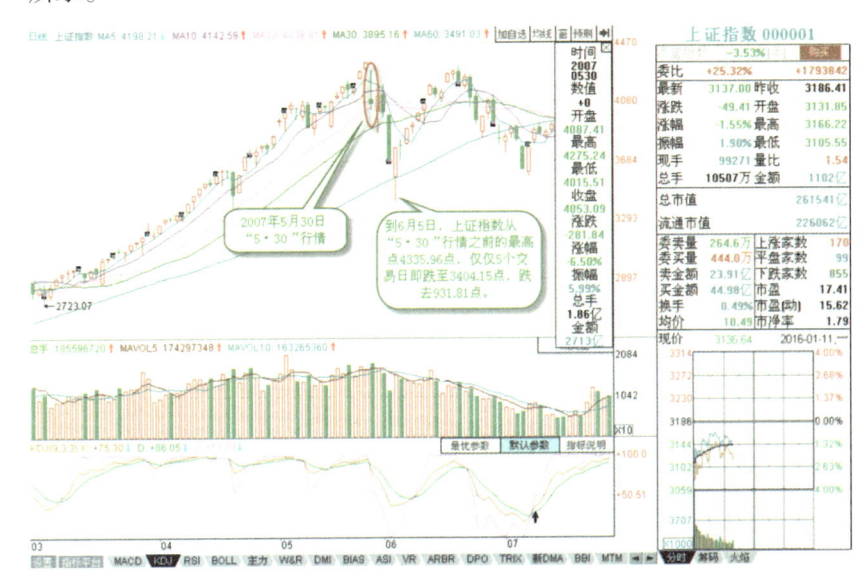

图 4-26　上证指数 2007 年日线图

如"5·30"一样的暴风雨暴跌行情经常会出现在股市中，因此像老章这样的股市老手同样会出现失利，股市里没有如三国里的常山赵云一样的常胜将军。虽然股市如战场，然而股市里的失利远非古代的两军对垒。可是，老章之所以成为胜利远大于失利的涨停板敢死队之王，其与普通散户所不同的是，当暴风雨来临时他的及时反应。

通常而言，普通散户当大跌到来时，要么反应迟钝，当行情跌去近半，甚至跌到接近底部时，不堪折磨割肉出局，如图 4-27 所示。

图 4-27　股民割肉

要么，普通散户会一捂到底，从短线投资被动转为长线持股。如图 4-28 所示。

图 4-28　股民被套后的反应

老章却不是这样，尽管他在 2007 年 12 月 11 日，不知是哪一根神经使然，突然看中了中信证券（600030）。

这是一个十分低级的错误，也是众多散户轻易抄底时最容易犯的一个低级错误！往往会在股价在半山腰时大举杀入，结果碰个头破血流。

2007 年 12 月 14 日，恰好是个周五，自 "5·30" 行情后，投资者心中对周五已经产生了一种恐惧，也就是常说的周五恐惧症。很多投资者此时都不安心于周六日持股，但老章偏偏不信这个，反其道而行之，开始建仓中信证券，首次以 84 元左右的价格，买入 1.68 亿元，如图 4-29 所示。

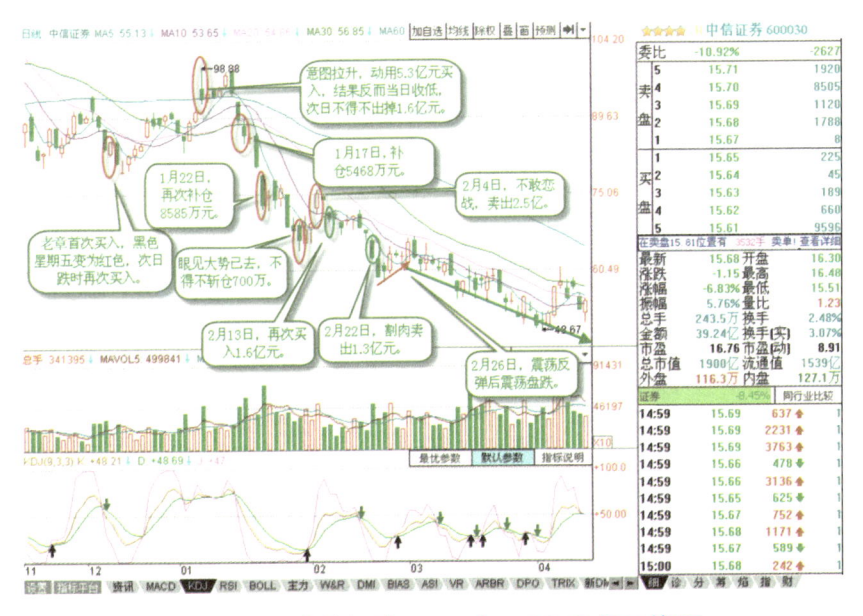

图 4-29　中信证券 2007 年—2018 年日线图

"黑色星期五"在中信证券上，因老章的大举买入而变为喜人的红色，然而红色的周五却未能改变下一个交易日的绿色，老章于是又买入了 2.23 亿元。

2008 年 1 月 8 日，老章尝试拉升突破，当日动用资金 5.3 亿强势买入，股份 K 线上出现了向上的跳空高开，中信证券也最高拉至了 98.88 元。然而出乎老章的意料，中信证券不仅没能封住涨停，收盘时反而掉到了 92.88 元。次日，老章只得火速出掉了 1.6 亿元。

这段时间，大盘尚处在盘升状态，中信证券也有所上行。但到了 2008 年 1 月 15 日，中信证券以 98.35 元开盘后，出现了急速下跌，并以 94.04 元收盘。

其后的几个交易日中，股价一直狂跌不止，到 1 月 22 日收盘时，股价已经跌到了 72.57 元。

这中间的 1 月 17 日，老章又补仓了 5468 万元。1 月 22 日，老章认为反弹的机会已经来临，再次追入 8585 万元。不料，中信证券依旧只顾埋头下跌，到 1 月 30 日开盘时，只有 69.01 元。眼看抬升无望，老章当日忍痛割肉 7000 万元。2 月 4 日，中信证券罕见地大涨 8.25%，老章却再不敢恋战，火速卖出 2.5 亿元。

老章不甘心就此以一败涂地收手。2 月 13 日，他又买入 1.6 亿元，可惜中信证券实在不给他面子，之后一直没有涨过。到 2 月 22 日，一度跌到了 62.10 元，老章再次忍痛，卖出 1.3 亿元，如图 4-31 中所示。

从 12 月 14 日到 2 月 22 日，老章共买入中信证券 13.6 亿元，卖出 7 亿元，中间的每一次操作，几乎都是亏损。2 个月的时间，中信证券股价跌了 25%，而老章最大一次 5.3 亿元的建仓，每股成本在 95 元左右，到 2 月 26 日，最低价已经探到了 58 元以下，其后更是出现了震荡盘跌。

粗略地从老章操作的金额计算，在中信证券这只股票上，他的损失最低不少于 2 亿元！如图 4-30 所示。

图 4-30　中信证券周线图

从图 4-31 中信证券的周线图上一眼就可以看出，老章的这一次失利，完全是失败在了中信证券趋势发生转变的下跌途中，也是与趋势抗衡的最终结果！

此时，只要老章多一点耐心，看一看大盘就会发现，此时正是处于上证指数冲高至 6124.04 点后的下跌初始阶段，如图 4-31 所示。

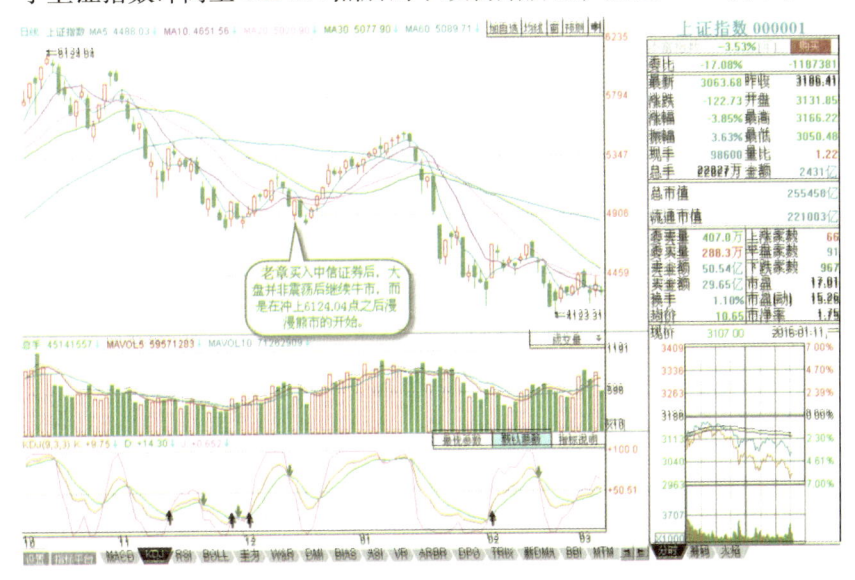

图 4-31　上证指数 2007 年—2008 年日线图

在那个众人拾柴火焰高的年代，促成了那一轮史无前例的牛市行情，而来势凶，去势自然不会如"5·30"行情一样，只是浅尝辄止。

从另一角度来看，老章的这一次失利，从绝对资金上来说，之前他虽然在北辰实业和招商轮船这两只股票身上赚到上亿元，但一只中信证券却让他此一役不仅全军覆没，还输掉了不少本钱。实际上，在这次大盘从6000多点的牛市到其后的漫漫熊市中，老章此一役的失利是极其微小的，因为在此期间，众多中小投资者所损失的又岂止是2亿元所能说得清的。

2亿元的损失，对于当时的老章而言，不过只是西湖上空的一场毛毛雨而已，而常在河边走，哪有不湿鞋的？即使是当年笑傲江湖的关羽，也有大意失荆州时的身首异处，更何况是终日在股市中行走的老章。

在散户与庄家的这场股市博弈中，当行情过后，每一位投资者都可以从中看出低吸的底，或是高抛的顶，但是当行情真的近在眼前时，更多的则是一场博弈。像老章一样的股市大佬，与普通投资者不同的是，他所依靠的不仅仅是运气，还有他多年积累的市场经验。但即使如此，市场总有其固有的运行规律，尤其是在发生重大转变时，成与败往往就在一瞬间的博弈！如图4-32所示。

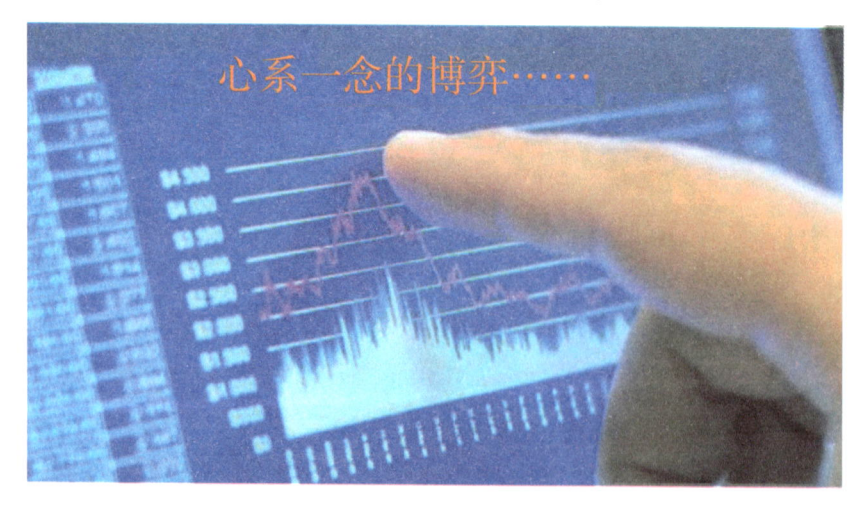

图 4-32 股市博弈

第五章 西部涨停板敢死队

重庆虽然从成都剥离,成为了直辖市,但成都西部重镇却依然有着其无可替代的重要位置。当年的诸葛亮据此助刘备成就了蜀国,如今的职业炒手却在民间股神的助推下,成就了自己独具特色的西部涨停板敢死队。从三国时期穿越到今天,即使是诸葛孔明在世,或许并不会胜于职业炒手的。

5.1 西部涨停板敢死队的中心：成都

涨停板敢死队出现以后，很快便向全国各地蔓延，并出现了遍地开花、百花齐放的局面，虽然有"物以类聚、人以群分"之说，但除了比较活跃的宁波、杭州等江浙一带外，上海也成为了涨停板敢死队成员主要聚集的地区。

然而除了这些发达的沿海城市，在西部地区，有一个城市同样不容忽视，那就是成都，因为那里同样成为了涨停板敢死队的重要聚集地，如图5-1所示。

图5-1 成都

提起成都，人们自然会首先想到成都小吃，从最初的成都小吃到后来的挂着川味招牌的饭店出现在大江南北。成都在以吃文化征服全国人民的胃的同时，也出现了像麻辣火锅一样麻辣的涨停板敢死队，尽管其中大多是继承宁波、杭州等涨停板敢死队前辈的操盘手法，但其气势却并不输于他们，就像四川的麻椒一样，麻中透着辣，辣中透着一股狠狠的爽。只不过成都相隔较远，如果不是时刻关注，在全国并不那么显眼罢了。正如在全国各地人的眼中，提起成都，不分阶层的各色人等都会想到麻辣烫，但事实上，麻辣烫的品味远不如成都的另一种类似的小吃——钵钵鸡，如图 5-2 所示。

图 5-2 四川小吃——钵钵鸡

然而，投资者在吃着麻辣烫或钵钵鸡去细观股市涨停板敢死队大军时，成都同样是不容忽视与小觑的。

自古以来，成都就是西部地区的重要城市，也是重要的物品集散中心和军事要地。当年诸葛亮在隆中时，曾为刘备谋划了三分天下的格局，而根基正是西部，但真正让刘备得到成都并就此成就一代帝王的，却是益州刘璋手中一个叫张松的别驾，正是他双手献出了西川图表，才让刘备得以夺取了西川，如图 5-3 所示。

股市奇兵 揭秘中国涨停板敢死队

图 5-3 《三国演义》张松献图

时光已逝去千百年，在如今的股市里，如果仅仅从涨停板敢死队的发展来看，虽然他们大多都是散兵游勇，并没有像宁波敢死队那样大张旗鼓，但是在宁波敢死队那些著名的核心成员纷纷倒下去的同时，他们操作的个股却引起了投资者的关注，比如西部建设、西部矿业等股票浮出水面。

这些远在西部地区的上市公司，因为国家对西部经济的大力扶持，具有了一定的概念，比如一带一路。这一点，恰恰成为了那些远在沿海地区的游资大鳄们竞相借机吞噬的对象。但是，这时候就出现了一个问题：难道说涨停板敢死队只集中出现在沿海富裕的地区，那些偏远地区就没有涨停板敢死队吗？

股市投资是不分地域和年龄的，即使相对来说，每个人的天赋不一样，最终获得的成就有大有小。当年三国时期之所以会出现魏、蜀、吴三分天下的鼎足之势，并不是偶然的。魏国拥有天时之利，吴国得到了地利之便，蜀国以人和为本。他们各自拥有优势，所以成就了各自的诸侯割据局面。

同样的道理，那些被沿海地区的涨停板敢死队明目张胆操纵的股票，它们都属于西部概念，而位于西部地区的投资者，他们傍依在这些上市公司的身边，对这些公司的经营状况可以说有着更深于外人的理解，因为很多西部上市公司都是和他们的人生一起成长的。这些终日生活在西部的投资者难道都对这些上市公司熟视无睹吗？

再者，中国证券市场是全国同步的，比如，银河证券可以率先在宁波设立营业部，同样也会在西部那些偏远的地区开设营业部，唯一不同的是成立的时间上或许有先后之分，各自的资金成交量或许会有差别，但投资者投资股市的性质是一样的。这也就注定了，在这些像西部一样偏远的地区，同样也会上演出一幕幕股市传奇！

只是相对于那些沿海经济发达区而言，西部涨停板敢死队被宁波敢死队的耀眼光芒所遮掩住了，正像当年周瑜在江边的病榻上发自肺腑的扼腕长叹一样：即生瑜，何生亮？！

然而，股市如浩瀚的银河，各个恒星会发光，不同的只是，它们各自所发出的亮度不同罢了，如图5-4所示。

图 5-4　星空图

还有一个重要的问题,就是距离,在天体运行中,距离同样会影响天体发出的光的亮度。股市同样是这样。西部地区本来就属于中国偏远地区,且经济又相对落后,自然不大引发世人关注。而自古以来,每每提起四川,人们总会自然想起一句话"蜀道难,难于上青天"。而梦想穿越大山,才有了当年诸葛亮行军时所修的一条条蜿蜒曲折的古战道,如图5-5所示。

图 5-5　剑门关古战道

只是,如今已过去几千年,当年的剑门关,依然可以有股市如战场的投资大军吗?

透过弥漫的或浓或淡的股市硝烟,我们依稀从国金证券身上看到了答案。因为在很多入市不久的投资者眼里,国金证券(600109)是一只纯正的券商股,却不知,这只如今看似股价落千丈的蓝筹大盘股,也曾有过当年高高在上的辉煌。而那时,它有个响亮的名字:成都建设!如图5-6所示。

图 5-6　国金证券周线图

当年，成都建设同样是一只小盘绩优股，股价曾一度高达百元，是两市中并不多见的百元股。

如此来看，成都从来就没有离开过我们，就像涨停板敢死队一样，只是一直以来被我们心目中的蜀道所忽略掉了。因为很早的时候，涨停板敢死队就已经零星出现在西部地区了，并且在偏僻的西部地区，渐渐聚拢在了成都附近，以成都为中心，并逐渐形成了他们"蜀国独特的气候"。就像钵钵鸡一样，没有到过成都的人，多数不会晓得其麻辣的美味，只晓得红遍大江南北的麻辣烫。因为真正的西部涨停板敢死队，大多都是土生土长的当地人，他们炒股就像在街边吃夜宵时一样，是从来不屑于什么麻辣烫的，因为他们只钟情于只有本地才有的藤椒钵钵鸡！如图 5-7 所示。

图 5-7　四川小吃——藤椒钵钵鸡

5.2 职业炒手

　　说起职业炒手（网名），大概没有几个人不知道。最早活跃在网上的名字就叫作职业炒手，并且成为了西部敢死队的核心人物，以成都为中心，影响着西部地区的众多涨停板敢死队。

　　然而，看起来穿着随意的职业炒手，真正在成都提起来，却是无人不晓，堪称西部涨停板敢死队的代表，但这并不说明，在西部涨停板敢死队中，职业炒手就是最为凶悍的一个，是因为相对而言，他不仅有着极富传奇色彩的投资故事，同时也是其中最爱曝光的一个。

　　职业炒手就随意的穿着，让人感觉是一个典型的生活在川中的普通人，过着十分安逸的生活。

事实上并非如此。在入市不久，他即经常出没在淘股吧，很快成为淘股吧里的知名ID，著名的淘股吧百万实盘赛就是由他发起的，并获得了首届比赛的冠军，以后的比赛也都冠名"职业炒手杯"，如图5-8所示。

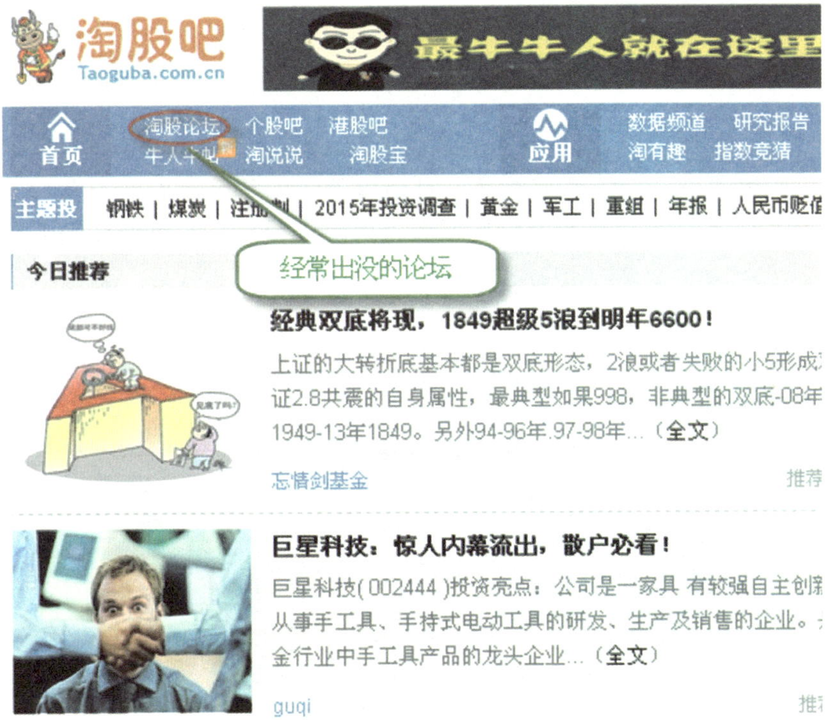

图5-8　淘股吧（老揭在这个论坛上也有专栏）

如今，百万实盘赛虽然早已不存在了，但关于职业炒手的事迹却依然流传着。

当时是1996年，也正是A股市场成立不久，职业炒手即加入了炒股大军，只是在前几年里，他的收益并不大，以至于坊间有不少传言，称职业炒手的炒股水平属于乱炒一通，根本没有章法可循，事实上，只是在当时他的炒股特色还不够鲜明。

从10万到100万，他整整折腾了近10年的时间，只相当于每年从股市中获得了约 10 万左右的利润，跟宁波敢死队出身的那些大佬们相比，简直可以说不在一个档次上。然而，入门不分早晚，成功却有先后，自从资产达到 100 万后，职业炒手似乎得到了菩萨的点化，竟然一发不可收，个人财富很快攀升到了 4000 万以上。

对于大多数人来说，财富的多少与个人的胆量往往是成正比的。财富的不断积累，也激发出了职业炒手的雄心壮志。在专门研究股票的同时，他做起了一个真正的投资者，从此步入涨停板敢死队的行列。

谈起成都涨停板敢死队，自然也就不能忽略职业炒手后来所成立的公司——西藏银帆投资管理有限公司，简称银帆投资。职业炒手拉上了当时成都涨停板敢死队的另外两名成员：郝先生和罗先生。

图 5-9　西藏银帆投资管理有限公司

在公开资料里，还有一个名字频频出现，就是葵花宝典。并且，银帆投资旗下的银帆 3 期的基金即是由葵花宝典执掌。同时，这个名字还曾出现在成都的炒股大赛中，并获得过冠军。

如此一来，一个以银帆投资为核心的成都涨停板敢死队渐渐清晰起来。

郝先生又是何许人也？银帆投资的投资经理兼监事。早在1996年时，他即进入证券行业，和职业炒手是同期的证券老人，从事股票的研究和投资工作，有着扎实的基本面分析研究能力，并在挖掘市场热点方面有十分敏锐的洞察力。可以说，郝先生的技术实力较雄厚，擅长于结合不同的市场状况，创建多种选股系统和交易模式。在银帆投资里，始终保持着"熊市不亏，牛市大赚"的状态。

罗先生和郝先生之所以都不太为人们所熟识，主要因为他们两人都很低调，基本上不接受媒体采访，只是把职业炒手推到了台前，所以他们只是职业炒手的一个影子而已。但是，这些影子却频频暗地里出手，将一只只股票凌厉地逼至涨停板，从中获取到了巨大的利润。

从另一个侧面来说，罗先生和郝先生等这些影子的闪烁，让站在台前的职业炒手更加亮丽。然而职业炒手的频频出现，也不过只是参加一些重要的新闻发布会及炒股大赛而已，事实上他并不高调，一直也在频频拒绝着媒体的采访。

这或许是所有敢死队成员的一个共性，不求名，而只在不断锐意追逐最大的利益。并且在生活上，和职业炒手一样的那些成都涨停板敢死队成员们，如果他们在人群中出现时，并不会引起太大的注意，因为他们和很多成都人一样，不追求华丽的外表，只图心中那份安逸。而即使他们身着名牌服装，也往往不会有那些大腕明星们的范儿。

然而，隐藏在像职业炒手一样的成都涨停板敢死队成员身后，却是一个个环节上看不真切，但却很清晰的资本市场上的产业链！而这些是职业炒手用自身步入市场的经历明白地告诉了人们：一个投资于股市的投资者，并不是当你拥有了众多财富之后才能得到外

第五章 西部涨停板敢死队

界的认可的，如图 5-10 所示。

图 5-10 炒股大赛

在成都的大街小巷里，在成都小吃或冷或热地冒出浓浓的麻辣香味里，因为以职业炒手为代表的涨停板敢死队的不断出现，成都安逸的现代都市生活里，早已不再只是清清的麻辣香气，随之飘出的，还有中国资本市场上浓浓的股市硝烟……

5.3 职业炒手的操作手法及经典案例

成都富有天府之国的美誉。成都不仅物产丰富，人杰地灵，更因群山的阻隔，几乎是具有独特地域文化的一个独立王国，这从职业炒手的操盘方式上即可以明显感觉到。

很多投资者都会认为，既然职业炒手同样被列为成都涨停板敢死队的核心成员，那么与其他地区的涨停板敢死队应当没什么区别，尤其是宁波涨停板敢死队中的那些元老级人物。

这就好比陈王廷当年开创了独具风格的陈式太极拳，但后来杨露蝉在北京王府教拳过程中，却根据纨绔子弟不能吃苦的个性，将陈式太极拳改为绵里藏针的杨氏府内派太极，后来又延伸出很多种，如吴式、武式等太极拳。而即使都是陈式太极的嫡系传人，在河南陈家沟，陈式太极同样有着许多的不同。

因此，即使是在涨停板敢死队的发源地宁波，那些核心成员之间同样有着不同的操盘方式。更何况是远在成都的职业炒手。其中最大的区别在于炒股的原则，同样是追强势股，他始终坚持弱市不做的原则：强势做多，弱市不做，如图 5-11 所示。

图 5-11　上证指数日线图

即使是弱市中的反弹看似较强。这也是职业炒手与宁波涨停板敢死队的最大区别，比如老章虽然在招商轮船和北辰实业上赚了上亿元，但在弱市中操作中信证券，却让他损失了 2 亿多。在职业炒手看来，弱市中看得懂也未必做得对。

从这一点也能够明白，为什么宁波涨停板敢死队那些人能够短期内获得巨大的收益，可当时的职业炒手却用了近 10 年之功，才从 10 万变为了 100 万。但这并不能说职业炒手在操盘上就逊于他们，他之所以会成为成都涨停板敢死队的代表，在操盘手法上自然有其独到的犀利，而这一点是丝毫不逊于宁波涨停板敢死队的，毕竟他是从小吃着藤椒长大的，虽然做菜时准备的功夫要多，但真正一碗汤做好了，同样让你觉得地道，像北方人突然吃了一串地道的冷串钵钵鸡。

这一点，可以从职业炒手的操盘中清晰地看到。在选股上，职业炒手同样是选那些短线强势的个股：

（1）认清市场中热点，借板块形成热点的势，或借市场赚钱的示范效应的势，来操作龙头股或领涨股。如2015年8月，大盘经历短时暴跌后，军工板块成为市场热点，此时可追击其中的龙头股或细分行业龙头股，如图5-12所示。

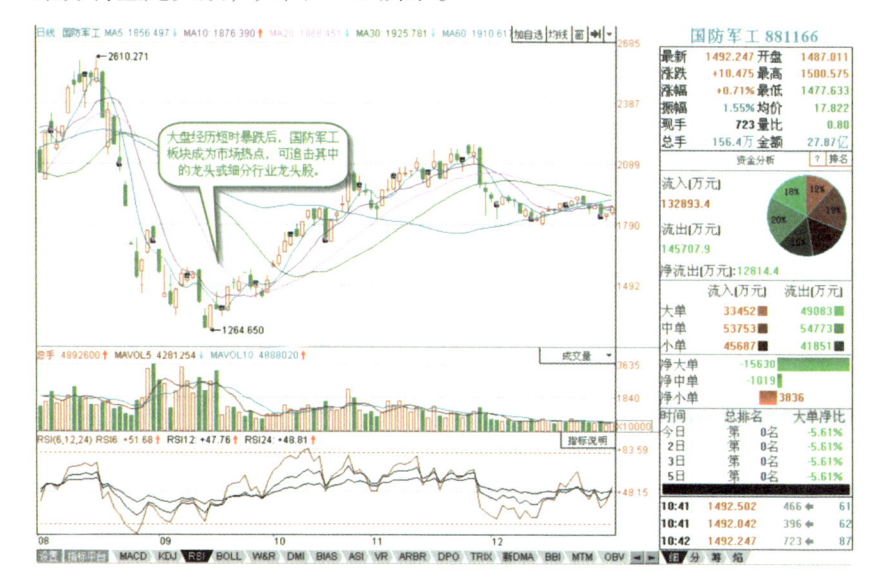

图5-12　国防军工日线图

（2）出击的时间，必须把握住大盘否极泰来时的临界点，也就是必须借大盘的势。比如，2015年6月下旬及8月下旬时出现两次大跌，7月9日及8月27日就是大盘否级泰来时的临界点，如图5-13所示。

（3）个股的选择上，和上面两点相比，相对简单一些。职业炒手认为，对于走势强于同类个股的股票，往往具有涨停潜力，应主动发力，吸引别人跟风，使自己的资金处于相对有利的价位。如

2013年5月17日的三花股份（002050），本就处于震荡上涨趋势，此时与其等待，不如主动出击，以涨停方式吸引跟风盘，如图5-14所示。

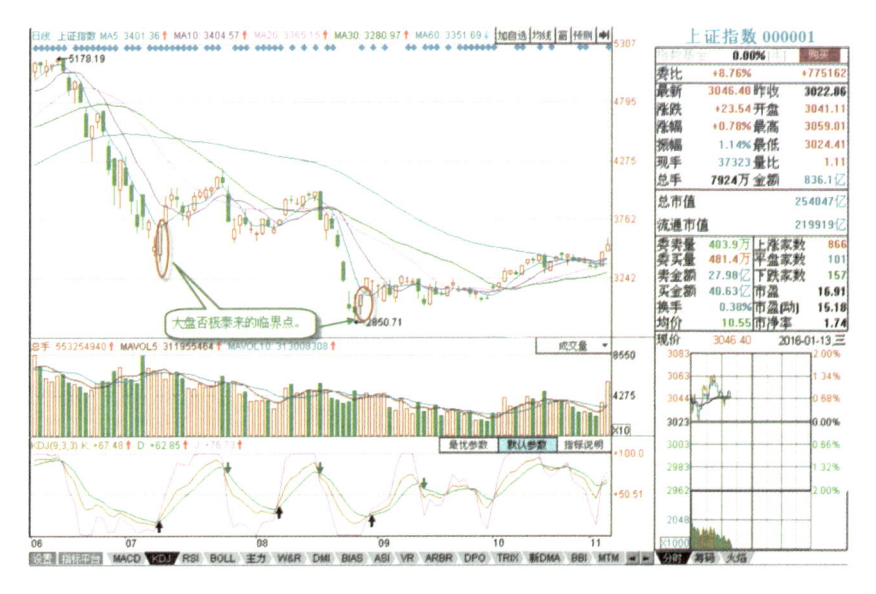

图5-13　上证指数2015年日线图

图5-14　三花股份日线图

（4）相同即时走势的股票，有些打了上千万也封不住，有些二三百万就涨停了，且次日的走势也不错。其成功的关键就在于对大盘的理解，是大局问题。如2013年10月31日的海立股份（600619），上午10点49分时，大单接连出现，却封不死涨停，如图5-15所示。

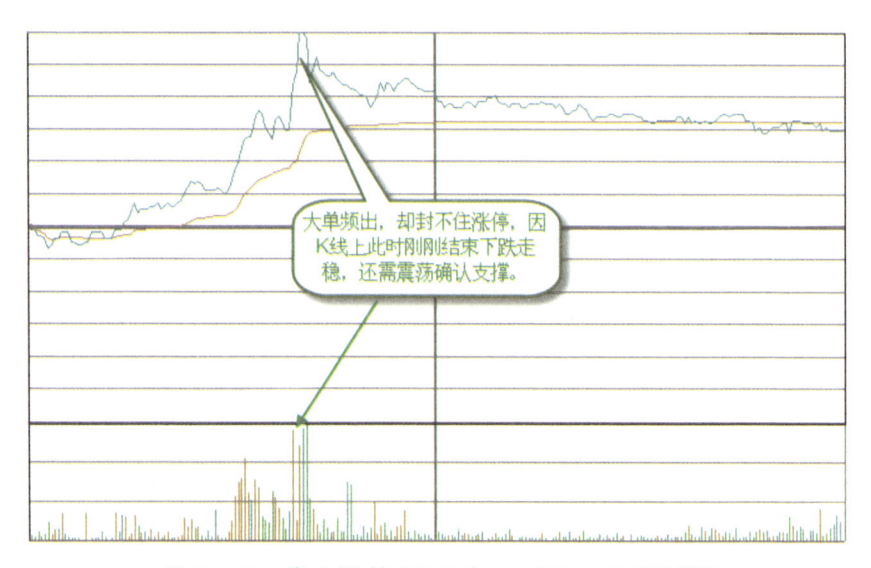

图5-15 海立股份2013年10月31日分时图

这时，从日线上股价的大局趋势看就会明白，此时刚刚结束上涨过程中的调整即出现大幅上涨，显然不现实，需要进一步在低位震荡，在确认此时的低点后才会发动上涨，如图5-16所示。

对于职业炒手来说，这些都只是策略上的问题，就像人们只知道川菜好吃，却不晓得，每一道看似普普通通的川菜背后，都是需要大量的佐料来搭配的。

但明白了这些，操作起每一只股票来，对职业炒手来说就简单多了，可是在操作前，还要选准时机。

图 5-16 海立股份日线图

比如，职业炒手更为看好早盘和尾盘，往往会在选定目标股后，于早盘大举杀入，股价出现快速拉高，甚至涨停，如图 5-17 所示。

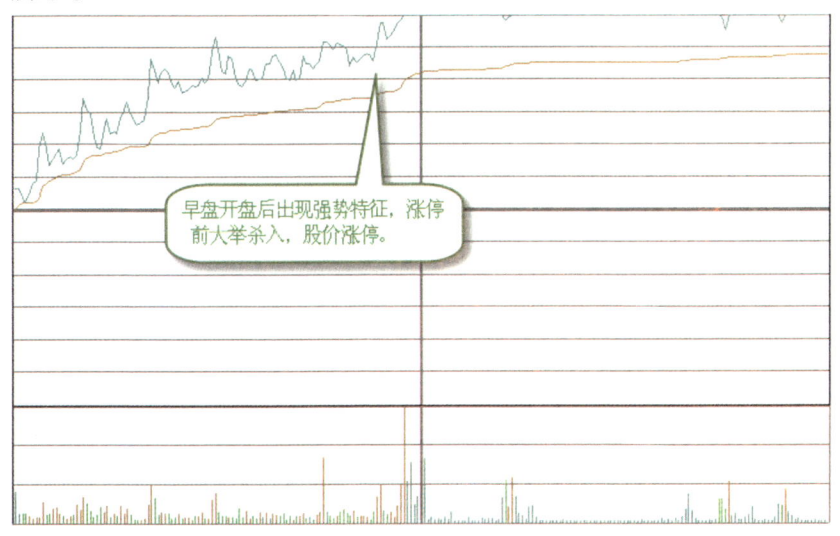

图 5-17 天宸股份 2015 年 7 月 13 日分时图

或是个股在即将启动前，全天几乎高位震荡时果断杀入，股价往往在尾盘出现快速推高，甚至涨停，如图 5-18 所示。

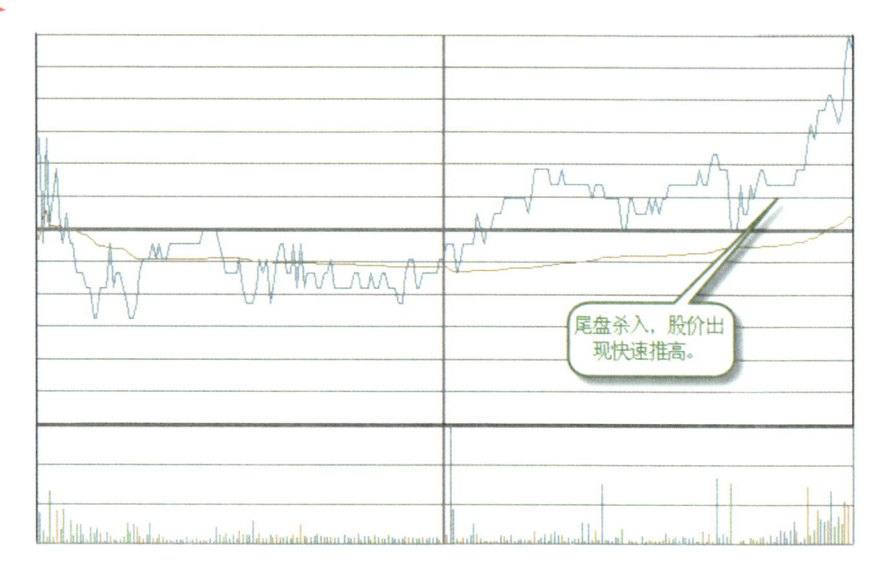

图 5-18　海立股份 2013 年 10 月 8 日分时图

在这种操作理念和操盘手法之下，职业炒手取得了巨大的胜利。然而，要说起他在股市上多年征战的案例，则要首推海立股价，因为 2012 年在这只股票上的具体操作，让职业炒手仅仅用了三天的时间即获利 268 万。

那是在 2012 年 10 月 8 日时，职业炒手即在国泰君安成都北一环路营业部里，直接以涨停价大笔买入了 1347 万的海立股份，使得当日股价直接以涨停价开盘。其彪悍的操盘手法从中可见一斑，与他本人的外表截然不同，其作风甚至远远超过了宁波涨停板敢死队的那些人。

次日，股价再次直接以涨停价出现，呈一字涨停形态，但到了第三日，也就是 2012 年 10 月 10 日，当股价高开继续封死在涨停板上时，此时的职业炒手却大举在涨停板上全部卖出了股票。如此一来，短短三个交日，便收获了两个涨停，如图 5-19 所示。

职业炒手在买入海立股份时，它刚刚出现走出底部的上涨，足见其果敢；他卖出时，股价却仍在上升行情中，次日再次出现了冲高，此时可见其更为鲜见的决断。

图 5-19 海立股份 2012 年日线图

职业炒手这种买在涨停板、卖在涨停板的举动，并不多见，从中也足见其掐头去尾取其中的操作思路，并且进出的操盘手法干净利索，十分犀利。

同年同月的 25 日，职业炒手又在西藏同信成都东大街营业部投入 790 万元，将重庆钢铁（601005）牢牢封死于涨停。次日股价高开后震荡，选择了大举卖出。这一进一出的 2 个交易日，让职业炒手轻松即斩获了 80 万元，如图 5-20 所示。

从这两则经典实战案例中，足见职业炒手操盘时的果断与犀利。同时，从中也可以看出其喜欢操作股价快速上升期的中段的操盘思维，正如大餐上来后，职业炒手只会在稍凉之后食用一样，可以说稳中求胜，难怪在 2012 年的阳光私募的收益排名上，职业炒手的银帆 3 期，其收益竟然超过了很多著名的私募，为该年度的冠军。

然而，职业炒手在他股市投资生涯中，并不全是他一个人的力量，因为在他和银帆背后，也有着许多和他一样的操盘手。

图 5-20　重庆钢铁日线图

5.4 《葵花宝典》

对于私募圈里的人来说，提起葵花宝典（网名）的名字，都不会感到陌生，因为在 2012 年的阳光私募排行榜上，银帆 3 期荣登了冠军宝座，如图 5-21 所示。

从图 5-21 中可以看到，排名第一的正是银帆 3 期。尽管此时各大网站及媒体的资料显示上，银帆 3 期来自于职业炒手的银帆投资，虽然名义上是由职业炒手负责，但只要是成都的私募圈里的，没有不知道其幕后的真正操盘手并不是职业炒手，而是葵花宝典。

由此，葵花宝典渐渐从幕后浮现了出来。

和其他涨停板敢死队成员不同，葵花宝典可以说是一个十足的草根，但股市投资是一种特殊的投资，并不是专门学经济出身的，就会成为股市高手，不然，那些经济学家都可以做股神了。

所以说，股市投资是一个低门槛的市场，也是一个十分庞杂的市场，只要你明白股市运行的规律，敢于承担因自己的投资行为所可能带来的未来风险即可。

2012年阳光私募业绩20强

作者：黄莹颖　来源：中国证券报 2013-01-23 07:41:11　+分享到

2012年阳光私募业绩20强

排名　产品名称　投资顾问　单位净值（元）累计净值（元）　2012年业绩增速(%)

1　长安信托-银帆3期　银帆投资　1.7685　1.7685　54.44

2　兴业信托-云腾1期　云腾投资　1.0074　1.0074　53.59

3　兴业信托-呈瑞1期　呈瑞投资　1.2525　2.1662　44.13

4　甘肃信托-金石理财一期　金石投资　1.2338　1.2338　40.78

5　昆仑信托-东源定增指数型基金1期　东源投资　1.1484　1.1484　38.43

6　华宝信托-鼎锋4号　鼎锋资产　1.1439　1.1439　28.37

7　陕国投-鼎锋8期　鼎锋资产　1.1527　1.1527　27.94

8　长安信托-泽里和1号　泽里和　0.9064　0.9064　26.88

9　平安信托-平安证大一期　证大投资　0.9488　1.3094　26.78

10　中融信托-混沌1号　混沌投资　2.0066　2.2937　26.7

图 5-21　中国证券网 2012 年阳光私募业绩排名

葵花宝典就是这样一位草根投资者，但是他却在市场中达到了即使是专业投资者也很难达到的高度。

在 2006 年 5 月 — 2007 年 10 月年的大牛市行情中，上证指数出现了罕见的单边上涨行情，指数从 1400 多点，在历时一年多的时间后，冲上了后来被称为"珠穆朗玛峰"的 6124.04 点，如图 5-22 所示。

很多入市早的股民，即使是遇到这种百年不遇的傻子闭着眼进去都能赚到钱的大牛市行情，实际上并没有赚到钱，反而因其后的大跌赔了钱。可是这一轮牛市，却让名不见经传的葵花宝典将 30 万元炒成了上亿元。

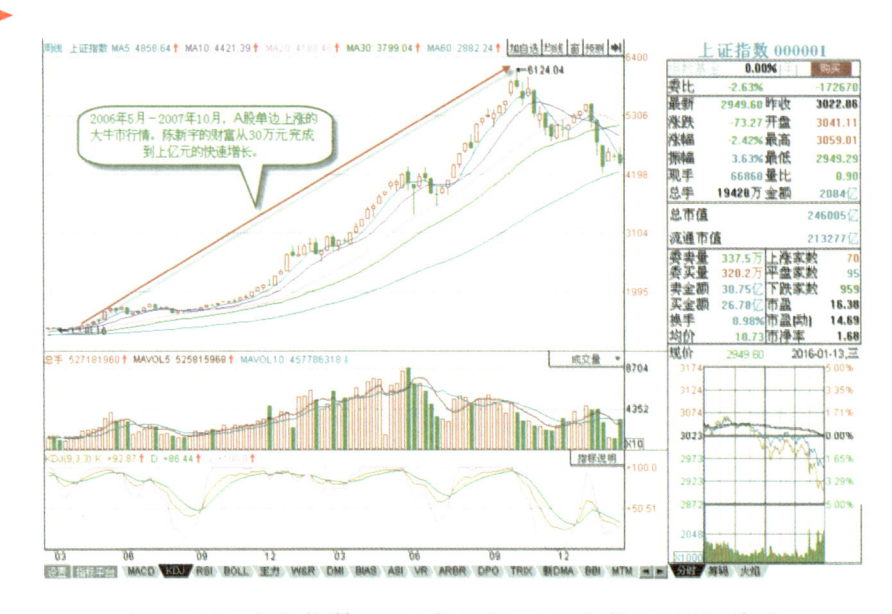

图 5-22　上证指数 2006 年 5 月—2007 年 10 月周线图

仅仅从投资收益上来看，就会发现，葵花宝典并非是跑中长线的，因为如此高的收益，他不可能在史无前例的大牛市中捕捉到当时的超级大牛股，从头捂到底。而如果是短线操作，则必然要熟悉股票技术，深谙股市中涨停的玄妙，如图 5-22 所示。

图 5-23　股价涨跌玄机

这一役，葵花宝典获得了巨大的财富，为人的过于低调，反而让很多人没有发现他，但国泰君安成都北一环路营业部里，2007年葵花宝典的交割单却无法骗人，确实赚到了一个亿，而他一直是这家营业部里的涨停板敢死队成员。

虽然各路媒体始终在寻找葵花宝典，但不见其人，葵花宝典成了神龙见首不见尾的民间股神，或者是一个只见其影不见其人的世外高人，但是在国泰君安成都北一环路营业部里的交割单却无法欺骗人，其后纷纷呈现在了世人眼里，如图5-24所示。

名称代码	日期	净买入（万）	占总成交额比%	最近高(底)点涨幅%	持股时间（交易日）
海德股份 000567	2012/7/17	163.55	7.22	6.56	1
华意压缩 000404	2012/7/12	95.34	8.04	17.31	16
中信重工 601608	2012/7/11	1013.4	1.37	-5.41	3
广州药业 600332	2012/7/11	2877.5	3.73	9.02	2
白云山 A 000522	2012/7/11	2636.5	3.05	4.21	2
天壕节能 300332	2012/7/6	229.08	0.83	-21.07	8
远方光电 300306	2012/7/5	1109.7	3.09	-12.8	7
四 方 达 300179	2012/7/4	494.62	3.5	10.14	5
仁智油服 002629	2012/6/28	687.88	2.87	36.29	16
海峡股份 002320	2012/6/26	2413.5	43.17	10	1
金枫酒业 600616	2012/6/21	2031.9	8.9	-5.17	2
宝德股份 300023	2012/6/14	46.33	1.5	25.19	12
云 天 化 600096	2012/6/6	5195.3	13.09	3.05	1
天泽信息 300209	2012/6/1	71.09	3.88	43.88	13
莱茵生物 002166	2012/5/30	1268.3	11.04	12.84	2
宏昌电子 603002	2012/5/29	1408.5	9.76	7.81	5
宁波海运 600798	2012/5/17	832.62	13.17	6.09	1
景谷林业 600265	2012/5/15	233	3.01	9.94	1
东软载波 300183	2012/5/11	56.85	0.25	-14.51	11
康盛股份 002418	2012/5/10	931.36	19.43	2.26	1
航天长峰 600855	2012/5/8	399.77	3.77	8.41	1

图 5-24　国泰君安成都北一环路买进操作情况

从中，投资者大约能看出一些曾经葵花宝典出现的一丝影子，正如曹操墓众多的疑冢一样，在接连出现的过程中，让人很难确认哪一个才是真的。

一直到了2012年全国私募排名出来，银帆3号的成功问鼎，才使得葵花宝典显露了出来。

这才有了2012年的银帆3号，最初时名不见经传，可到了收尾时，却一跃居上，超过了当时众多著名的私募产品，一举成为股市里的黑马。

于是，传说依然只是传说，世人只能从股市里读到一个又一个传奇。

然而，股市里的一个个传奇依然在不停地上演着，它们像一个个股市烟花，用自身的光芒，灿烂了整个股市的星空……

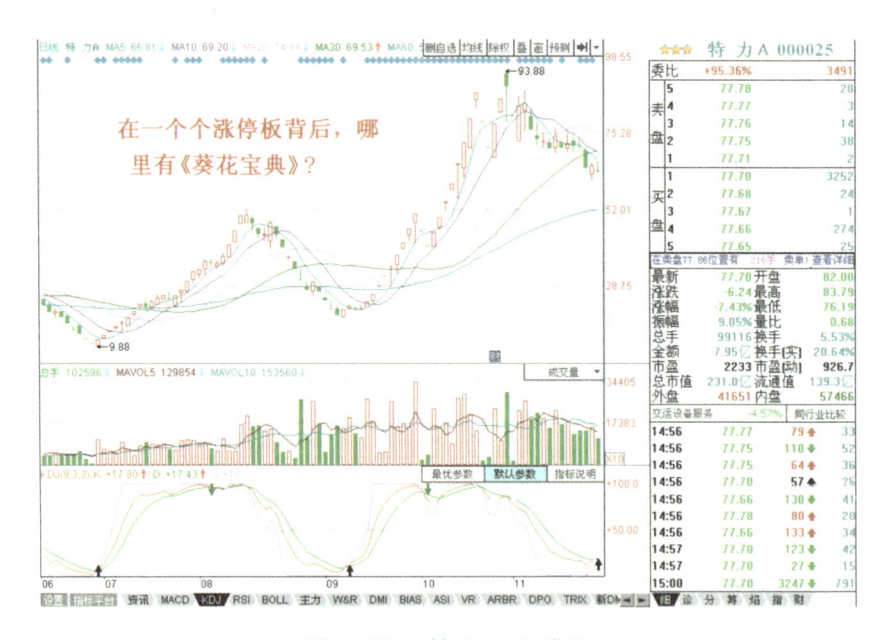

图 5-25 特立 A 日线图

第六章　涨停板敢死队之逆袭王

从破产大王一跃而成为拥有数十亿甚至上百亿的投资大鳄，asking无疑是当之无愧的逆袭王。然而谁也不会想到，这位人们印象中收拾利索的福建人，其之所以能够出现如此悬殊巨大的逆转，关键是他在两次破产后能够痛悟一个道理：下意识的第一时间认错！

6.1 福建涨停板敢死队：asking

在股市里，如果说起逆袭，那么迄今天为止来说，没有人能够超越 asking 了。

在人们眼中，逆袭表达了一种自强不息、充满正能量的精神。而正是这种精神，让很多原本处于绝对弱势的人，经过顽强的奋斗，使得情况发生了 180 度的反转，这种大翻盘逆转的出现往往格外引人注意。

这种情况大多发生在很多的比赛中，明明看着对方已处于绝对的弱势，但在眼看就要输的时候，奇迹却在这时候出现了。因此，逆袭往往意味着奇迹，是难得一见的奇观。比如 2015 年 7 月 9 日的止跌大幅反弹的逆转，如图 6-1。

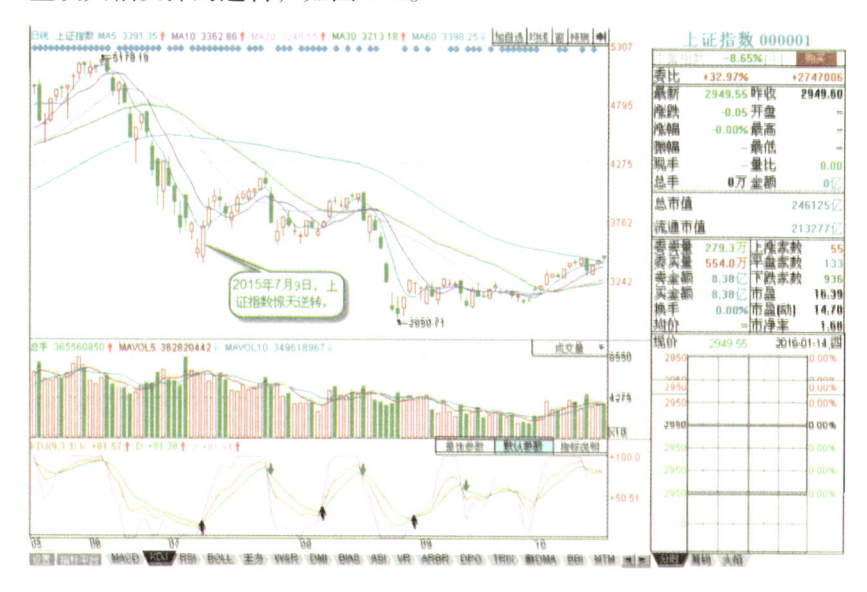

图 6-1　上证指数 2015 年日线图

其后发生在海欣食品（002702）身上的逆袭，更是让人过目不忘，在 2015 年 9 月 22 日，上演了一出从跌停瞬间如闪电般的直拉涨停，如图 6-2。

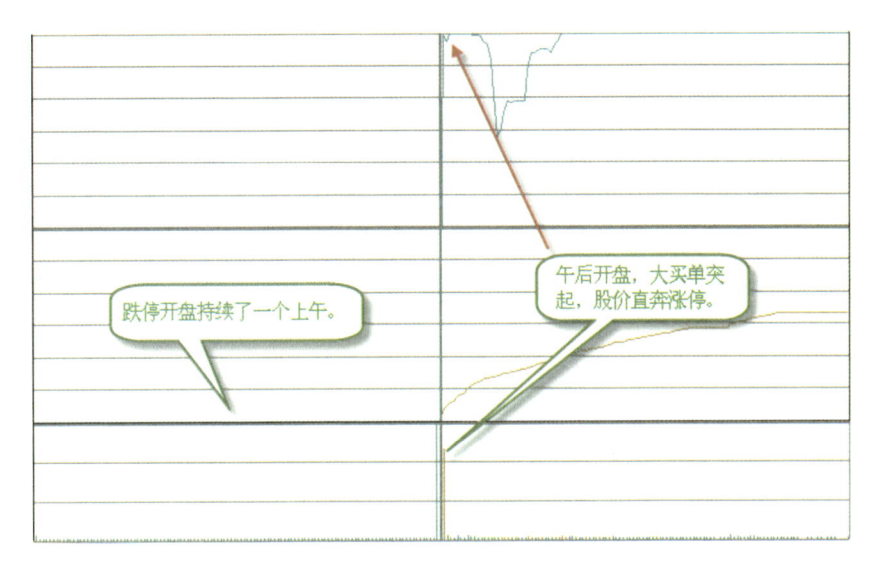

图 6-2 海欣食品 2015 年 9 月 22 日分时图

asking 的股市传奇正是像海欣食品一样，因此，留给投资者的印象格外醒目。因为在最初的炒股生涯中，asking 和大多数满怀热血的投资者是一样的，对股市的赚钱效应十分憧憬。

在那个年代，久居内陆的人，大多胆子小，而从小在福建沿海长大的 asking 却全然没有这么畏缩，在 20 世纪 90 年代，福建沿海的人们，为了赚取到更多的钱，在各村镇涌现出了许多偷渡到国外打工的情况，这些人只是为了赚取一份辛苦钱，所以才花费几万到几十万不等的偷渡费，远渡重洋去谋生活。

笔者一位福建长乐的朋友曾几经辗转欲到台湾，但终因害怕在台湾沿海被抓后遣返，或是中途一命呜呼，在上船时一犹豫回去了，但后来却乘船偷渡到了日本，过了几年刷盘子洗碗的生活。

当时，asking 却没有走这条路，因为无论是海上偷渡，还是空中偷渡，其危险性可谓九死一生，风险极高，所以他选择了进入股市。可是，asking 当时却不知道，股市之海同样充满了风险，以至于入市不久，asking 即出现了两次破产，赔了个底朝天。

这段时期，asking 几近跳楼，但人生总是要奋力搏一回，就像那首闽南歌中所唱"爱搏才会赢"一样，然而能借到钱的地方 asking

都去了，最后只得铤而走险借了高利贷。那时是1998年，借高利贷则无异于饮鸩止渴。但此时 asking 早已看清股市，股市里投资又何尝不是刀口上舔血，如图6-3。

图6-3　饮鸩止渴

俗话说，风水轮流转。此次用高利贷借来的10万块再次杀回股市，恰好赶上了股市震荡筑底，其后到2000年期间，上证指数出现了突破性的上涨行情，如图6-4。

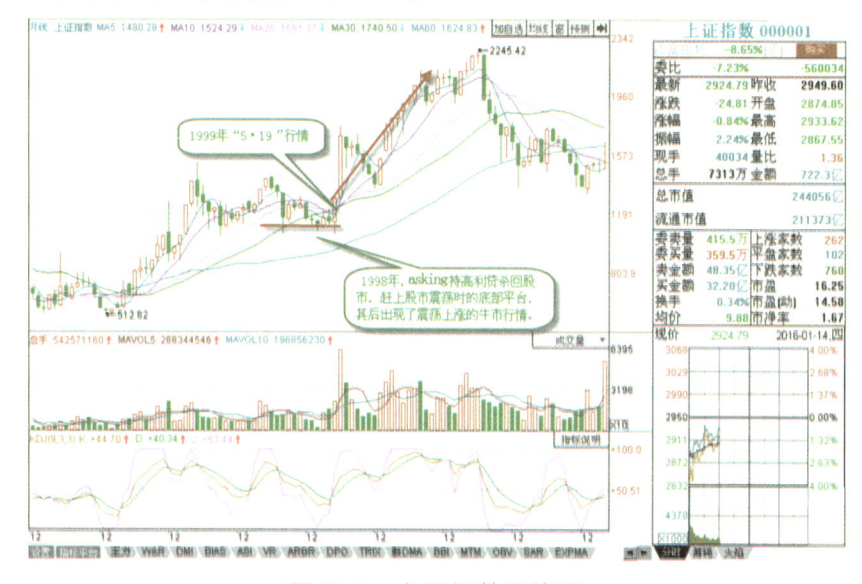

图6-4　上证指数月线图

这一轮在如今看来早已不是牛市的行情，在当年却是了不起的牛市，因为 asking 偏偏赶上了爆发在 1999 年 5 月 19 日的"5·19"行情。在网络科技股热潮的带动下，股市开始了一波凌厉的飙升走势，在不到两个月的时间里，上证指数从 1100 点之下开始，最高涨到 1700 点之上，涨幅超过了 50%，其中的龙头海虹控股（000503）、亿安科技（现神州高铁 000008）、四川湖山（现四川九洲 000801）等股价更是被炒到了一个非理性的高度，如图 6-5。

图 6-5 神州高铁周线图

股市奇观不只是现在才有，历来都是随着股指的疯狂而不断在狂舞！

正是这一轮科技股群龙乱舞的"5·19"牛市行情，让 asking 彻底打了个翻身仗，账户从 10 万一跃而变为了 100 多万，赚了足足 10 倍之多！

次年春节，股市在充分消化"5·19"行情的获利筹码之后，重拾升势，上证指数不断创出历史新高，并于 2001 年 6 月 14 日达到最高点 2245.44 点。而这一轮长达两年多的牛市，也造就了福建散户 asking 的逆袭传奇，在资产暴增后，asking 如同挥舞起福建南少林寺的神功，缔造了他股市发展历程中不灭的神话故事，资产得到了几何数的暴增，彻底告别了当年的饮鸩止渴。

不过，其后的 asking 依然过着刀口上舔血的短线操盘生活，因此成为了福建涨停板敢死队的领军人物。因为 asking 是在兴业证券股份福州湖东路证券营业部操作的，而他的造富神话瞬间影响了当地那些不怕死的散户，纷纷聚焦在营业部里，渐渐形成了以短线操盘为主的涨停板敢死队，以致使营业部的老总整日里见到这些人时，总是一副笑容可掬的模样。

只不过，asking 与其他各地的涨停板敢死队成员不一样，他更注重于生活的享受，就像 20 世纪 90 年代时的福建一样，当时内地还是朴素的样子时，福建各地的小镇早已是一片歌舞升平的繁华模样了。

因此，asking 更乐于享受生活，在资产达到 10 亿以上后，他选择了退隐，在老家连江购买了豪宅，并买了一辆名车法拉利，还买了一艘游艇，日日畅游于连江沿海。

或许，在许多外人眼里，这种生活是一种奢侈，但在 asking 眼里，这种生活和那些生活在连江奇达古渔村人们的生活并没有什么两样。

值得一提的是，asking 这个名字，不知他是因何而起的，asking 英文的意思是：要求；请求；寻问。或许是当年 asking 奋斗时的一种对生活的请求与询问；或许是他当年对英国一支金属核乐团 AskingAlexandria 的一时痴迷所致，这支乐团自从 1998 年成立后，只是在迪拜发行一张专辑后，就解散了。

AskingAlexandria 的出现到消失，正像 asking 一样，在股市经历了一番浴血奋战，从最初穷得连一张 5 毛钱的报纸都买不起的贫民，完成了到 10 亿以上的财富快速积累后，突然间从股市中昙花一现般消失了，只是回归于真实而平静的生活罢了。就像是连江沿海突起的一股风浪，汹涌过后，一切又会恢复到以往的平静，如图6-6。

图 6-6　沿海风浪

6.2 asking 操盘手法：龙头战法

同样是追逐强势股的涨停板敢死队，asking 在操盘中却有着其独具一格的手法，这一点，主要体现在他的操盘理念上。

我们都知道，地域对一个人的习惯养成及为人处世的禀性，有着很大的影响。asking 来自福建沿海，而这里却有一个风俗，就是每年的端午节有赛龙舟的习惯。这时候，农村家家户户都会派出家里身体强壮的青壮劳力，组成一个个小队，进行突击式的训练，而训练的科目就是赛龙舟。同是比赛，却没有什么奖品，只为了庆祝，而获得胜利的小组自然会为此而庆祝一番。比赛的双方往往是两个村，虽无奖品，比赛双方却会铆足了劲训练和比赛的，只为了获得最后的胜利，如图6-7。

这种端午赛龙舟的习俗流传了很多年，或许 asking 的操盘理念正是由当地的赛龙舟而起，因在龙舟的行进中，龙头往往起着决定性的胜利。

图 6-7 赛龙舟

asking 在选股时，更为看中两市板块中的行业龙头股，并因此开创性地以自己独有的龙头战法而闻名于两市。

因为在 asking 看来，在市场中，不同周期的龙头如长江大河连绵不绝，纵横交错，节奏连贯，就像是他家乡龙舟比赛时各个龙舟之间的争夺一样。

所以，在股市博弈中，技术是次要的，要学会观察和等待，然后再用经验加以确认，追涨强势股是跟随中次要的买入行为，而不是根据技术分析后盘口随意的追涨，是综合分析后的一种经验使然。就像是有人突然打你时，手会下意识地去做出格挡的动作一样。

在 asking 来看，龙头股并不一定就要是各个行业的龙头或细分行业的龙头股，它的意义是广泛的，比如市场中的人气股、热点板块中的领涨股等，这些都是龙头，因为它们往往会成为盘中的热点或焦点，适时地让资金参与到这些龙头股，是最安全的，获得巨大利润的效率最高。

例如，中科曙光（603019）之所以在 2015 年 9 月 16 日触底反弹后，到 2015 年 11 月 12 日，股价呈现 45 度的直线上涨，出现了短期收益超过 100%，就是因为它是计算机制备里的龙头，如图 6-8。

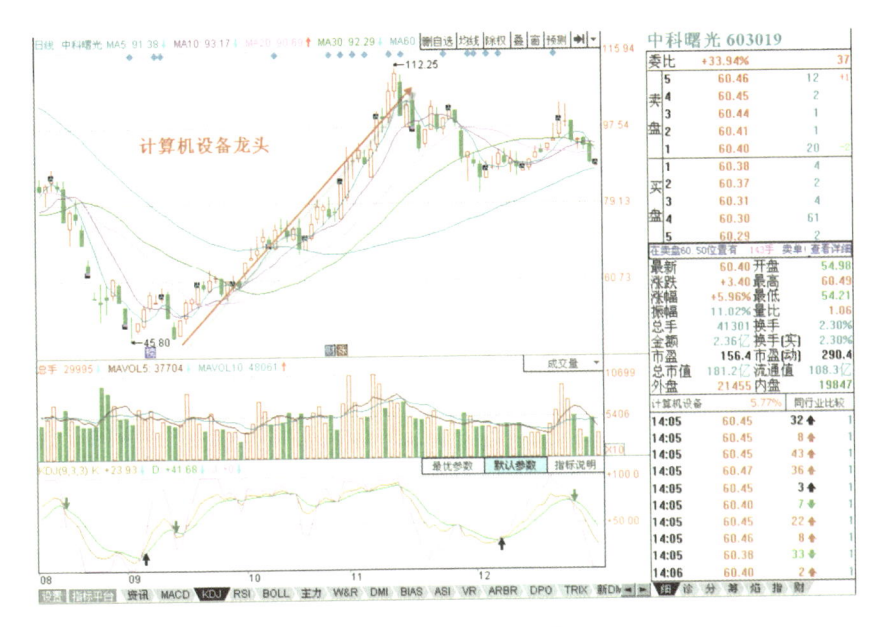

图 6-8　中科曙光日线图

在明白了龙头股的涨幅后，还有一个问题就是，即使是龙头股，我们也不知道它究竟会在什么时候上涨，哪一龙头会出现最先上涨，这时就要看资金了。通常，资金量大的操作会提前布局，此时就需要睁大眼睛观察了，等待资金量流入最大最快的那只股票出现，然后几乎可以闭着眼睛进入就行了。

天齐锂业（603019）是锂产品生产企业，全球最大的矿石提锂企业，年产 2500 吨电池级碳酸锂、3000 吨工业级碳酸锂、1500 吨无水氯化锂、1500 吨氢氧化锂、600 吨高纯碳酸锂/磷酸二氢锂的生产能力。可以说是当之无愧的锂电龙头，但是什么时候涨呢？我们可以从资金量的流入上看，在 2015 年 10 月 22

日—29日，连续6天的大量资金流入，11月30日再次大笔流入，率先引领行业个股出现涨停，所以可以在此时放心买入。同样的道理，在2016年1月11日—14日，出现接连4天的调整低位资金流入，再次出现企稳，并率先涨停，同样是短线的买点，如图6-9。

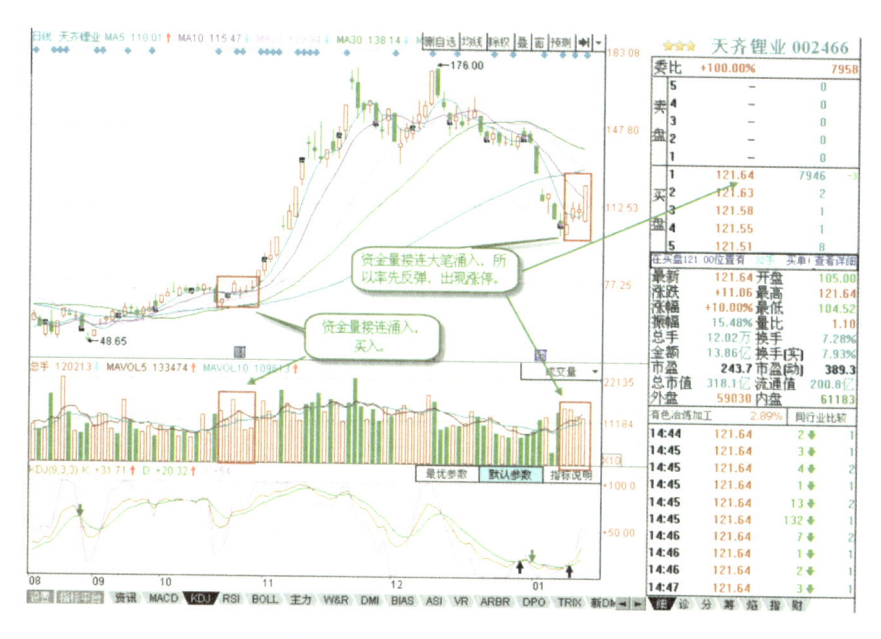

图6-9 天齐锂业日线图

操作时需要注意的是，投资者在追击龙头股时，不必考虑盘子的大小，重要的在于要抓住买入的时机。比如图6-8中，中科曙光的流通盘此时有108.3亿，而图6-9中天齐锂业的流通盘却有200个亿，相差了近一倍，但涨起来时却都能以涨停出现，并出现接连的上涨。买入的时机就是它们在启动时放量涨停的时候。

再有，就是在追涨龙头股的操作中，为什么都是出现在大盘已经大涨的情况下。这个原因很简单，因此当行情出现的时候，我们是不能确认每一次大盘是否能继续向上，所以才会挑其中最强的龙头股票。如果大盘还向好，最强的龙头股票就会再次大幅向上；如果大盘不行，那么最强的龙头股票通常还能够横盘震荡几天，这时候就可以做到果断地全身而退。

例如，在 2015 年 11 月 4 日时，此时大盘行情见好，而在 11 月 26 日时开始走坏，如图 6-10。

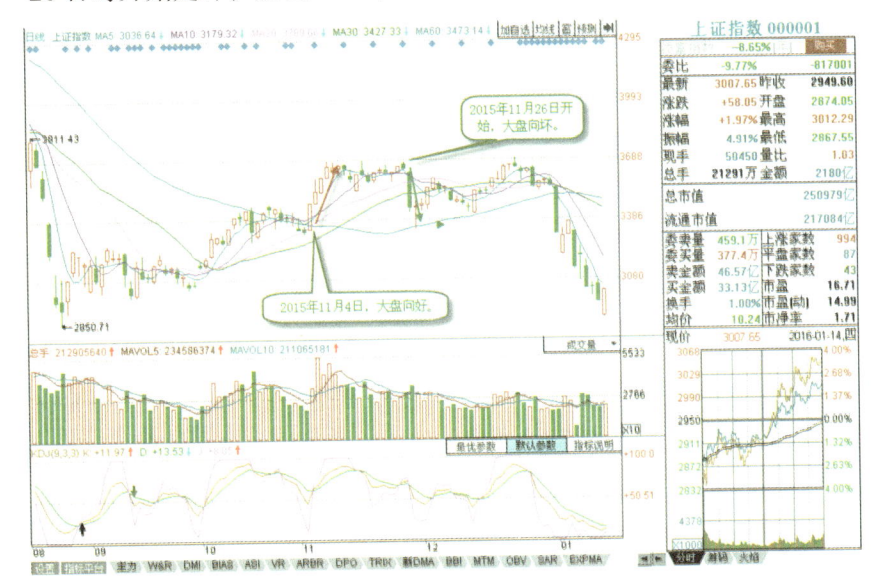

图 6-10　上证指数 2015 年日线图

此时，计算机软件中的龙头股中科金财（002657）在 2015 年 11 月 4 日大盘见好时，会继续大幅上涨；而在 11 月 26 日开始走坏时，中科金财却在前一天大涨的情况下出现下跌，股价还在高位震荡，可以随时卖出，如图 6-11。

在配合大盘趋势的同时，还必须找出强势板块，并从中寻找其中领先上涨的龙头股，才能提高成功率。至于寻找热点中的领涨股，则需要关注市场及时出现的热点，但有的热点是时间较长的，如"5·19"行情中的科技股和 2014 年—2015 年的计算机应用；有的热点是较快的，甚至只是一两天的时间，比如个股出现了重大的利好，或是季报的业绩预增公告等。所以说，看热点的本领是短线客必须掌握的基本功，否则你永远徘徊在门外。

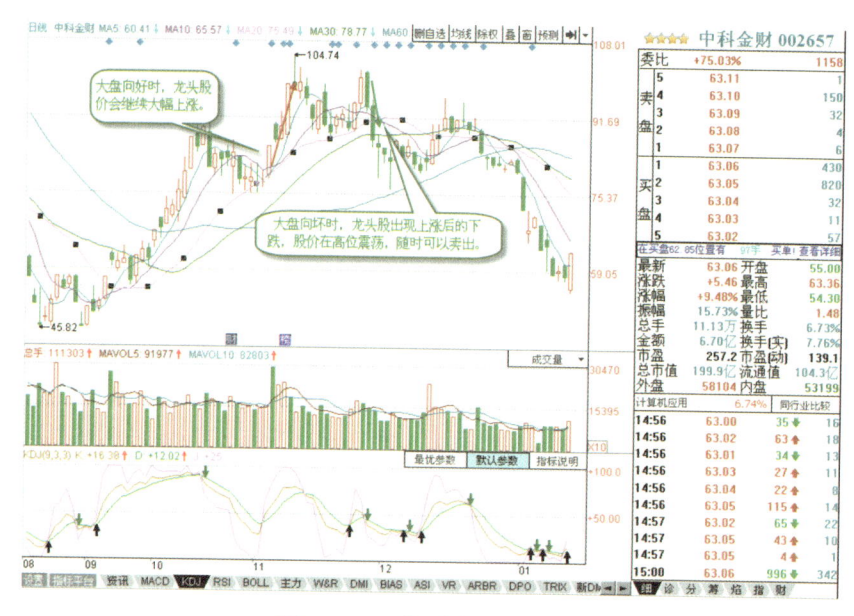

图 6-11　中科金财日线图

具体操作上的要点只有两条：弱市忍手不动，强市踩准节奏。

或许是 asking 的两次破产经历使然，他始终认为，交易之道是没有捷径可言的，只能通过市场不断的锤炼。而也正是这两次的跳崖式的破产，才有了他的龙头战法，并运用这种操盘方式，用 10 万赚到了 10 个亿。

图 6-12　看盘

当大盘行情好的时候，asking 就是利用这种龙头战法满仓滚动操作，因为这时候，亏钱的概率是极小的。而当行情不好的时候，他则尽量轻仓小玩一把，甚至是空仓以待。这时候的 asking 则更像是守株待兔里那个宋国的农夫一样。只是，他的目光始终盯着沪深两市的大盘，以及盘中不时跳起的一个个不安分的"兔子"！如图 6-12 所示。

6.3 asking 的经典案例

asking 在股市里的打拼时间并不算短，但他见好就收，在获得巨大收益后做到了全身而退。尽管此时在他的身边，已经有了众多的跟从者，他所在的兴业证券股份福州湖东路证券营业部成为了涨停板敢死队经常聚集的地方，从几百万的营业部一跃到了数十亿元，并经常出现在"龙虎榜"上，但是，涨停板敢死队的领头羊却全身而退了。

说起退，世上十之八九都不是圣人，难以看破世间的名利二字。asking 也一样，他几乎是孤注一掷地借高利贷实现了咸鱼翻身，说到底还不是为了一个"利"字。当巨大的利益出现后，他又怎么可能甩袖而去呢？毕竟股市在带给他人生几多痛苦的同时，也将巨大的财富抛给了他，就像古人一朝状元及第，怎敢抛弃仕途？

asking 没有离开市场，只不过，他不再追击短线的涨停，离开了刀口上舐血的涨停板敢死队而已。因为在股市数年的打拼，他已看到了抢短中存在的巨大风险，所以才从台前退居幕后。即使今天，asking 其实离我们并不遥远，依然近在咫尺，如图 6-13 所示。

从不怕死的涨停板敢死队到后来的流通股东，不仅 asking，所有人当财富积累到了一定程度后，都不会再直接冲锋于第一线，而对股市里的投资者来说，即使你资金量再大，也不过是一个超级游资大户，做散户自然不如做庄家更容易赚钱。因为 asking 之前，就是在不断地与庄家博弈，所以他比任何人都知道做庄家的好处。

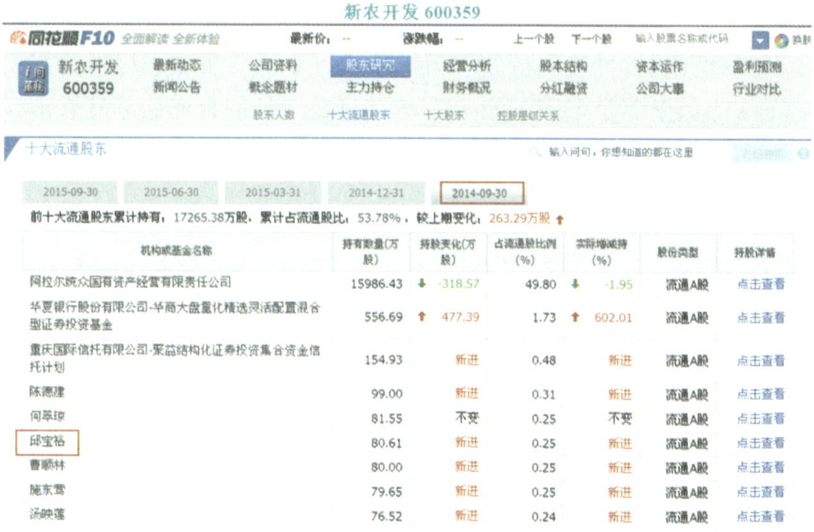

机构或基金名称	持有数量(万股)	持股变化(万股)	占流通股比例(%)	实际增减持(%)	股份类型	持股详情
阿拉尔统众国有资产经营有限责任公司	15986.43	-318.57	49.80	-1.95	流通A股	点击查看
华夏银行股份有限公司-华商大盘量化精选灵活配置混合型证券投资基金	556.69	477.39	1.73	602.01	流通A股	点击查看
重庆国际信托有限公司-聚益结构化证券投资集合资金信托计划	154.93	新进	0.48	新进	流通A股	点击查看
陈德建	99.00	新进	0.31	新进	流通A股	点击查看
何翠琼	81.55	不变	0.25	不变	流通A股	点击查看
邱宝裕	80.61	新进	0.25	新进	流通A股	点击查看
曹顺林	80.00	新进	0.25	新进	流通A股	点击查看
施东营	79.65	新进	0.25	新进	流通A股	点击查看
汤映莲	76.52	新进	0.24	新进	流通A股	点击查看

图 6-13　新农开发十大流通股东

即使是今天，包括全国各地的涨停板敢死队，他们苦苦分析、复盘，不都是在寻找庄家吗？因为散户和庄家比起来，即使那些涨停板敢死队从中顺利地分得了一杯羹，但庄家得到的却永远是一份华丽的饕餮大餐！

至今为止，asking 决口不提之前在股市追击涨停时的经历，或许是那段经历中充满了很多的苦难，到处都布满了密集的荆棘和数不清的陷阱吧。

另一个摆在面前的事实是，asking 短线追击涨停所获得的收益，比起他做庄家时，可谓是差之千里。因此，他财富的大幅积累都来自于那些逍遥地做流通股东的日子，因为此时，他是在阳光下坐在游艇里看大盘中的股票行情的。

比如渤海轮渡（603167），如果从同花顺个股资料中查询，在 2014 年 6 月 30 日分布的数据看，asking 位于其中，持有 200 万股，但到了 9 月 30 日后再公布出来的第三季度的资料却显示，asking 此时已经全身而退了，如图 6-14 所示。

图6-14 渤海轮渡十大流通股东

如果此时我们再回过头来看一下渤海轮渡的K线图，就可以轻松地从中看到asking在渤海轮渡的获利。比如，在asking成为渤海轮渡十大流通股东的2014年第二季度，股价只有8元左右，可到了第二季度他全身而退出时，股价却高达12元左右，即使粗略地算一下，至少也有50%的收益，如图6-15所示。

图6-15 渤海轮渡日线图

从这一次渤海轮渡之旅中可以看出，asking做流东股东的庄家的收益，远远比做涨停板敢死队的短线追逐涨停要多得多，并且只需要坐在游艇上动动鼠标就能够完成。

如此轻松地实现获利，asking何乐而不为呢？

然而要说起asking最为得意的操作，还得说是新大陆（000997），因为asking在新大陆流通股东中的出现，他被世人公推为新大陆在2009年的第二波推手。

在2009年上半年，新大陆（000997）的走势一直平平，但自9月2日到底部后，开始小幅震荡上涨，但上涨趋势并不明显，其后突然发力，出现了十分凌厉的接边上涨，股价至22日时达到了13块多，出现一波翻番的行情。

此时，据新大陆2009年9月21日的公告显示，自2007年5月18日至2009年9月18日，新大陆生物技术减持499.26万股，占总股本1.1%。其后的9月24日，公司再次公告，新大陆集团自2005年11月11日以来，所持股份累计减少数已超过总股本的5%。

这些数据表明，作为股东，在借庄家发动的这一轮大幅上涨，进行减持套现，如图6-16所示。

其后，至9月底时，在新大陆的半年报中显示，陈学利持有4030000股、北京易初莲花科技有限公司持有3414491股、刘朋持有3091124、李长根持有30197930股、华信信托—贝塔号结构化证券投资集合持有15800000股、宋树梅持有11000000股、林祥菁持有1025560股。但这些股东此时均已退了出来，取而代之的是王素芳、俞慧芳、叶玉莲、asking、徐柏良和莫建军等新面孔。说明此时，asking已快速进入了新大陆。

奇怪的是，此时的新大陆股价却出现了短线的止跌，并接连出现了三个长阳涨停，如图6-16中所示。而就在2009年10月12日，也就是新大陆接连出现第三根长阳涨停的当日晚间，公司再度发布全年业绩预告：2009 年全年业绩预增净利润达 6918.98 万—8648.73 万元，同比增长 100%—150%。业绩预增原因和三季度一致：公司在主营业务方面，尤其在农业部溯源项目、高速公路业务及二维码产品上较上年同期有大幅增长。

图 6-16　新大陆 2009 年日线图

然而此时，在新大陆的十大流通股东中，包括 asking 在内的七位股东却突然消失了，这表明，在 10 月 12 日的涨停板上，asking 已经实现了涨停板出货，做到了全身而退。

从快速进入，成为新大陆的十大流通股东之一，到后来的突然从十大股东中的蒸发消失，asking 在新大陆的十大股东名单中仅仅像昙花一现般闪现了一下，即消失了，而他却获得了巨大的利润。

虽然位列十大流通股东，asking 依然像泥鳅一样让人看得见却抓不到，就像他驾着游艇在连江沿海兜了个风，刚刚还在海面上，突然又回到了自己的别墅里喝茶去了。

asking 在完成新大陆在 2009 年上涨过程中的第二波拉升后，顺利在涨停板上离开了，从中也足见他在股票操作上急如闪电般的快进快出，其凌厉的操盘手法从中也可见一斑。也因此，他成为了福州当之无愧的涨停板敢死队之首。

然而，自古以来，好的江湖高手却未必是一位好师父，而且并不一定能够调教出好的徒弟来。因为并不是你自身具有了高深莫测的武功，就一定懂得如何传授给别人，就像"卧龙凤雏得一而安天下"的孔明，当年能够力挽狂澜且助刘备成就一番大业，却无法将自己一身的军事谋略传授给自己的子孙一样。

6.4 公开推荐：短线变长线

俗话说，常在河走，没有不湿鞋的。除非河里没有水。

人非圣贤，即使是古代金口玉言的皇帝，说出来的话未必就对，所以有了时代的更迭。而在岁月的变迁中，并不一定好师父就能带出好徒弟的。但是人们偏偏不会这样想，认为是老虎就总会逮到猎物的。殊不知，老虎也有打盹的时候，神仙也有算不到的事情。

股市的投资者却比这些人更加疯狂，尤其是那些被深套过又割过肉的股民，总愿意跟着专家或股神去走，往往是专家或股神在前面说了什么，这些股民就会趋之若鹜地跟从，结果落个头破血流的下场。然而股市有着赚钱的特殊魅力，所以很多投资者往往会出现屡败屡信的现象，因为"万一呢"。就像马云曾说的，梦想总是要有的，万一实现了呢。

投资者跟从的心理是可以理解的，因为他们是股市的弱者，而那些专家又是这一领域的专业从业者，学问自然高；股神又是在股市里摸爬滚打了成千上万次，最后以自己的经历从中赚到了钱，自然拥有话语权。

asking 就是这样一位民间股神！

asking 的话，在众多股民心里无异于皇帝的圣旨！

在经历了从 10 万高利贷到 10 亿的财富传奇后，asking 此时的话拥有了绝对的权威，尤其是那些渐渐聚拢在福州湖东路证券营业部里的涨停板敢死队的出现，他们的大举兴风作浪，也从股市抢走了很多财富。而 asking 也曾多次表示，在短线操作上他是最有发言权了，因为通过短线操作，他获得的收益在那里摆着。

涨停板敢死队的成员大多都很低调，asking 虽然也是如此，但是他过于享受生活，香车宝船簇拥之下，难免会公开站出来一回。

时间是阴历 2013 年年底的时候，asking 竟然公开推荐了一股票：外运发展（600270）！并放言，如果过年时股价到不了 20 块，就去吃屎！如图 6-17 所示。

图 6-17　外运发展日线图

不知是 asking 哪根神经出了问题，或许，当时的行情很好，所以他才料定股价都会随大盘持续上涨的；或许是他确实看走眼了，虽然打了一辈子鹰，这一回还是阴沟里翻了船，被鹰啄了。外运发展的股价在经 asking 用力一戳之后，竟然像是着了定身法一般，到了 2014 年春节时，不仅股价一直没涨，反倒比最初时跌了。一直到了新春过后的 2015 年 1 月底时，才勉强上了 20 元。

此时，如果回过头去看，当初的短线王所推荐的股票，只有长线持有到了 2015 年底时，方才可以实现获利。这时候，股民不禁再向前看，此时正是大牛市，再持有到 2015 年 6 月上旬，岂不是可以实现获利 100% 以上了吗？如图 6-18 所示。

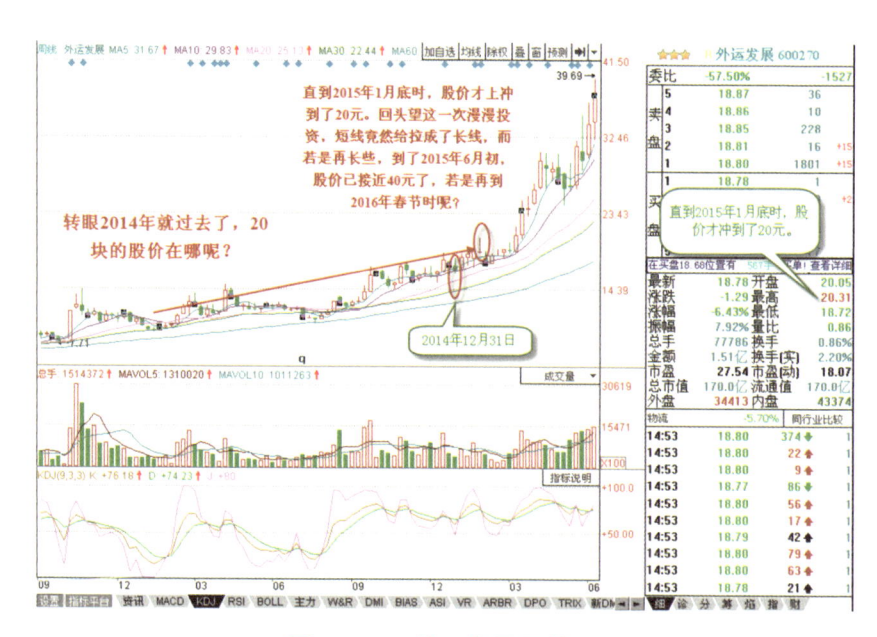

图 6-18　外运发展周线图

这一次，asking 是真的做了一回信口开河！

明明以短线追逐强势股著称并自称在短线操作上最有发言权的人，如今公开推荐的股票，短线上并没有走强，哪怕接连两三天的强势，使得很多听信了 asking 之言的投资者，在买入外运发展后，要么在 2014 年春节到来前，采取了逢高忍痛割肉，要么被迫由短线持股调整为长线持股，以实现当初 asking 的诺言，让股价上冲至每股 20 元时卖出。

但有一点几乎是可以肯定的，那么就是凡是相信了 asking 的荐股之言的投资者，相信没有一个会在买入后一路再持有到 2015 年 6 月上旬股价上冲到 39.89 元的。因为这些信任 asking 的人，没有一个会是中长线的价值投资者。

事实上，如果我们能够冷静地分析就会明白，包括 asking 在内的所有涨停板敢死队，他们的操作都是一种大概率的快速买入与卖出行为，没有谁能够做到百分百的准确无误，他们只能做到最小限度地降低失误的风险，所以才会采取快进快出的策略。只不过若是其胜率在 90%，偏偏这一回的公开荐股就划归到了那 10% 的失误里面去了。

所以，asking 的这一次公开荐股，只能是一次阴差阳错的巧合，让投资者上错了花轿嫁错了郎。现实终归是铁铮铮的现实！以至于，不少积愤的投资者因此不再相信 asking，竟然将其与其他那些所谓投资公司里的"黑嘴"联系到了一起，如图 6-19 所示。

图 6-19　股神荐股

asking毕竟不是江湖黑嘴，其实这不过只是他的一次失误，若是事情发生在他入市之初时，原本并没有什么，可是此时的asking已经是众人瞩目的公众人物、股市明星，他的话再也不能像最初和朋友喝酒后，想到什么就说什么了。

很多投资者因此不再相信asking，但asking在自我操作股票的过程中，却时不时曝出几天几天获利多少多少的事迹，而这些都是铁的事实。再有，asking并非神仙，并不会做到点石成金，正如他所说的一样，再好的龙头股，也要在对的时机买入，并在对的时机卖出，这样才能获得利益。

当然，asking当时所说的，到不了20元就去吃屎，这只是一种气话。他当然不会真的这样做，而多数的投资者在他这气话中却饱尝了股市的苦，反而是卖出了股票不久，外运发展才出现了真正的翻番行情。

只是这时候，投资者却忘记了当年asking说的一句话，只是在此刻，他没有再次说出口而已——下意识的第一时间认错！

第七章　新生代涨停板敢死队

跟老一代股市枭雄相比，赵老哥与方青侠无疑属于股市的小字辈，他们快速获取财富的手段也有着年轻人独特的方式，并且他们财富增长的速度，丝毫不逊于那些大叔级的股市前辈。尽管赵老哥十足是一位小哥，但八年一万倍的收益却是任何人也不敢小觑的。神秘的方青侠，更是有着一个令人胆寒的名字西藏双煞。正所谓"猫有猫招，狗有狗道"，前辈有前辈的致胜韬略，后生有后生的夺命绝招！

7.1 新生代涨停板敢死队：85后赵老哥

"滚滚长江东逝水，浪花淘尽英雄……"正如歌曲中所唱，股市有如人生，在岁月之河滚滚逝去之中，涨停板敢死队也在悄然间轮换着，当那些昔日的老股神纷纷半隐半退或是离开的时候，一支支股市新生力量悄然间出现了。

当那些老一代即将告别他们昔日奋战的沙场之际，一张张鲜活的面孔同时也出现了，其中最具代表性的是赵老哥。

赵老哥只是一个网名，但与前几年某位在网易博客上呼风唤雨、欺骗股民的"股神"相比，绝对是两个概念。这也是众多新生代涨停板敢死队的特点之一，科技的进步，让这些后起之秀更为喜欢通过网络来传递自己内心的喜或忧。

赵老哥就是这样。其实投资者注意到他已经很久了。2015年4月20日，在淘股吧的论坛上，突然出现了这样一个帖子："今天是值得纪念的一天，资金终于上了一个大台阶，感谢中国神车！！"如图7-1所示。

图7-1　淘股吧

这个帖子的内容很短，就像是 QQ 里的一条说说，但是在淘股吧的论坛上却似突然刮起了一股旋风，帖子的浏览和回复骤然间得到了很大的响应，并且很快引起了各大新闻媒体及网络传媒的注意，比如腾讯、网易等门户网站，纷纷大幅报道了这个赵老哥的事迹。

赵老哥的名字，瞬间成为一个焦点！

然而，这个赵老哥只是一个 85 后，与那些 20 世纪六七十年代出生的涨停板敢死队元老们相比，自然差了一个辈分，但是如果从他在股市里的战绩看，却丝毫不逊他们。赵老哥用 8 年时间将自己账户上的 10 万变成了 10 亿，8 年的收益竟然高达一万倍！这种战绩，不要说那些顶尖的涨停板敢死队元老，即使是被国人尊为股神的沃伦·巴菲特，如果面对中国的赵老哥，同样会刮目相看的，如图 7-2 所示。

图 7-2　沃伦·巴菲特

俗话说，自古英雄出少年。当然，此时赵老哥刚好到了而立之年，可在那些涨停板敢死队的元老们面前，甚至在一些年岁长的老股民眼里，赵老哥依然只是个少年，或应当称其为赵小哥更为确切。但人们却不得不从心眼里佩服这个股市掘金的小伙子，因为他再次以年轻的生命，实践了股市里的奇迹。

或许是受了赵老哥的感染，当日赵老哥在淘股吧发表这一简短的帖子时，恰好是周一，次日开盘后，上证指数突然在一路上涨过程中出现了再次发力，直接以跳空高开的方式开盘，并且开盘后一路高歌猛进，当日涨幅达到了3.04%，且当日开盘点即成为当日最低点，收出了一根光脚近乎光头的阳线，如图7-3所示。

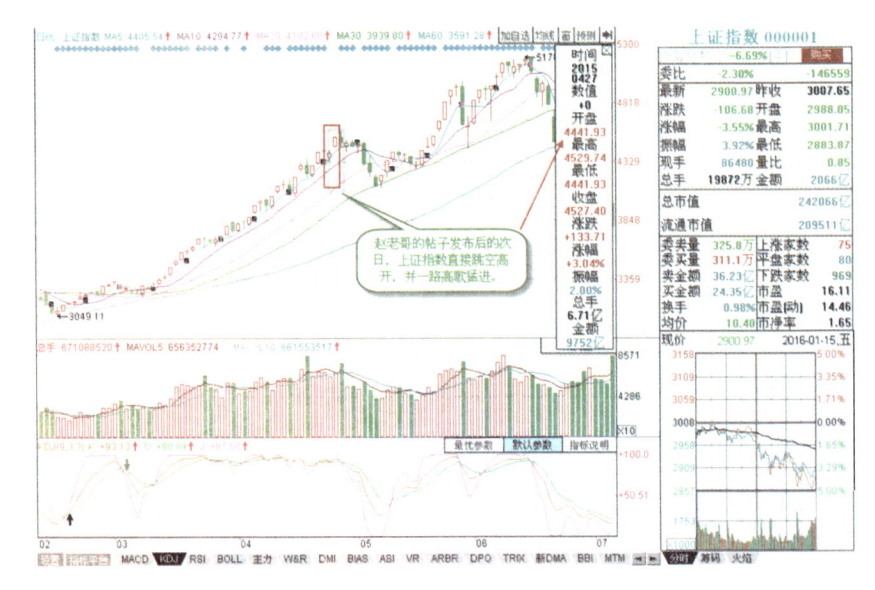

图7-3 上证指数日线图

此时，再将目光聚集到这位赵老哥身上时，却发现，所谓的赵老哥不过是一个"小鲜肉"，但是他在股市中的经历却是不容小觑的。早在2007年5月，他还在绍兴一所大学里读书时，就已经在中国银河证券股份有限公司绍兴证券营业部开了户，成为一名股民，资本当时只有10万元，还是从父母那里借来的，如图7-4所示。

图 7-4　上证指数周线图

这时候，赵老哥和很多入市的股民其实没什么两样，只是一个股市菜鸟。虽然他赶上了上证指数从 4000 点上冲 6000 多点的快速上涨，但当年的那一轮疯狂上涨的大牛市，让很多投资者仅仅是坐了一回过山车，在狂喜中体验到了大盘接近珠穆朗玛峰峰顶风光无限的同时，也经历了其后历时一年多跌入谷底 1664.93 点时的大悲。

这种股市涨跌的大喜大悲并没有摧垮赵老哥，因为当时他还是一位初生牛犊不怕虎的新股民，有着"千难万险只等闲"的情怀，及后来的"股市虐我千万遍，我待股市如初恋"的激情。在不断的操作中，他渐渐看透了股市涨跌的规律，虽然此时他还是一位股市少年，但真正面对大盘时的操作，却显然已如身经百战的老手，从而在尽情挥洒他少年情怀的同时，也成为中国股市里一朵别样的奇葩。

然而，尽管赵老哥在面对大盘时，成熟得与他的年龄根本不相符，可以说此时的他胸中有丘壑，但是在生活中，他身上却有着很多绍兴年轻人所固有的特征，甚至是有些鲁迅先生文章中那种简洁、干练的文风，又似画家吴冠中笔下的那种简约。

在股市呼风唤雨、游刃有余的赵老哥，在生活中其实是个十分简单的人。在之前的许多年里，尽管绍兴是著名的水乡，但步入21世纪后，赵老哥早已不用划船代步，而是每天都骑着一辆自行车，穿梭在绍兴的大街小巷去证券营业部里炒股，和普通上班或上学的人没什么两样，一直到后来才买了别墅和一辆法拉利跑车。他的业余兴趣其实很少，最大的乐趣就是半夜开着法拉利跑车，穿着睡衣去买夜宵。

随着赵老哥财富的快速积累，很多当地或附近的投资大户都在他出名后慕名赶到了银河证券股份绍兴证券营业部，将资金交由他操作。尽管赵老哥事业上做得顺风顺水，但生活上却有一个难题始终困扰着他，草根出身的年轻亿万富翁，怎样才能找到合适的女朋友呢？如图7-5所示。

图7-5 找女朋友

7.2 赵老哥的操盘手法

说起赵老哥的操盘手法，其实跟那些涨停板敢死队相比，并没有什么区别，都是追击强势股，但是他在操盘过程中却得了一个砸盘王的称号。

然而，砸盘王只是股民对赵老哥的一种戏称，因为赵老哥是做超级短线的游资大户，并不是股票的庄家，所以他不会有意去砸什么盘。所谓的砸盘是庄家在做庄过程中经常采用的一种操盘手法，通常有两种情况：

一是股价经过大幅上涨后，处于高位区时，庄家通过大幅度抛出股票砸盘，以达到出货的目的；二是在股价上升过程中，庄家要对那些短线跟风筹码做一次清洗，在某一价格进行大幅度抛售股票，从而造成股价假跌的现象，进行盘中的筹码清洗，使低位持有者或短线跟风盘者因恐慌而卖出廉价筹码，然后继续上涨，如图 7-6 所示。

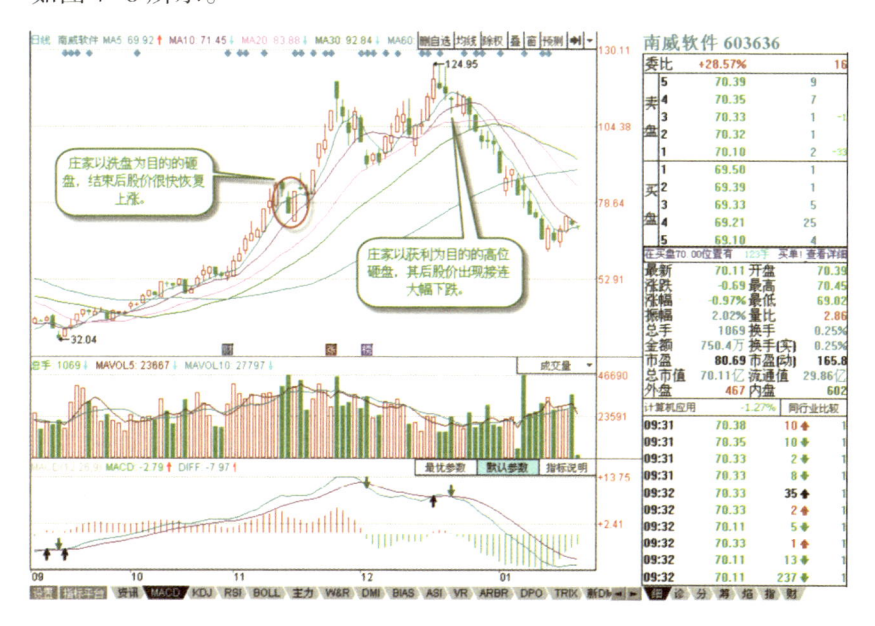

图 7-6　南威软件日线图

赵老哥不是庄家，其掌握的资金量进出较大，但却以超级短线的操盘为主，所以充其量不过是股市里在短时间的一个游庄，因此使得股价在短时期形成了庄家洗盘时的大起大落现象。此时，投资者只要仔细观察就会发现，在赵老哥操作的几乎所有股票中，他介入的时间，股价往往都不会有过大幅的上涨，处于股价低位或离开低位的上涨初期，这样，在买入的时候，就有效地避开了股价进一步下跌所带给自己的风险。同时，赵老哥又躲开了股价经过大幅上涨后的高位风险区，充其量，赵老哥只是坐了一回庄家介入股票后的轿子而已，如图7-7所示。

图7-7　赵老哥股市二日游

赵老哥炒股，就像是在股市里玩了一回二日游，在很多人看来，他刚刚上了轿子，只是走马观花看了看风景，很多人刚刚看到美丽如烟花的风景时，赵老哥却突然离去了。

因为赵老哥的资金量很大，所以当他进入股票时，往往是显得风风火火，股价会出现快速涨停，可是他的离开同样雷厉风行，就像浙江的天气，刚刚看着还风和日丽，天边只有一小朵云彩，可是只有当地人才知道：雨就要来了。

果不其然，雨突然就来了，天空顿时变得阴雨绵绵！

比如粤传媒（002181），在 2014 年 5 月 20 日结束底部震荡后，赵老哥开始大举进入，如图 7-8 所示。

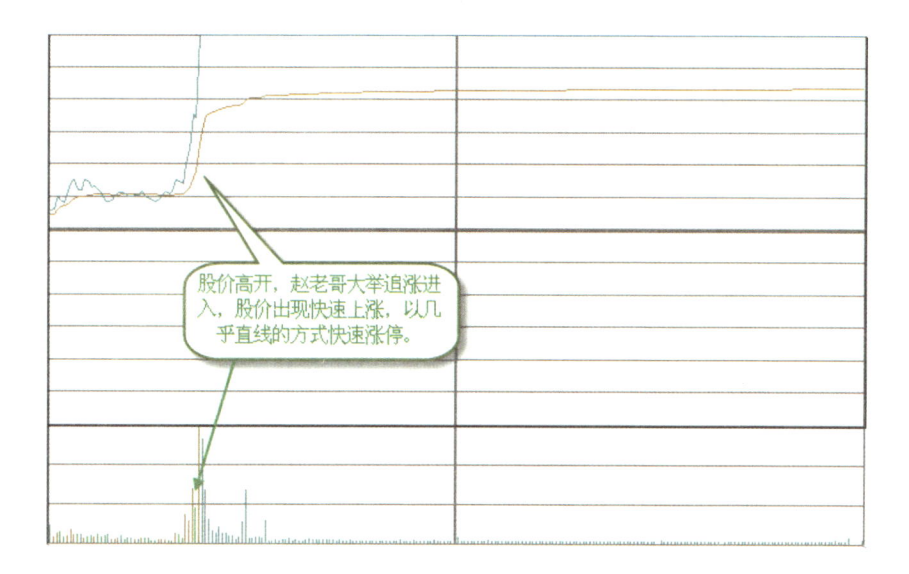

图 7-8　粤传媒 2014 年 5 月 20 日分时图

在粤传媒高开后，赵老哥大举高位吃进，而他的介入，使得股价出现了几乎直线式的快速上涨，并快速封死在涨停板上。这就是涨停板敢死队传说中的追涨手法，在这一手法操作下，股价不仅会因大笔资金的快速介入而出现快速涨停，并且其后涨停板是不会被打开的。而另一点，赵老哥的介入，可以从他所在的证券营业部——中国银河证券绍兴营业部中看出来资金的动向，因为赵老哥的大举进入，也使得中国银河证券绍兴营业部快速进入了"龙虎榜"，如图 7-10 所示。

【龙虎榜】粤传媒为日涨幅偏离值达7%的证券

字体：大 小　换肤：　　618人正在讨论　2014-05-21 09:01:03

2014年05月20日，同花顺数据中心显示，粤传媒（002181）报收16.04元，涨幅10.01%，成交量1402.67万股。

上榜类型：日涨幅偏离值达7%的证券历史上榜明细

序号	交易营业部名称	买入金额(万)	卖出金额(万)	净额(万)
	买入前五金额合计为8606.66万元			
1	机构专用	2804.68	--	2804.68
2	光大证券股份有限公司奉化南山路证券营业部	2083.11	--	2083.11
3	中信证券（浙江）有限责任公司杭州延安路证券营业部	1604.00	13.16	1590.84
4	机构专用	1122.80	--	1122.80
5	中国银河证券股份有限公司绍兴证券营业部	992.07	6.71	985.36
	卖出前五金额合计为1766.32万元			
1	财通证券股份有限公司杭州文二西路证券营业部	24.86	489.57	-464.71
2	东海证券股份有限公司盐城建军东路证券营业部	--	481.20	-481.20
3	安信证券股份有限公司天津南开三马路证券营业部	--	295.38	-295.38
4	中信证券（山东）有限责任公司青岛标山路证券营业部	3.71	251.07	-247.37
5	国信证券股份有限公司深圳泰然九路证券营业部	286.48	249.11	37.37

买入净差 6840.33万元

图 7–9　同花顺粤传媒 2014 年 5 月 20 日“龙虎榜”

从中也可以看出一个问题，赵老哥尽管不是庄家，资金量远比那些买入的大庄家少许多，但是他却实现了与庄家的同步思维，也就是庄家抬轿时跻身而上，而此时庄家的操作远不如赵老哥灵活，因为他们在介入后还要进行拉高吸引跟风盘后的打压砸盘，这一点，恰恰赵老哥提前于庄家来做了，在庄家次日再次维持高位吸引跟风盘的时候，赵老哥却在这一高位大举离开了，而正是赵老哥的离开，以及其后庄家的大举诱杀，使那些短线跟风者出现了高位套牢，如图 7–10 所示。

赵老哥这种看似极为简单的操盘手法，实际上背后却隐藏着很大的玄妙，因为就是在前一天，消息发布，有关部门将在世界杯前发放互联网彩票的正式牌照（资质）。这意味着 2013 年 400 亿营收的互联网彩票市场即将在 2014 年迎来爆发式发展，而据业内人士预测，这将是一个千亿规模的新市场，如图 7–11

所示。

图 7-10 粤传媒日线图

机会情报：世界杯前有望发放互联网彩票牌照 6股或大幅受益

同花顺财经了解到，距离世界杯正式开幕仅有不到一个月时间，有消息人士透露，有关部门将在世界杯前发放互联网彩票的正式"牌照"(资质)，这意味着去年400亿营收的互联网彩票市场即将在今年迎来爆发式发展，业内人士预测，这将是一个千亿规模的新市场。

据消息人士称，首批互联网彩票"牌照"获得者将以拥有互联网体彩试点资格和电话销售彩票试点资格的公司为主，目前数百家互联网彩票销售公司中只有少部分会获得相关牌照或资质，千亿级的市场或将再催生数家上市公司。

本月初，有媒体报道称，中国福利彩票发行管理中心和国家体育彩票管理中心至今未授权任何一家网站或机构进行网上销售彩票的业务，所有网上销售彩票的行为均为非法违规。针对网上售彩行为，财政部、公安部也正在进行研究，这表明网上售彩牌照发放的时间也正逐步临近。网络彩票概念股：安妮股份、鸿博股份、中体产业、姚记扑克、粤传媒、高鸿股份等。（同花顺财经原创中心）

图 7-11 同花顺财经原创中心

  这说明，赵老哥之所以选择粤传媒，是及时捕捉到了市场的热点，在借助市场热点，以及个股K线形态来操作股票。而这一点，从他同时对另一只股票的操作中也可以看出，因为在世界杯举行前发放互联网彩票牌照这一消息，对于这个板块来时，将是一个诱人的噱头，所以在抓住热点的同时，赵老哥不会放弃板块的联动效应，同时将操作的目标对准了这一板块中的另一个龙头股：安妮股份（002235）。

赵老哥的这种操作是利用板块的联动效应，同时紧抓板块的龙头股，因为龙头股的涨势往往会领涨，涨势要好于板块中的其他股，尽管此时的安妮股份短期涨幅已大，如图7-12所示。

图7-12 安妮股份日线图

相对而言，尽管安妮股份与粤传媒比较起来，涨势弱了些，但在粤传媒涨停的基础上，在板块联动之下，安妮股份同样出现了冲高，而赵老哥的快进快出，虽然在安妮股份上，他的收益要远远小于粤传媒，但同样获得了收益。并且，中国银河证券绍兴营业也因为赵老哥的快速介入，接连出现在了"龙虎榜"上，如图7-13、图7-14所示。

【龙虎榜】安妮股份为日换手率达20%的证券

字体： 大 小 换肤：

1301人正在讨论 2014-05-21 09:00:23

2014年05月20日，同花顺数据中心显示，安妮股份（002235）报收20.28元，涨幅1.81%，成交量3961.04万股。

上榜类型：日换手率达20%的证券历史上榜明细

序号	交易营业部名称	买入金额(万)	卖出金额(万)	净额(万)
	买入前五金额合计为5755.74万元			
1	中国银河证券股份有限公司绍兴证券营业部	2034.42	47.51	1986.91
2	中银国际证券有限责任公司重庆江北证券营业部	1349.94	40.16	1309.78
3	银泰证券交易单元(290100)	815.22	--	815.22
4	申银万国证券股份有限公司温州车站大道证券营业部	790.53	60.25	730.28
5	华泰证券股份有限公司上海黄浦区来福士广场证券营业部	765.63	2.83	762.80
	卖出前五金额合计为6352.88万元			
1	兴业证券股份有限公司武汉青年路证券营业部	3.05	1482.51	-1479.46
2	光大证券股份有限公司奉化南山路证券营业部	42.88	1466.83	-1423.94
3	浙商证券股份有限公司绍兴金柯桥大道证券营业部	143.93	1387.21	-1243.29
4	海通证券股份有限公司南京广州路证券营业部	253.39	1018.72	-765.33
5	方正证券股份有限公司上海保定路证券营业部	11.25	997.61	-986.35
	买入净差 -597.13万元			

图 7-13 同花顺安妮股份 2014 年 5 月 20 日“龙虎榜”

【龙虎榜】安妮股份为日换手率达20%的证券

字体： 大 小 换肤：

1301人正在讨论 2014-05-22 09:00:30

2014年05月21日，同花顺数据中心显示，安妮股份（002235）报收20.34元，涨幅0.29%，成交量2952.16万股。

上榜类型：日换手率达20%的证券历史上榜明细

序号	交易营业部名称	买入金额(万)	卖出金额(万)	净额(万)
	买入前五金额合计为2607.56万元			
1	中信建投证券股份有限公司重庆龙山路证券营业部	653.79	64.40	589.39
2	华泰证券股份有限公司深圳西丽留仙大道证券营业部	531.96	7.36	524.59
3	华泰证券股份有限公司盐城人民中路证券营业部	518.16	311.82	206.35
4	方正证券股份有限公司深圳福中路证券营业部	497.43	7.01	490.41
5	招商证券股份有限公司深圳福民路证券营业部	406.22	44.41	361.81
	卖出前五金额合计为5452.88万元			
1	中银国际证券有限责任公司重庆江北证券营业部	46.91	2020.91	-1974.00
2	中国银河证券股份有限公司绍兴证券营业部	24.51	1979.88	-1955.37
3	中信建投证券股份有限公司北京安立路证券营业部	20.96	536.17	-515.21
4	华泰证券股份有限公司扬州文昌中路证券营业部	347.76	477.98	-130.22
5	齐鲁证券有限公司深圳吉祥路证券营业部	3.21	437.93	-434.72
	买入净差 -2845.31万元			

图 7-14 同花顺安妮股份 2014 年 5 月 21 日“龙虎榜”

这种在利用热点操作市场的同时，也不会忽略利用市场的板块联动效应来操作同一板块中的龙头股的思路，可以看出赵老哥操盘过程中清晰的选股思路。就像搂草的时候也不忘了打一下兔子，同时配合操作方式上的快进快出，使得赵老哥在进入一只股票时，似猛虎上山，一抬头，股票即出现涨停；离开一只股票时，又如山洪暴发，一泻千里。因此，才有了砸盘王之称。

然而，从赵老哥的操盘手法上看，他用自己的战绩证明了一点：不是庄家，却胜似庄家。

7.3 赵老哥经典案例：南车北车

涨停板敢死队里那些股神的背后，其实都反映出了中国股市不同时期的发展背景，换句话说，这些股神都见证了中国股市上发生的一些大事件。

赵老哥尽管比起叶大户、老章、职业炒手等人来说，无疑是小字辈一族，未能见证那些发生在股市的重大事件，如"5·19"行情，但作为85后的新一代股神，他同样见证了中国股市中中国南车与中国北车的合并这一重大事件，并且参与了中国这两列世纪神车的行情。虽然在参与南车北车中，赵老哥有收益，也有不得不全身而退的败北沮丧，但从中，却让我们看到了赵老哥操盘时的果敢。

事实上，中国南车与中国北车在合并前，就曾以其自身的魄力在吸引着全国众多涨停板敢死队的目光，因为这两只大盘蓝筹股，在2015年的牛市中，一南一北，形成了并驾齐驱的两列神车。因为时代的高速发展，高铁的快速兴起，已经成为了世人极为关注的一件事，而中国北车与中国南车正是中国两家最大的城轨地铁车辆制造商，就像当前的中国移动与中国电信一样，在2000年时出现了分家，南为中国电信，北为中国移动，而一南一北各自为王，却又遥相呼应。

中国南车与中国北车之前就是这样,然而在 2014 年至 2015 年的这一轮牛市里,中国北车与中国南车却开始了合并的道路,自 2014 年 12 月 27 日起,中国南车与中国北车双双停牌,并于 30 日晚间发布公告,依据"对等合并、着眼未来"等原则实现合并。即以市值较高的中国南车换股吸收合并中国北车股份,在本次合并中,每股中国北车股票能换取中国南车股票的比例确定为 1:1.10。

本来,之前就在市场闹得沸沸扬扬的两列中国神车就已经成为市场的热点了,而此时这一公告,无疑验证了市场的种种猜测。股市本来博的是一种未被证实的朦胧,此时的尘埃落定,应当就此告一段落了,然而,对于市场中的这两只中国最大的神车股票来说,好戏才刚刚开始。

在 2014 年 12 月 31 日复牌后的中国南车,直接以一字涨停的方式出现于市场,在接连出现 6 个一字涨停,其后再次震荡上行,实现翻番后开始步入了震荡。中国北车同样也出现了大幅上涨,两只神车股票真正实现了比翼双飞,如图 7-15 所示。

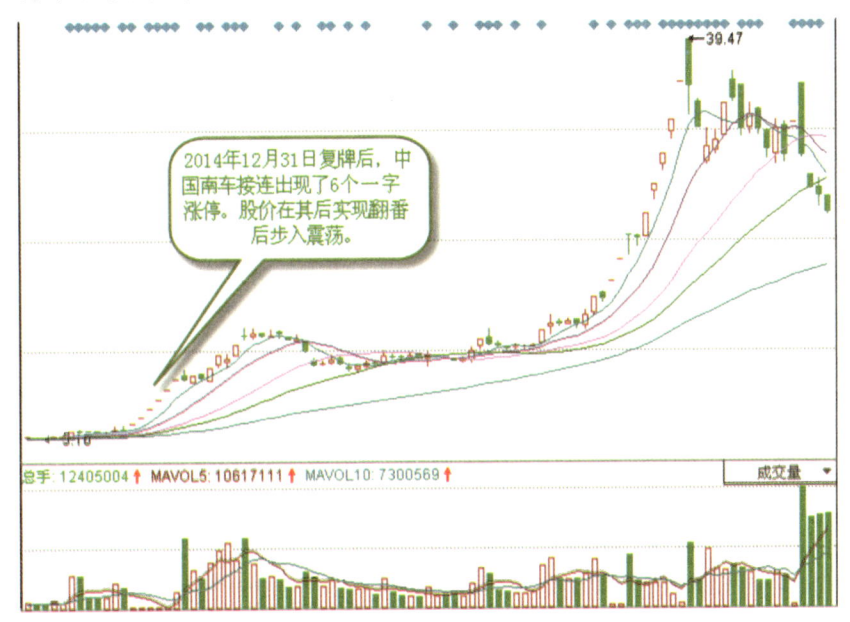

图 7-15 中国南车(现中国中车)日线图

从此，中国南车与中国北车，成为了各路资金竞相追逐的目标。因为此时两支股票还未实现合二为一，中国南车的股票代码为601766，中国北车的股票代码为601299。并且，两列神车股价的风生水起，也带动了市场对央企改革与重组题材概念股的热炒，以及高铁概念股的热捧。

在 2015 年 3 月 30 日起，中国南车与中国北车双双收到了中国证监会上市公司并购重组审核委员会的通知，开始停牌，实施并购重组的具体事宜。

直到 2015 年 4 月 7 日，中国南车与中国北车的重组合并得到了证监会的审核通过，并在 A 股市场复牌，即刻受到了市场的追捧，中国南车与中国北车双双一字涨停。中国南车在接连出现了两个一字涨停后，4 月 9 的开盘涨停出现后，即被打开涨停板，在接连两天的阴线调整后，4 月 13 日即出现了高开后的快速涨停。而这一天，收出了一根光头光脚的阳线，表明会继续上涨。果然，其后出现了接连跳空高开后的涨停锤子线，如图 7-16 所示。

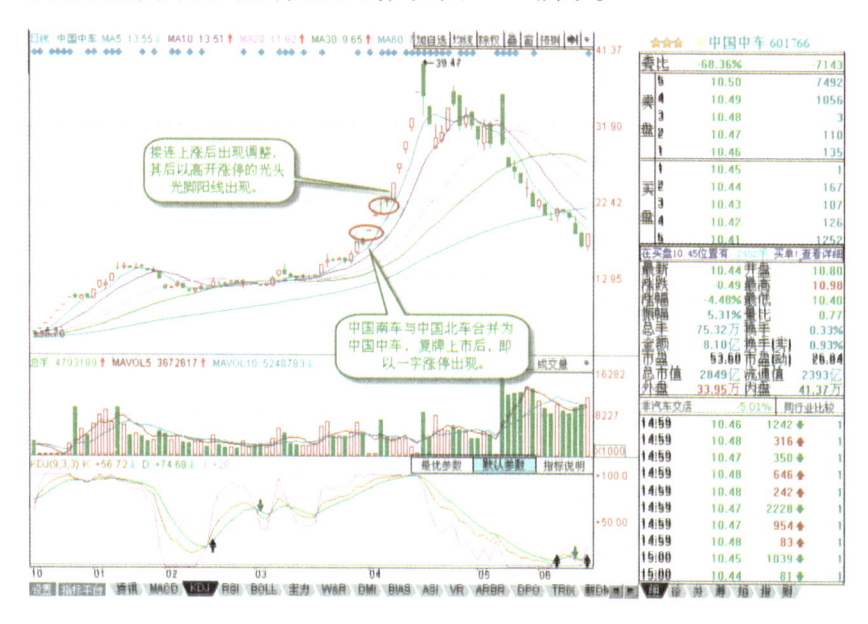

图 7-16　中国南车（现中国中车）日线图

作为两只大盘蓝筹股，中国南车与中国北车，可以说是上演了一部精彩的蓝筹大战。在这一战中，可以说中国南车与中国北车创造了许多的财富神话，吸引了众多资金，赵老哥就是其中一个。

这一点，从赵老哥资金在中国南车的进出上可以看出来，因为在中国南车与中国北车上演的这一出合并大战中，银行证券绍兴营业部曾数度因中国南车荣登“龙虎榜”，显示出有巨大的资金在其中反复操作：

（1）2015 年 1 月 19 日，银行证券绍兴营业部净买入 21293.80 万元，位列“龙虎榜”买入第五名，如图 7–17 所示。

【龙虎榜】 中国南车 01月19日成交明细

字体： 大 小 换肤： 3337人正在讨论 2015-01-20 09:01:06

2015年01月19日，同花顺数据中心显示，中国南车（601766）报收12.05元，涨幅-2.51%，成交量88219.20万股。

上榜类型：连续三个交易日内，涨幅偏离值累计达20%的证券历史上榜明细

序号	交易营业部名称	买入金额（万）	卖出金额（万）	净额（万）
	买入前五金额合计为124512.00万元			
1	沪股通专用	30953.70	--	30953.69
2	国泰君安证券股份有限公司上海江苏路证券营业部	26718.60	--	26718.56
3	中信证券股份有限公司太原迎泽西大街证券营业部	23919.50	--	23919.45
4	申银万国证券股份有限公司合肥阜南路证券营业部	21626.40	--	21626.36
5	中国银河证券股份有限公司绍兴证券营业部	21293.80	--	21293.76
	卖出前五金额合计为192065.90万元			
1	东方证券股份有限公司杭州龙井路证券营业部	--	70127.50	-70127.51
2	招商证券股份有限公司深圳益田路江苏大厦证券营业部	--	50096.50	-50096.47
3	招商证券股份有限公司上海世纪大道证券营业部	--	24634.00	-24634.03
4	东方证券股份有限公司上海耀华路证券营业部	--	24020.80	-24020.81
5	中信证券股份有限公司太原迎泽西大街证券营业部	--	23187.10	-23187.05

买入净差 -67553.90万元

图 7–17 同花顺中国南车 2015 年 1 月 19 日“龙虎榜”

（2）次日，也就是 2015 年 1 月 20 日，银河证券绍兴营业部再次买入 23845.80 元，位列“龙虎榜”买入第三名，如图 7–18 所示。

图7-18 同花顺中国南车2015年1月20日"龙虎榜"

（3）2015年4月9日，此时是中国南车复牌后的第二个一字涨停，银河证券绍兴营业部再次买入17155.20万元，显然此日是以集合竞价的方式出现的，位列"龙虎榜"买入第三名，如图7-19所示。

图7-19 同花顺中国南车2015年4月9日"龙虎榜"

（4）2015年4月15日，也就是中国南车复牌后两个一字涨停后调整两日，出现高开高走涨停的光头光脚阳线时，银河证券绍兴营业部再次买入33620.50万元，位列买入第四名，如图7-20所示。

图7-20　同花顺中国南车2015年4月15日"龙虎榜"

（5）2015年4月20日，中国南车此日创出了历史新高39.47元，而银河证券绍兴营业部再次买入了39426.40万元，位列买入第二位。值得注意的是，就在当天，银河证券绍兴营业部同时出现在了"龙虎榜"的卖出前列，共卖出了44655.70万元，位列卖出第四位。买入与卖出相抵的话，这一天银河证券绍兴营业部合计卖出了5229.30万元，如图7-21所示。

【龙虎榜】 中国南车 04月20日成交明细

2015年04月20日，同花顺数据中心显示，中国南车（601766）报收35.94元，涨幅0.17%，成交量77815.60万股。

上榜类型：日振幅值达15%的证券 历史上榜明细

序号	交易营业部名称	买入金额（万）	卖出金额（万）	净额（万）
买入前五金额合计为202744.00万元				
1	沪股通专用	66595.00	--	66594.98
2	中国银河证券股份有限公司绍兴证券营业部	39426.40		39426.35
3	机构专用	39336.90		39336.87
4	东方证券股份有限公司杭州龙井路证券营业部	33209.30		33209.30
5	兴业证券股份有限公司西安朱雀大街证券营业部	24176.40		24176.42
卖出前五金额合计为218975.60万元				
1	沪股通专用	--	50625.00	-50625.02
2	国元证券股份有限公司上海虹桥路证券营业部		48677.30	-48677.31
3	国泰君安证券股份有限公司上海江苏路证券营业部		47554.20	-47554.20
4	中国银河证券股份有限公司绍兴证券营业部		44655.70	-44655.65
5	兴业证券股份有限公司西安朱雀大街证券营业部		27463.40	-27463.40

图7-21　同花顺中国南车2015年4月20日"龙虎榜"

（6）2015年5月21日，在中国南车冲高回落的时候，银河证券绍兴营业部再次卖出了32205.10万元，如图7-22所示。

此后的数个交易日，乃至到了2015年5月7日的停牌，及至中国南车与中国北车真正实施换股合并，合为中国中车，股票代码为以前中国南车的代码601766，而以前中国北车的代码601299则予以注销，于6月8日以崭新的面貌——中国中车出现，并出现一字涨停，高达2亿多元，银河证券绍兴营业部却再未出现在其中。

从巨大资金通过银河证券绍兴营业部传递出来的信息，以及大举买入与卖出的行为来看，恰好符合赵老哥的操盘理念，而他在中国北车与中国南车上的操作，也不是一次性的，可其后在中国南车

【龙虎榜】 中国南车 04月21日成交明细

字体： 大 小 换肤： 3337人正在讨论 2015-04-21 18:00:47

2015年04月21日，同花顺数据中心显示，中国南车（601766）报收31.84元，涨幅-10.01%，成交量35746.20万股。

上榜类型：日跌幅偏离值达7%的证券历史上榜明细

序号	交易营业部名称	买入金额(万)	卖出金额(万)	净额(万)
	买入前五金额合计为73317.33万元			
1	海通证券股份有限公司上海普陀区澳门路证券营业部	37951.90	--	37951.94
2	东吴证券股份有限公司苏州西北街证券营业部	10136.00	--	10135.96
3	东方证券股份有限公司杭州龙井路证券营业部	10021.40	--	10021.41
4	华泰证券股份有限公司厦门厦禾路证券营业部	8429.12	--	8429.12
5	兴业证券股份有限公司西安朱雀大街证券营业部	6778.91	--	6778.91
	卖出前五金额合计为103364.20万元			
1	机构专用	--	58640.30	-58640.32
2	中国银河证券股份有限公司绍兴证券营业部	--	32205.10	-32205.07
3	广发证券股份有限公司上海东方路证券营业部	--	12518.80	-12518.85

买入净差 -30046.87万元

图 7-22 同花顺中国南车 2015 年 4 月 21 日“龙虎榜”

4 月 7 日开始真正发力的时候，可以看出，赵老哥一直在大举买入中国南车，并助推股价接连上涨，当 4 月 20 日股价冲高到 39.47 元时，也是赵老哥助推的结果，而其后股价的大幅回落，K 线上留下一根巨量长阴时，也是这位砸盘王大举出货时留下的标志性印记。

这次与中国神车的拥抱，让赵老哥的资金跃上了一个新台阶。所以才有了 2015 年 4 月 20 日在淘股吧发表的那条简短帖子，而此时中国南车（601766）在这一天之后，即宣告了一个股市神话的终结。

值得一提的是，在中国南车 4 月 20 日冲高后在高位震荡的期间，也是中国南车、中国北车这两列神车最为关键的日子，因为它们正在为其后的真正整合而日夜努力着。但是，作为中国资本市场的 A

股市场，这段日子也是很多普通股民最为激动和兴奋的时刻，因为此时，很多散户甚至出现了贷款买入，因为他们都在等待中国南车与中国北车合并那一天的到来，并期待合并后的中国神车能够再拔一筹，实现百尺竿头，更进一步。

然而，这些投资者却忽略了一个问题，毕竟中国南车与中国北车都是大盘蓝筹股，即使是其后合并成一股的中国中车，反而盘子会更大。而此时，在两列神车合并的前夜，股价已经从最初的接近6元，上涨到了接近40元，涨幅接近7倍，这在所有的大盘筹的重组合并中，是绝无仅有的，它已经将神话演绎到了如此的地步，还会有什么神话继续上演呢？如果真能继续上演的话，也只能是天方夜谭了。

其后，合并后的中国中车，用自身一路下跌的走势证明了这一切，尽管此时这些投资者几乎输得连内裤都没了，但赵小哥却已告别了当初自行车的年代，坐上了自己心爱的法拉利跑车，真正驾起了自己的"神车"！如图7-23所示。

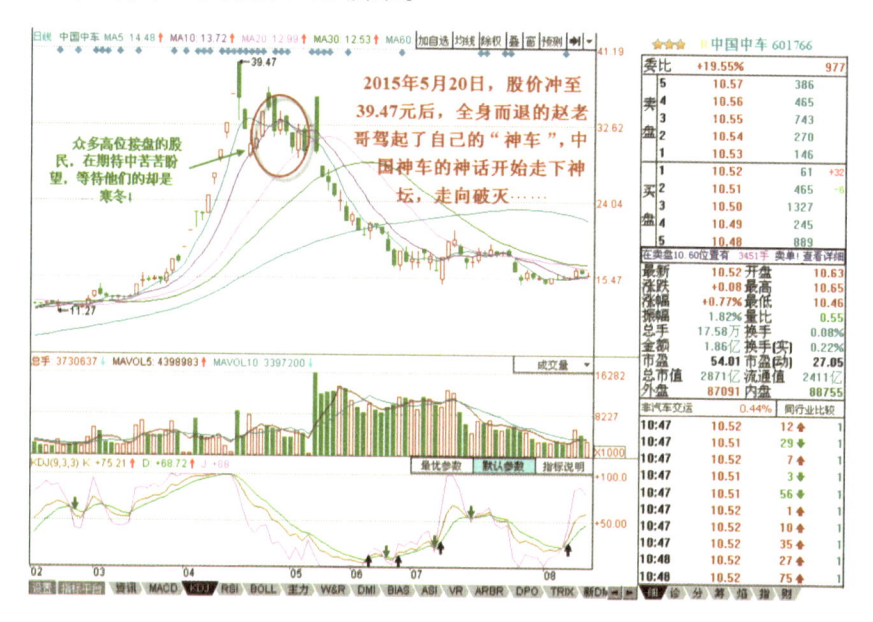

图7-23 中国中车日线图

7.4 西藏同信方青侠

提起方青侠，很多人都会想到电视剧《大时代2：世纪之战》里的刘青云，刘青云在其中扮演的是方新侠，是位股神。因此，看到这部电视剧又入市的老股民，习惯性地总喜欢将其中方新侠看作现实中的方青侠。虽然只有一字之差，却都是股神。

在现实中，说起方青侠，股民们又会自然而然地想到西藏同信，也就是原来的西藏证券，这自然又会联想到现实中的西藏。而在人们眼里，提起西藏，总会有一种缺氧的感觉，尤其是有着第二普陀山之称的布达拉宫，更像是生长在云端的一座宫殿，如图7-26所示。

图 7-24　布达拉宫

虽然在布达拉宫前面，有一条宽敞的公路，但在世人眼里，布达拉宫和西藏一样是神秘的，就像股市里的方青侠一样。很多人只是闻其名见其操盘中留下的身影，却未见过其人，并且在网上搜索，也不识得方青侠的庐山真面目。方青侠真的像布达拉宫一样生长在云端里吗？

方青侠只是1981年出生的一个小伙子，但入市却并不晚，原本也是个股市菜鸟，但他曾经得到过高人的指点，因此才有了后来的战绩，成为新一代民间股神的代表。而这一点，西藏同信证券起着十分重要的作用。

这个最初叫作西藏证券的西藏同信证券，由于西藏地势偏远，业务并不出色，是在2012年才改为西藏同信证券的，因此西藏同信证券在全国各地开设的营业网点并不多。至2012年8月，其营业网点由2007年的5家营业部发展到遍及全国13个省、自治区、直辖市的31家营业部和3个分公司。即便是此时，与同行业其他证券公司相比，发展的速度仍然是迟缓的。

上海作为直辖市，西藏同信证券上海东方路营业部虽然成立较早，但是自方青侠入驻时，在两市中也可以说是寂寂无闻，根本不值得一提。然而方青侠进入后，至2012年8月8日止，西藏同信证券上海东方路营业部共登上异动交易的"龙虎榜"364次，突然之间蹿升到了第6名，交易总额也高达30亿元，把当时的上海证券大佬国信泰然九路一举压下。

这其中的功劳自然要归功于方青侠，因为他的出现，使得附近的很多资金都被吸引到了这里，形成了著名的涨停板敢死队。在方青侠的带动下，这些涨停板敢死队成员和他一样，只做短线交易，所以才使得那些交易异常的个股常常荣登"龙虎榜"，使得西藏同信证券上海东方路营业部几乎成了"龙虎榜"上的常客。

即使是到了如今，西藏同信证券上海东方路营业部上那些交易异常波动的股票，也常常成为两市的焦点。比如，2016年1月20日时，在同花顺数据中心的华源包装（002787）的成交明细中，西藏同信证券上海东方路营业部就曾出现在其买入排名榜中，名列第三位，如图7-25所示。

图 7-25 同花顺华源包装 2016 年 1 月 20 日 "龙虎榜"

而华源包装在当时，是一只新上市的次新股，即受到了以方青侠为代表的那些聚集在西藏同信证券上海东方路营业部里的涨停板敢死队的注意和热炒，如图 7-26 所示。

图 7-26 华源包装日线图

这种新股上市后的参与，对于投资者而言是风险很大的，因为除非是在熊市里，如今的新股上市后，往往接连出现十个左右的一字涨停，甚至更多，股价被炒作得有时更为离谱，从十几块至100多的很多，但五六个涨停后即出现回落的情况也有。在巨大的利益面前，存在着巨大的风险。

然而，此时的方青侠早已得股市高人的点拨，自然打通了任督二脉，成为了当之无愧的高手，正所谓艺高人胆大，他能够承受这巨大的风险，自然敢于火中取栗了。而方青侠之所以为世人所认可，这一点也是所有涨停板敢死队所应当具有的素质。

据说，方青侠曾参加过淘股吧的模拟炒股大赛，不仅获得了好的名次，且一举成名，从此开始了自己真正意义上的炒股生涯。

因此，在早些年里，提起方青侠，或许有些投资者并不知其为何许人也，但是如果提起西藏双煞的名字，却没有人不知道的。其中，一个就是盘踞在西藏同信证券成都东大街证券营业部的职业炒手，另一个就是西藏同信证券上海东方路证券营业部里的方青侠。这两个人一东一西，都在了西藏同信的这面大旗下，又都是民间响当当的股神。

北宋著名词人李之仪曾经做过一首流传千古的《卜算子·我住长江头》：

我住长江头，君住长江尾，日日思君不见君，共饮长江水。
此水几时休，此恨何时已。只愿君心似我心，定不负相思意。

这本是一首吟诵爱情的著名词，前四句更是至今仍然为世人所传诵，然而这首词正形象地表明了西藏双煞在股市里的情况。因为同在沪深股市里饮鸩止渴，却又同时收获了令世人欣羡的财富，让远在成都的职业炒手与盘锯在东方明珠上海滩上的方青侠，在西藏同信证券这一片蓝天下，成为了股市里当之无愧的"双煞"！

7.5 方青侠的操盘手法及经典案例

在操盘上，方青侠跟宁波涨停敢死队那些人事实上没什么两样，都是追击强势股的短线操作，这也是所有那些涨停敢死队所具有的一种短线操盘思路，但是百人百姓，每个人都有不同的个性，所以在行事当中，他们同样都有着各自不同的操作习惯。

方青侠也是这样，喜欢追高买入强势股，因此，在他买入的股票中，多数都是较为强势的股票，在方青侠大举资金涌入的同时，股价自然也会出现快速冲高，直到被他封于涨停。这种操盘手法，与老章等较为类似，属于快速强势介入，并快速封涨停的方法。只是作为西藏双煞中的一员来说，方青侠当然有着与他人不同的理念，比如赵老哥的砸盘王之说，都是操盘者独特的个性使然，可真正说起来，方青侠介入时的快速追击涨停，以及离开时的大举出货，丝毫也不逊于赵老哥，或其他涨停板敢死队的核心人物。

大凡能称为"煞"，自然说明其他操盘手法上的快刀斩乱麻，也是在操盘过程中令投资者感到胆寒的杀手锏，比如金庸武侠小说《射雕英雄传》里的黑风双煞，就是因为他们具有出手即致人亡的绝世武功"九阴白骨爪"。方青侠作为西藏双煞中的一煞，在操盘过程中同样具有堪与这一神功相媲美的神技。

这和方青侠的操盘习惯有关，因为在追击涨停板的时候，他更为偏重于做尾段行情。所谓的尾段行情，指的是一只股票在拉升阶段的尾部。在新闻写作中，有着"龙头凤尾猪肚"之说，指的是开头如龙的头，高昂；中间如猪的肚子，丰满；结尾如凤凰的尾巴一样，美丽。

方青侠所抓的正是这其中的凤尾，也就是股票在最后拉升期的末端行情。因为在他看来，末端行情往往上涨的力度与强度更甚。

作为很多普通的投资者来说，这一末端行情，往往是很难把握的，也是高位极容易套牢普通投资者的时期。

比如，在仁智油服（002629）这一股票的操作中，方青侠的操作正好十分形象地体现了这一点。在2015年12月15日同花顺"龙虎榜"上，显示有3730.42万元的资金，通过西藏同信证券上海东方路营业部买入了仁智油服，位居买入榜的第2名，如图7-27所示。

【龙虎榜】 仁智油服 12月15日成交明细

2015年12月15日，同花顺数据中心显示，仁智油服（002629）报收12.29元，涨幅10.03%，成交量6019.73万股。

上榜类型：日涨幅偏离值达7%的证券 历史上榜明细

序号	交易营业部名称	买入金额(万)	卖出金额(万)	净额(万)
		买入前五金额合计为16798.41万元		
1	华鑫证券有限责任公司上海浦雪路证券营业部	4729.33	1.84	4727.48
2	西藏同信证券股份有限公司上海东方路证券营业部	3730.42	3.56	3726.85
3	海通证券股份有限公司许昌建设路证券营业部	3128.33	3.07	3125.27
4	中信建投证券股份有限公司上海华灵路证券营业部	2926.25	1.23	2925.02
5	湘财证券股份有限公司上海泰兴路证券营业部	2284.08	473.78	1810.30

图7-27 同花顺仁智油服2015年12月15日"龙虎榜"

这表明，方青侠此时已经大笔出手仁智油服了，而他的快速介入时机，却是在股价从低位快速上涨过程中的第7个涨停时，此时若是从低位算起，已经上涨幅度超过了100%，正是上涨行情的尾巴阶段，如图7-28所示。

此时，仁智油服是以直接涨停的方式出现的，但在盘中却出现了快速打开涨停板的情况，而方青侠的介入，正好是利用了这一涨

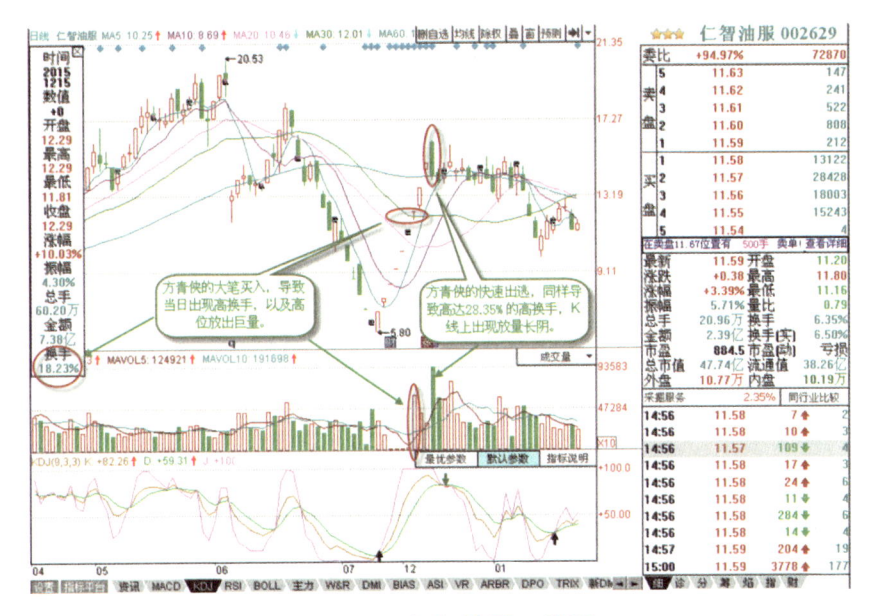

图 7-28　仁智油服日线图

停板打开，或者换句话说，这种涨停板的打开，是方青侠的一种强势介入，也就是他人为性打开的，或是庄家借机吸引高位跟风盘的一种方式，使得方青侠有了快速介入的时机。当时，只是短暂的打开涨停板后又再次封死，成交量似乎只是一眨眼间，即爆出巨量，分时图上留下了一个强势的 V 形图案，如图 7-29 所示。

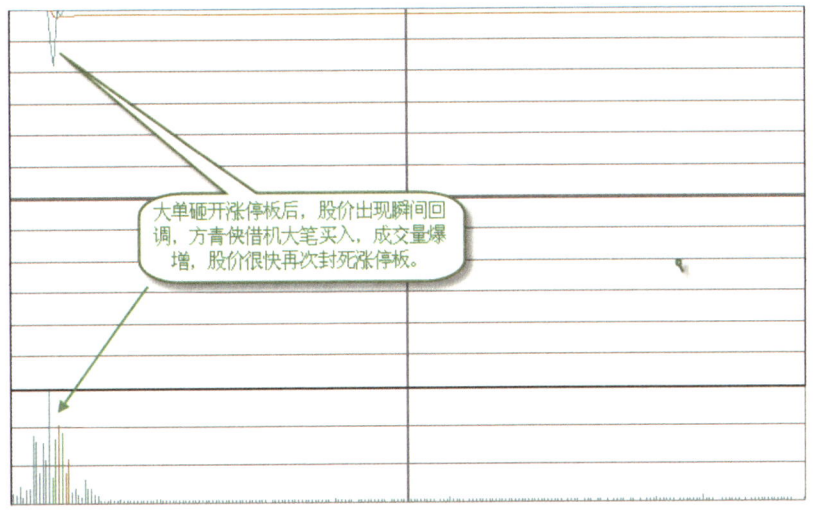

图 7-29　仁智油服 2015 年 12 月 15 日分时图

其后的两个交易日，仁智油服的股价出现了接连涨停，但不再以一字涨停方式出现，均呈高开高走封涨停的形式。但到了12月18日时，股价在高开后却未能再次走高，而是在日线留下了一根放量长阴线，如图7-31中所示，分时图上呈现出高开低走的"日落西山"形态，股价可谓是一日千里的下跌，如图7-30所示。

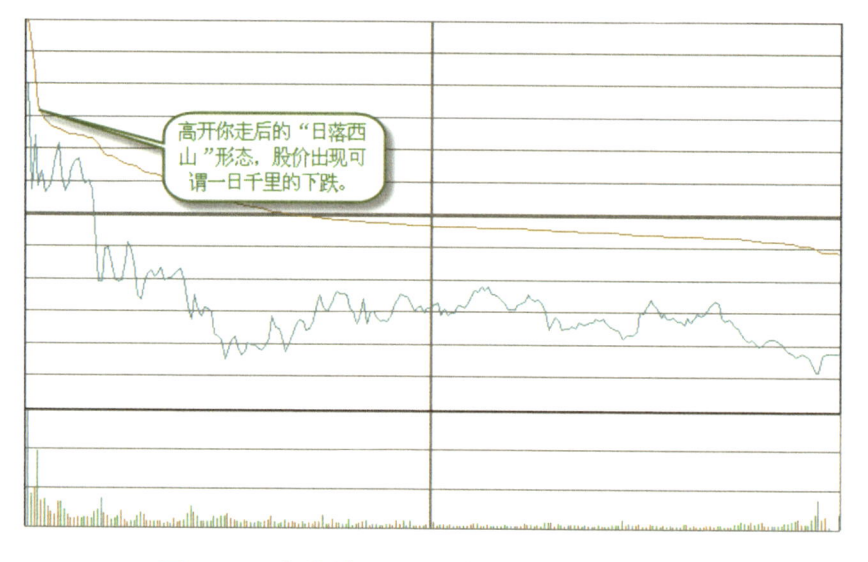

图 7-30　仁智油服 2015 年 12 月 18 日分时图

仁智油服在2015年12月18日的高开放量下跌过程中，暴出了巨大的成交量。是什么原因导致股价的快速下跌呢？此时，如果看一下"龙虎榜"就会发现，原来在当日，西藏同信证券上海东方路营业部再次榜上有名，却是被列在了卖出的第4名，因此，有2674.10万元在当日通过西藏同信证券上海东方路营业部进行了卖出，如图7-31所示。

		卖出前五金额合计为16012.80万元		
1	中信证券股份有限公司上海恒丰路证券营业部	4.72	4362.43	-4357.70
2	中信证券股份有限公司上海淮海中路证券营业部	19.13	3727.07	-3707.93
3	新时代证券股份有限公司宜昌东山大道证券营业部	2232.67	2926.29	-693.61
4	西藏同信证券股份有限公司上海东方路证券营业部	59.49	2674.10	-2614.60
5	机构专用	—	2322.91	-2322.91

买入净差 -1467.84万元

图 7-31 同花顺仁智油服 2015 年 12 月 18 日 "龙虎榜"

从 2015 年 12 月 15 日打开涨停板的大举买入，到 12 月 18 日高开后的大举卖出，方青侠仅仅持有了仁智油服两天，去掉买入和卖出的两个交易日，仅仅中间的两天，即让他斩获了 20% 的收益。

方青侠这种快进快出的策略，时间短，但操盘手法上却是像闪电一样快刀斩乱麻。无论买入或是卖出，从不拖泥带水，并且给自己带来了巨大的收益。但是要想真正给自己带来收益，还要看得准，能够准确判断出什么时机才是庄家快速拉升的中途，以使之及时坐上庄家的大花轿，又要在花轿抬到家门口时及时从轿子上下来，从而才能做到将新娘子娶回家的结果。

俗话说，人怕出名猪怕壮。方青侠也不例外，面对很多庄家或是散户投资者的谩骂，这位 80 后的民间股神却一概视若不见，因为他始终认为，林子大了，什么鸟都会有。然而这种谩骂却始终不绝于耳，但多数是关于神州泰岳（300002）的，说什么方青侠一介入股价就开始跌了，还把他说成是庄家的"托"，甚至还有人为此编出了一个高端访问的对话，一时间像段子一样广为在网上流传：

水均益：您为什么要涨？

000807：想让股民赢点钱。

水均益：您为什么要跌？

000807：想让股民捐点钱。

水均益：那您什么时候要涨？

000807：这、这要问方青侠。

水均益：那您什么时候要跌？

000807：这、这要问方青侠。

水均益：这、这个方青侠在哪里？

000807：方青侠就在这里……

水均益：谁是方青侠请出来。

如此种种，方青侠只是一笑了之，因为在他所有的操作中，一直都遵循着自己的操盘原则，至于神州泰岳，自2009年上市后，也曾经有过其短暂的辉煌，但那早已经是明日黄花，虽然它的出现，曾经一度灿烂了创业板美丽的天空，但早已留在了股市曾经的记忆之中，如图7-32所示。

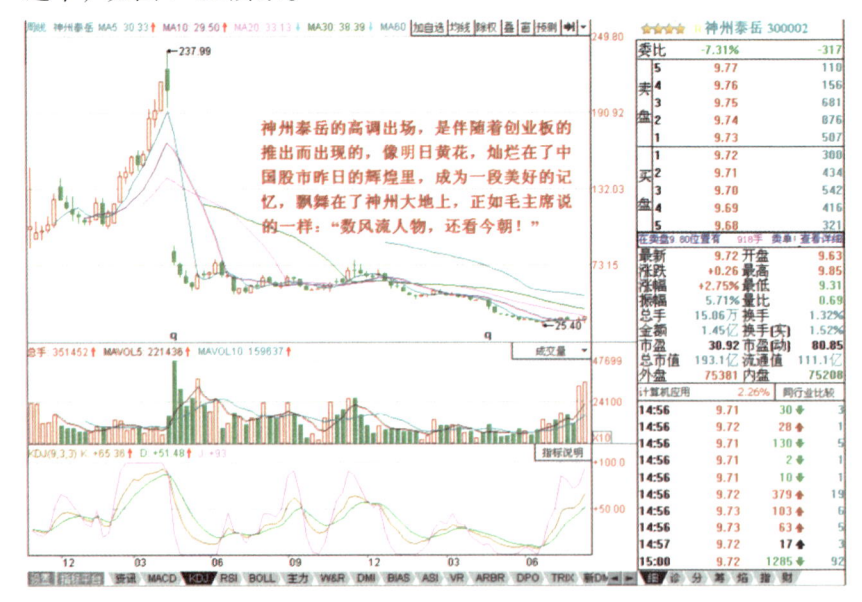

图7-32 神州泰岳周线图

第八章　炒新敢死队：中信上海溧阳路孙大户

世上有"抓起把灰来比土热"的说法，孙大户却有他的"妻不如妾"之道。股市里，老股有老股的沉稳，经常厚积而薄发，但新股也自有新股的生存法则，就像信用卡的透支功能一样，用今天的钱去赚明天的业绩。时代在不断发展和变化，股市里却有着不变的法则，即使是穿了新衣的孙大户，耍的却依然是旧年叶大户经年练就的"太极神功"。

8.1 炒新敢死队

顾名思义，炒新敢死队是专门以炒作新上市的股票不怕死的队伍。尽管这些人专门以炒作新股为主要投资方向，同样是炒作股票，却与所谓的涨停板敢死队有着截然不同的风格，乃至操作理念。

历来，炒新因存在着很大的利益，一直成为众多投资者心目中羡慕的目标。这和中国的股票制度有着直接的关系。相对来说，上市后的股票都会受到涨跌停板制度的限制，以至于一只股票的最高涨跌幅均会控制在 10%（ST 类 5%）以内，而新股上市首日却在这一制度之外，因为国家规定，新股上市首日是不受涨跌停板限制的。这也就意味着，新股在上市的头一天，是不受涨跌幅限制的。

在这一规定之下，买中了新股，就等于是即将发了大财了，其中的利润远比骑上了一匹黑马股还要令投资者兴奋。因为不仅在上市首日，股价涨跌幅不会受到限制，若是行情较好，往往上市后会接连出现数个，甚至是数十个接连的一字涨停，收益往往高达数倍，牛股甚至可以达到 10 倍之多，如图 8-1 所示。

图 8-1　富祥股份日线图

在两市新股中，富祥股份只是一般的新股，比之牛气冲天的股票可以说是遍地皆是。

早在之前的20世纪90年代或21世纪初期，当时股票交易还无法实现网络化，投资者此一时期只要去证券交易所转一转就会得知，当时的炒新队伍更甚，即使是在北方经济较为一般的城市，也经常会有些投资者将数十万元扔在营业部，专门用做打新股的资金。这些人，钱好像是大风刮来的一般，他们根本不屑于去选什么股票，而每年只做新股，从中也足见打新股中所蕴含的利润。

即使是到了今天，申购新股可以从网上直接申购了，但新股依然有着很大利润的诱惑，中签后轻轻松松实现利润的翻倍，简直就像是闹着玩似的，以至于吸引了众多投资者，如图8-2所示。

图 8-2　炒新

新股是一顿饕餮大餐，因此吸引了众多投资者蜂拥而至，面对一只只新股，竞相追逐。

然而，炒新难道就没有风险可言吗？

第八章　炒新敢死队：中信上海溧阳路孙大户

答案是否定的，资本市场的每一种投资，都是有其风险存在的，即使是上市首日不受涨跌幅限制的新股。因此，那些看似利润巨大的新股，在上市首日出现破发的情况并不在少数，例如2011年的雷柏科技（002577），它是2011年4月28日登陆深市中小板的，当日开盘价为33.00元，盘中最低31.81元，报收32.09元，而发行价却是38.00元，上市首日不仅没有出现巨大的上涨，并且未曾突破发行价，收盘价与发行价相比，跌去了15.55%，其后更是出现了一路震荡走低，如图8-3所示。

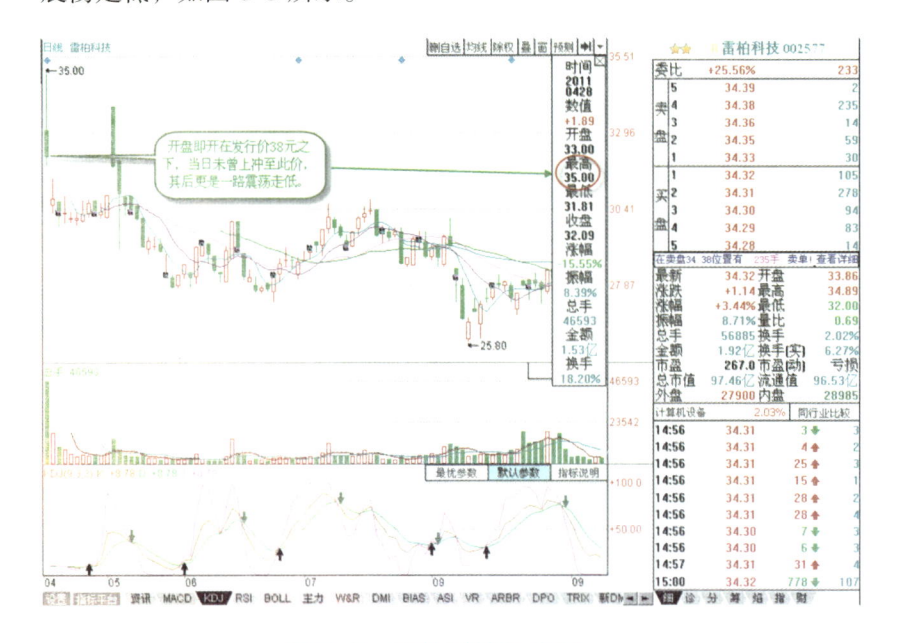

图8-3 雷柏科技日线图

雷柏科技不是2011年的个别破发的案例，在当年，曾有相当于整体上市新股的三分之二的股票都出现了破发。破发的比例相当高。

当然，新股破发与股票发行价的定价等有着很大的关系，比如溢价率等，但新股的频频破发也与整个市场环境存在着很大的关系，比如在2007年10月至2008年10月上证指数从6124.06跌至

1664.93，长达一年的熊市单边下跌期间，破发新股更是比比皆是，可谓哀鸿遍野，如图8-4所示。

图8-4 上证指数2007—2008年周线图

在这一时期出现前，最为经典让投资者至今仍记忆犹新的就是中国石油（601857），这只几乎可以左右上证指数的权重股，在2007年发行时的发行价只有16.70元，在2007年11月5日登陆沪市后，开盘价却高达48.60元。

之前，各路媒体几乎一致唱多，号称中国石油是让利于民，但当日的开盘价几乎成为了最高价，并一路下跌。当日以43.96元收盘，其后更是一路下跌，而此时大盘正处于牛市上涨中，中国石油却先于大盘开始了漫漫熊市，至今股价也未曾再次冲上当时的发行价，而其在上市首日及随后走低时买入的投资者，最终均以投资失败告终，不得不落个挥泪斩马谡的下场，如图8-5所示。

图 8-5　中国石油日线图

所以说，新股发行和股票的溢价率与大盘环境都有着很大的关系。也就是说，当市场良好尤其是单边上涨的大牛市中时，国家往往会加大股票的上市速度，以实现企业融资的需求；而当市场环境不好，处于单边下跌的熊市中时，国家会减少股票的上市数量。

这一公司上市的节奏或规律，也成为了炒新敢死队沉寂或活跃的一个风向标。因为他们较之普通投资者来说，在牛市中敢于疯狂，在熊市中更甘于寂寞，所以才演绎出了一只比一只疯狂的超牛新股。虽说，新股像一个绞肉机，进去了，难免会被其绞杀，但这些炒新敢死队却依然一批又一批地不断勇往直前地冲杀着，尤其是在牛市股票疯狂上涨的时期，那些新股，更是以更大的疯狂，上演出了一浪高过一浪的股市烟火，装点了资本市场的美丽。

比如在 2014 年 10 月 9 日上市的兰石重装（603169），此时正值中国股市步入震荡向上的牛市之初，兰石重装在上市后的开盘价为 2.02 元，开盘价成为当日最低价，收盘收在 2.42 元，其当时的发行价为 1.68 元，溢价率并不高。

作为核电与新能源概念股，就当时的股价而言，属于十足的 10 元以下的低价股，恰恰符合了牛市初期的炒作条件，使得这只上市只有 2.02 元的股票，在上市后即受到了各路资金的炒作，一连出现了 24 个涨停，至 2014 年 12 月 1 日时，股价最高冲到了 28.57 元，短期上涨幅度达到了 14 倍，一跃从低价股成为了中价股，如图 8-6 所示。

图 8-6　兰石重装日线图

兰石重装的崛起，正应了那句牛市里鸡犬升天的话，实现了乌鸡变凤凰的神话。

此时，如果我们查看兰石重装上市首日的"龙虎榜"，就会发现，那些买入的证券营业部都是我们所熟悉的炒新敢死队经常出没的地方，如图 8-7 所示。

【龙虎榜】 兰石重装 10月09日成交明细

字体：大 小 换肤：

80人正在讨论 2014-10-10 09:01:04

2014年10月09日，同花顺数据中心显示，兰石重装（603169）报收2.42元，涨幅44.05%，成交量19.56万股。

上榜类型：无价格涨跌幅限制的证券历史上榜明细

序号	交易营业部名称	买入金额(万)	卖出金额(万)	净额(万)
	买入前五金额合计为47.13万元			
1	华泰证券股份有限公司总部	46.10	--	46.10
2	广发证券股份有限公司西安未央路证券营业部	0.83	--	0.83
3	申银万国证券股份有限公司哈尔滨黄河路证券营业部	0.20	--	0.20
	卖出前五金额合计为3.39万元			
1	国信证券股份有限公司深圳泰然九路证券营业部	--	0.97	-0.97
2	国信证券股份有限公司广州东风中路证券营业部	--	0.97	-0.97
3	宏源证券股份有限公司乌鲁木齐北京南路证券营业部	--	0.48	-0.48
4	安信证券股份有限公司梅州新中路证券营业部	--	0.48	-0.48
5	招商证券股份有限公司福州六一中路证券营业部	--	0.48	-0.48

买入净差 43.74万元

图 8-7 同花顺兰石重装 2015 年 10 月 9 日“龙虎榜”

同时，在兰石重装上市不久，结束一字涨停，涨停板中途打开又封死涨停的日子里，“龙虎榜”上又出现了那些我们熟悉的涨停板敢死队聚集的营业部，如图 8-8 所示。

【龙虎榜】 兰石重装 10月30日成交明细

字体：大 小 换肤：

80人正在讨论 2014-10-31 09:01:05

2014年10月30日，同花顺数据中心显示，兰石重装（603169）报收10.11元，涨幅10.01%，成交量4346.14万股。

上榜类型：日换手率达20%的证券历史上榜明细

序号	交易营业部名称	买入金额(万)	卖出金额(万)	净额(万)
	买入前五金额合计为10021.09万元			
1	中国银河证券股份有限公司绍兴证券营业部	3732.36	--	3732.36
2	中信证券（浙江）有限责任公司杭州定安路证券营业部	2648.51	--	2648.51
3	国泰君安证券股份有限公司总部	1458.56	--	1458.56
4	西藏同信证券股份有限公司上海东方路证券营业部	1129.36	--	1129.36
5	华泰证券股份有限公司深圳龙岗黄阁北路证券营业部	1052.30	--	1052.30
	卖出前五金额合计为6572.35万元			
1	安信证券股份有限公司梅州新中路证券营业部	--	2165.23	-2165.23
2	华泰证券股份有限公司深圳益田路荣超商务中心证券营业部	--	1395.34	-1395.34
3	华泰证券股份有限公司上海牡丹江路证券营业部	--	1032.17	-1032.17
4	西藏同信证券股份有限公司上海东方路证券营业部	--	994.15	-994.15
5	华泰证券股份有限公司南京中华路证券营业部	--	985.45	-985.45

买入净差 3448.74万元

图 8-8 同花顺兰石重装 2015 年 10 月 30 日“龙虎榜”

炒新敢死队从出现到不断扩大，都是被资本市场巨大的利益所吸引，就像兀鹫喜欢吃动物的腐肉一样，炒新敢死队的巨大资金，正是闻到了新股身上时时散发出的铜臭气息，才不断蜂拥而至的。

8.2 中信上海溧阳路孙大户的操盘手法

孙大户只是人们对孙俊玉的一种戏称，但是在市场里，要是说起孙俊玉很多人会为之一愣，甚至是想上半天，可要是提起孙大户，却是无人不晓的，甚至能够随口跟你聊上半天。

人们之所以对孙大户如此耳熟能详，是因为中信证券上海溧阳路营业部，在这个营业部里，聚集着以孙大户为首的涨停板敢死队。而孙大户在这个营业部里的操盘手法，更是极为凶悍。

这么说吧，在中信证券上海溧阳路营业部里，大资金参与的股票，几乎无一例外，都是当年的大牛股。截止到 2015 年 6 月 30 日，中信证券上海溧阳路营业部以上榜 680 次，成交金额 860.3 亿元，荣登 2015 年上半年所有券商营业部的第一名，并且远超第二名银河证券宁波解放南路营业部 355.4 亿元，也就是人们常说的"炒股不跟解放南，纵是神仙也枉然"的"解放南"。

孙大户所在的中信证券上海溧阳路营业部之所以这么牛，完全源自于他操盘手法上的凶悍。因为在孙大户的操盘理念中，他始终坚持顺势操作，而这种顺势，并不是指顺大盘的势，即使是在市场不好的情况，他所选择的股票都是处于即将顺势上涨的股票，因此，即使是在逆势之中，个股的趋势良好，其股票自身所具有的潜在上涨动力，再加上孙大户大资金的介入，从而形成了一种上涨的合力，自然会焕发出其活力。

在操盘手法上，孙大户的操盘可谓花样百出，比如在超短线上，他既敢于用追涨的思维去追击涨停股，像宁波涨停板敢死队那样，同时也敢于去抄底，但在抄底中，孙大户更坚持快进快出，从不拖泥带水，使得股价从低位上涨后，原本看似短线已经企稳反弹的个股，在接连上涨中，因孙大户的突然转身离去，股价出现了快速滑落，像是被照妖镜照了一下，很快恢复了原形。

比如昌九生化（600288）就是这样，在2013年11月4日开始的接连11个一字跌停后，股价在12月15日经过短期的大幅暴跌后初步企稳，让孙大户看到了其中的利益。在其后2014年的1月6日，突然抄底买入了1255万元，并使得当日涌出很多短线跟风盘，股价出现涨停，次日再次震荡走高并涨停，股价看似要转强，但很快却出现了进一步下跌，股价很快回到了原形，像被照妖镜照了一下，因为孙大户在1月6日买入的次日，即1月7日已在涨停板上实施了出货，如图8-9所示。

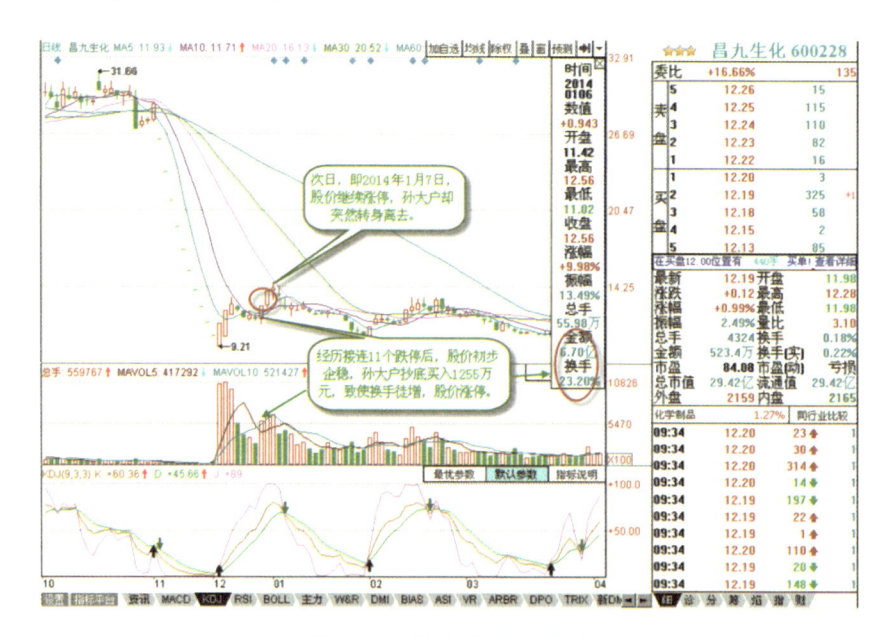

图8-9　昌九生化日线图

此时，如果再看一下孙大户买入与卖出时的分时图即会看清其短线获利的思维，如图8-10、图8-11所示。

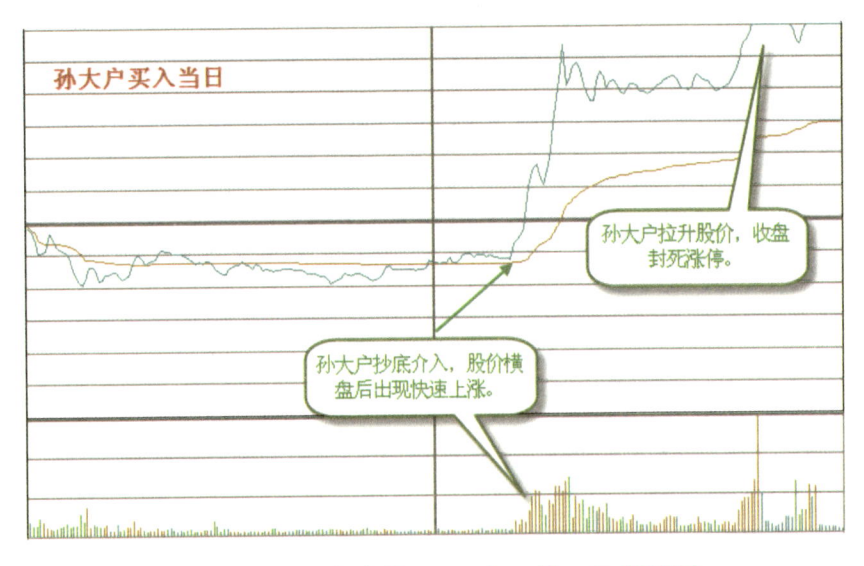

图 8-10　昌九生化 2014 年 1 月 6 日分时图

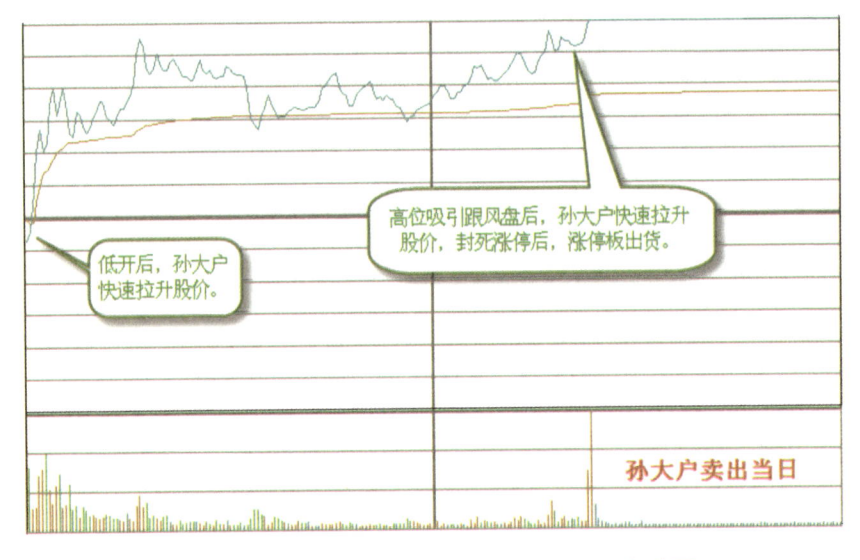

图 8-11　昌九生化 2014 年 1 月 7 日分时图

从图 8-10 与图 8-11 中可以一目了然地看出，孙大户的闪电抄底，与次日的涨停出货，仅仅用了两个交易日，孙大户即赚取了至少 10% 的收益。

孙大户的这种短线抄底的操作手法，与其他涨停敢板死队的方法相比，获利要高很多，但要做到这一点，即要对股票的中长期趋势有一个清醒的认识，并对短期介入的时机，应当有一个更为清晰和理性的判断，以做到借势发力。

除了短线抄底的快进快出操盘手法之外，对某些股票，孙大户还进行了反复进入操作的短线操盘手法。比如世纪星源（000005），在2014年9月12日出现快速涨停式上涨后，孙大户于9月16日实施了大举买入，如图8-12所示。

图8-12　同花顺世纪星源2014年9月16日"龙虎榜"

孙大户的大举买入，导致了当日股价高开并快速冲击涨停，如图8-13所示。

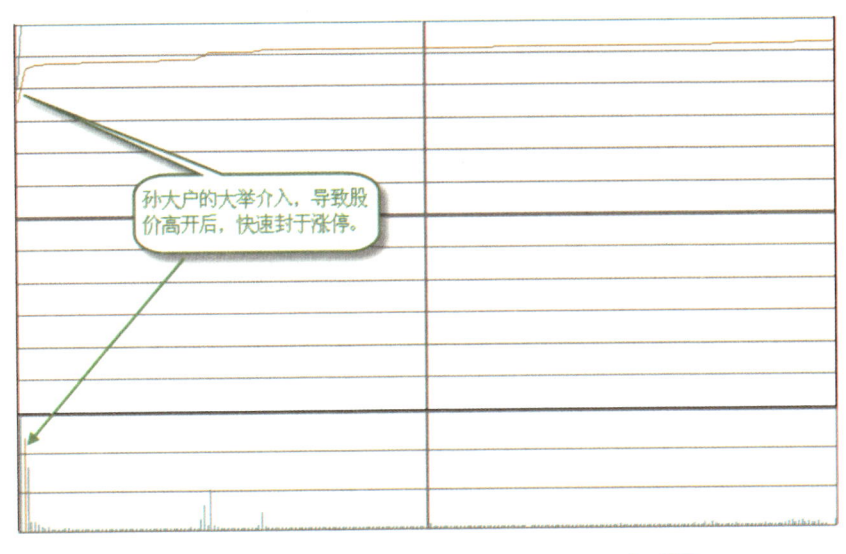

孙大户的大举介入，导致股价高开后，快速封于涨停。

图 8-13　世纪星源 2014 年 9 月 16 日分时图

但是在次日，也就是 2014 年 9 月 16 日，孙大户却选择一边买入继续拉升股价，一边少量出货，全天中信证券上海溧阳路营业部名列世纪星源"龙虎榜"买入与卖出榜中，全天流出 592.72 万元，如图 8-14 所示。

【龙虎榜】　世纪星源　09月17日成交明细

2014年09月17日，同花顺数据中心显示，世纪星源（000005）报收4.08元，涨幅9.97%，成交量20116.80万股。
上榜类型：日涨幅偏离值达7%的证券　历史上榜明细

序号	交易营业部名称	买入金额(万)	卖出金额(万)	净额(万)
	买入前五金额合计为10258.64万元			
1	申银万国证券股份有限公司上海陆家嘴环路证券营业部	2948.80	--	2948.80
2	中信证券股份有限公司上海溧阳路证券营业部	2044.24	2636.96	-592.72
3	新时代证券有限责任公司宜昌东山大道证券营业部	1983.05	145.62	1837.43
4	中国银河证券股份有限公司绍兴证券营业部	1644.18	897.81	746.37
5	中信证券（浙江）有限责任公司杭州四季路证券营业部	1638.37	20.47	1617.90
	卖出前五金额合计为12633.89万元			
1	中国银河证券股份有限公司宁波翠柏路证券营业部	1294.41	3517.40	-2222.99
2	财通证券股份有限公司温岭东辉北路证券营业部	149.12	2663.84	-2514.72
3	中信证券股份有限公司上海溧阳路证券营业部	2044.24	2636.96	-592.72
4	海通证券股份有限公司深圳分公司华富路证券营业部	7.67	2282.88	-2275.21
5	中信建投证券股份有限公司北京南大红门路证券营业部	10.63	1532.50	-1522.18
	买入净差　-2375.25万元			

图 8-14　同花顺世纪星源 2014 年 9 月 17 日"龙虎榜"

第八章　炒新敢死队：中信上海溧阳路孙大户

195

2014年9月18日,孙大户纯粹以卖出为主,世纪星源的"龙虎榜"上,中信证券上海溧阳路营业部以流出资金为主,如图8-15所示。

图8-15 同花顺世纪星源2014年9月18日"龙虎榜"

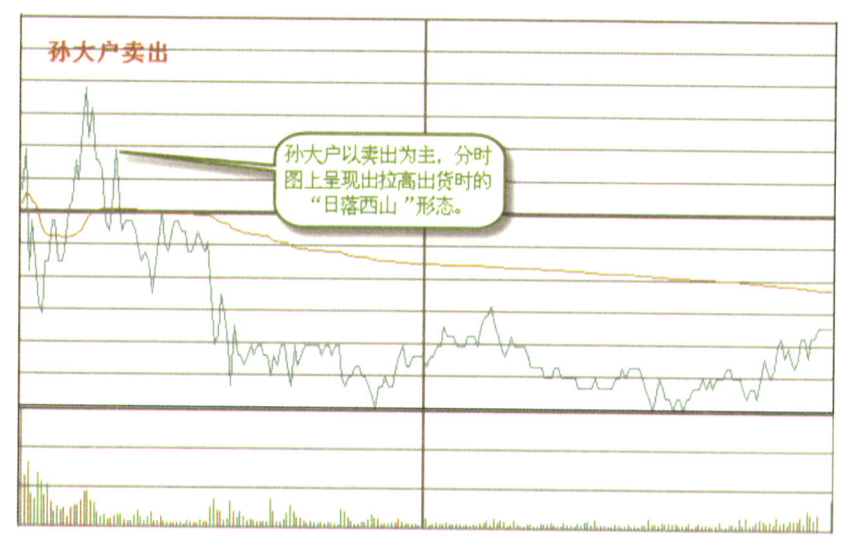

图8-16 世纪星源2014年9月18日分时图

此日，孙大户完全以出货为主，分时图上出现了拉高出货时的经典形态——"日落西山"形态，如图 8-16 所示。

如此一来，孙大户在世纪星源这只股票上实现了短期获利。然而，世纪星源却拥有着重组的题材，而重组在牛市中，往往有着接连上涨的动力，因此，孙大户并没有因此而将世纪星源抛弃，在随后的 2014 年 9 月 25 日再次大举买入了世纪星源，如图 8-17 所示。

图 8-17 同花顺世纪星源 2014 年 9 月 25 日 "龙虎榜"

期间仅仅相隔了数个交易日，孙大户如此拉高股价卖出后再次买入的行为，猛一看似乎有些相悖。但只要仔细想一想看一看就会明白，此时正是世纪星源重组实施之际，市场又向好，孙大户这样做，并非是自己扇自己一个耳光，而是他从世纪星源身上闻到了资本市场金钱的味道。之前的快进快速出，只是短线抓涨停获利的一种方式，但此刻打的却是一种埋伏战。

果然，到了 2014 年 12 月 27 日时，世纪星源开始停牌，进行重组事宜。一直到了 2015 年 5 月 11 日才复牌，而复牌当日即以一字涨停的方式出现，并接连出现了 12 个一字涨停。此时，不少涨停板敢死队大举涌入，如在世纪星源结束一字涨停后，以专吃尾段行情著称的西藏双煞之一的盘锯在西藏同信证券上海东方路营业部的方青侠的大举涌入，使得早已在 12 个一字涨停中吃得饱饱的孙大户看到了行情即将进入尾声，此时的他早已无意与方青侠去血拼，适时选择了获利离开，如图 8-18。

【龙虎榜】 世纪星源 05月27日成交明细

字体：大 小　换肤：　　42人正在讨论　2015-05-27 17:24:25

2015年05月27日，同花顺数据中心显示，世纪星源（000005）报收14.18元，涨幅10.01%，成交量14743.50万股。

上榜类型：日涨幅偏离值达7%的证券历史上榜明细

序号	交易营业部名称	买入金额(万)	卖出金额(万)	净额(万)
	买入前五金额合计为16360.14万元			
1	国泰君安证券股份有限公司广州人民中路证券营业部	5540.66	19.63	5521.03
2	华福证券有限责任公司厦门湖滨南路证券营业部	4126.17	43.42	4082.75
3	中航证券有限公司北京慧忠路证券营业部	2491.72	2489.77	1.96
4	国金证券股份有限公司上海黄浦区西藏中路证券营业部	2162.38	306.92	1855.46
5	西藏同信证券股份有限公司上海东方路证券营业部	2039.21	38.00	2001.20
	卖出前五金额合计为14997.64万元			
1	湘财证券股份有限公司杭州教工路证券营业部	31.09	3566.59	-3535.50
2	海通证券股份有限公司深圳分公司华富路证券营业部	132.60	3269.80	-3137.20
3	[illegible]证券股份有限公司佛山季华路证券营业部	28.16	2875.30	-2847.14
4	中信证券股份有限公司上海溧阳路证券营业部	164.96	2796.18	-2631.22
5	中航证券有限公司北京慧忠路证券营业部	2491.72	2489.77	1.96

方青侠介入

孙大户离场

图 8-18　同花顺世纪星源 2015 年 5 月 27 日“龙虎榜”

到此，两次与世纪星源的亲密接触，让孙大户收获颇丰，如图 8-19 所示。

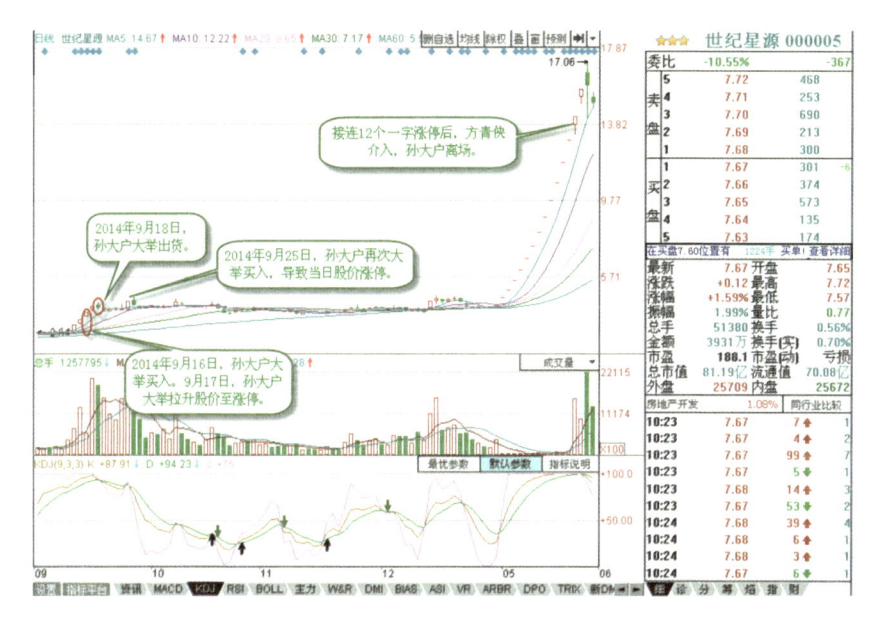

图 8-19　世纪星源 2014 年日线图

这并不算完结，尽管世纪星源已让孙大户赚了个盆满钵满，但接下来，世纪星源的重组之路还是如火如荼地进行着，并且重组尚未实现，A 股市场又迎来了罕见的 2015 年 6 月 15 日开始的暴跌。在经过短期 18 个交易日后，上证指数从 2015 年 6 月 15 日最高的 5178.19 点，一路暴跌到了 2015 年 7 月 9 日最低的 3373.54 点，一时间暴跌了 1800 多点。

然而，世纪星源的重组尚未实现，孙大户于是再次抄底买入，至 2015 年 7 月 24 日，也是暴跌反弹时的高点时，实现了大举抛售，如图 8-20 所示。

		卖出前五名金额合计为19750.69万元		
1	中信证券股份有限公司上海溧阳路证券营业部	25.42	5506.86	-5481.44
2	安信证券股份有限公司南昌胜利路证券营业部	26.36	4612.45	-4586.09
3	齐鲁证券有限公司宁波江东北路证券营业部	56.83	3556.42	-3499.59
4	国金证券股份有限公司厦门湖滨北路证券营业部	49.60	3240.49	-3190.89
5	申银万国证券股份有限公司深圳金田路证券营业部	38.00	2834.47	-2796.47
		买入净差 -11612.88万元		

图 8-20　同花顺世纪星源 2015 年 7 月 24 日 "龙虎榜"

此时，在 K 线图上可以看出，世纪星源当日的高点，成为了此轮超跌后第一波的反弹高点，如图 8-21 所示。

图 8-21　世纪星源 2015 年日线图

孙大户的此次快速进入快速撤离，再次让他从世纪星源身上获利颇丰，并且，几乎每次在孙大户介入时，都是很好的低价买点，而当他离开时，股价又往往处于高点，要做到这些，必须对大市有着清醒的认识和判断，尽管其中股价的涨跌，与孙大户的买入与卖出有着很大的关系。然而需要清醒认识的是，与整个市场相比，孙大户所拥有的资金，不过只是市场的九牛一毛，但是他却深谙资本市场里的杠杆作用，所以才能够做到，利用有效的操盘手法，选择最恰当的时机，用自己有限的资金去撬动庞大的资本市场，从而做到了在中国股市里的呼风唤雨。

然而，孙大户还会继续与世纪星源亲密接触吗？说不准，因为只要有利益可图，只要世纪星源再次散发出资本市场独有的金钱气息，相信孙大户依然会不忘旧情的。

8.3 新股炒作经典案例1：兰石重装（603169）

对于很多的普通投资者来说，因为在新股上市首日，要以集合竞价的方式参与，甚至很多人都不会在当天交易，而若是行情好的时候，其后的交易日中又经常以接连一字涨停出现，所以事实上很难参与，而当结束一字涨停后，往往股价此时已经飞上了天，大多数的投资者是不敢去参与的。

因此，对于大多数投资者来说，参与新股，都是指通过网上新股的申购来持有，尽管网上存在一定的中签率，但也是有一定难度的。所以，这些人往往把新股的炒作看作是申购新股。

实际上，对于游资大户来说，新股不仅仅局限于新股上市前的申购，新股上市后同样可以炒作。

孙大户一直以来就很热衷于炒作新股，尤其是在2014年开始的新一轮牛市中。

如果放眼2014年，天和防务（300397）无疑是新股中一颗亮丽的明星，因为它在 2014 年 9 月 10 日上市后，接连出现了 12 个一字涨停和 1 个涨停，共 13 个涨停板，可以说刷新了新股上市后的接连上涨历史，如图 8-22 所示。

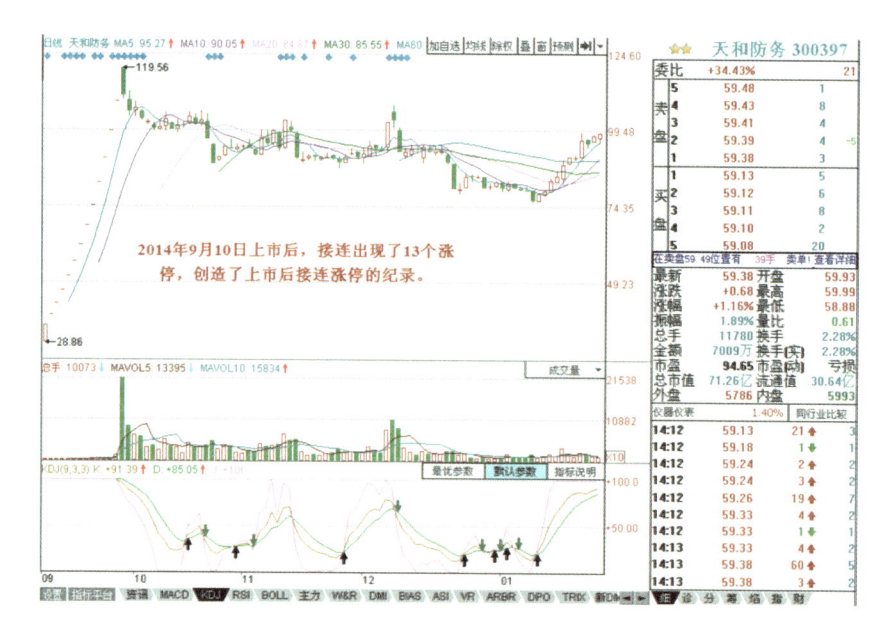

图 8-22　天和防务日线图

然而，当天和防务创造上市涨停历史后，好景不长，在天和防务上涨大幕结束并开始震荡下跌的 10 月 9 日，另一只新股上市了，它就是兰石重装（603169），这只看起来其貌不扬的股票，发行价格只有 1.68 元，发行市盈率为 21.73 倍。如果仅仅从股价来看，绝对是一只低价股，而这种 5 元以下的低价股在牛市里几乎已经到了绝迹的情况，或许，这也正是兰石重装之后能够一步登天的原因之一。

兰石重装的出现，开始一步步将天和防务耀眼的光环一点点抹去。在上市后的 2014 年 10 月 29 日，即接连出现了 14 个一字涨停，刷新了之前天和防务创造的历史。其后，至 11 月 12 日，再次连续拉了 9 个涨停板，在上市后一共连续出现了 23 个涨停板，如图 8-23 所示。

图 8-23　兰石重装日线图

兰石重装的出现，十足一副妖股模样，因为在 23 个接连涨停板出现后，股价经过了短暂调整后，再次接连出现了 4 个涨停板。这种股价从上市开盘的 2.02 元一跃而到了 28.57 元的走势，无异于咸鱼翻身，灰姑娘一夜变公主，就像 2011 年英国威廉王子迎娶了平民女孩凯特后，使凯特一举成为英国剑桥公爵夫人一样，可以说是一跃飞升到了天堂。

兰石重装，因此成为了 2014 年两市一只耀眼的妖股！

然而在兰石重装妖气冲天的走势中，却不乏一些涨停板敢死队的身影，其中就有孙有大户。

孙大户，这个务实的股神，仿佛手拿一把圆月弯刀，在兰石重装身上狠狠地来了一刀。

在兰石重装结束一字涨停后的 2014 年 11 月 3 日，此时接连涨停后，兰石重装的股份与上市价相比，已经翻了 5 倍多，在如此的高位接盘，其风险性很高，就像一个人站在了悬崖边上一样，也许一阵看起来不起眼的风即可将他吹到崖下的深谷。

然而，孙大户就是孙大户，他没有犹豫，在 2014 年 11 月 3 日果断地买入了兰石重装，如图 8–24 所示。

【龙虎榜】 兰石重装 11月03日成交明细

字体：大 小 换肤：

207人正在讨论 2014-11-04 09:01:09

2014年11月03日，同花顺数据中心显示，兰石重装（603169）报收12.23元，涨幅9.98%，成交量3066.93万股。

上榜类型：日换手率达20%的证券历史上榜明细

序号	交易营业部名称	买入金额(万)	卖出金额(万)	净额(万)
	买入前五金额合计为5802.11万元			
1	中信证券股份有限公司上海溧阳路证券营业部	2538.81	--	2538.81
2	国泰君安证券股份有限公司总部	1269.46	--	1269.46
3	光大证券股份有限公司宁波中山西路证券营业部	793.04	--	793.04
4	申银万国证券股份有限公司瑞安安盛路证券营业部	618.67	--	618.67
5	中国中投证券有限责任公司杭州环球中心证券营业部	582.12	--	582.12
	卖出前五金额合计为5937.61万元			
1	海通证券股份有限公司上海黄浦区福州路证券营业部	--	4220.40	-4220.40
2	华泰证券股份有限公司孝感长征路证券营业部	--	662.80	-662.80
3	招商证券股份有限公司深圳东门南路证券营业部	--	409.80	-409.79
4	江海证券有限公司哈尔滨邮政街证券营业部	--	340.47	-340.47
5	华西证券股份有限公司成都高升桥证券营业部	--	304.14	-304.14
	买入净差 -135.50万元			

图 8–24 同花顺兰石重装 2014 年 11 月 3 日“龙虎榜”

孙大户栖身的中信证券上海溧阳路营业部在兰石重装的“龙虎榜”上，赫然名列买入首位。而此日，在日线图上，兰石重装却出现了高位的缩量涨停，正是一种追高的买入形态，而在当日的分时图上，也出现了高开后快速冲涨停的形态。所有这一切，与孙大户的快速大举介入，有着很大关系，如图 8–25 所示。

俗话说，无限风光在险峰，但高处也往往不胜寒，尤其是在 2014 年的这个冬季，尽管孙大户所在的城市是有着东方明珠之称的上海，上海的冬天并没有中国北方的寒冷，但多年操作股票的经验，孙大户是绝对不会让自己在山峰或高原上裸奔的，所以在次日，他果断选择了离开。这一点，从兰石重装的“龙虎榜”上可以看出，孙大户所在的营业部又赫然出现了，同样是位列第 1 位，只不过是从昨日的买入首席转换成了卖出首席，如图 8–26。

高开后，孙大户果断介入，出现高走，股价快速封死涨停。

图 8-25　兰石重装 2014 年 11 月 3 日分时图

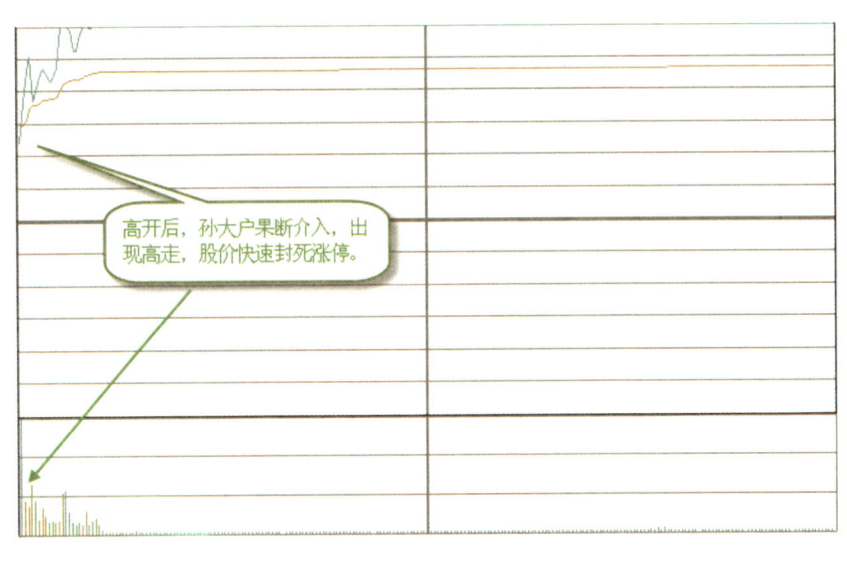

【龙虎榜】 兰石重装 11月04日成交明细

2014年11月04日，同花顺数据中心显示，兰石重装（603169）报收13.45元，涨幅9.97%，成交量5970.58万股。

上榜类型：日换手率达20%的证券 历史上榜明细

序号	交易营业部名称	买入金额(万)	卖出金额(万)	净额(万)
	买入前五金额合计为5368.36万元			
1	光大证券股份有限公司宁波中山西路证券营业部	1431.24	--	1431.24
2	财通证券股份有限公司温岭东辉北路证券营业部	1097.36	--	1097.36
3	国元证券股份有限公司北京东直门外大街证券营业部	1050.61	--	1050.61
4	国泰君安证券股份有限公司总部	916.84	--	916.84
5	中国银河证券股份有限公司重庆民族路证券营业部	872.31	--	872.31
	卖出前五金额合计为10124.94万元			
1	中信证券股份有限公司上海溧阳路证券营业部	--	2791.43	-2791.43
2	国泰君安证券股份有限公司总部	--	2362.51	-2362.51
3	华泰证券股份有限公司上海天钥桥路证券营业部	--	1827.65	-1827.65
4	华泰证券股份有限公司上海武定路证券营业部	--	1805.66	-1805.66
5	光大证券股份有限公司宁波中山西路证券营业部	--	1337.69	-1337.69
	买入净差　-4756.58万元			

图 8-26　同花顺兰石重装 2014 年 11 月 4 日 "龙虎榜"

第八章　炒新敢死队：中信上海溧阳路孙大户

此时，如果从兰石重装的分时图上，可以看到，股价在高开高走快速封涨停后，因孙大户的大笔卖出，涨停板被打开，出现了快速下跌，如图8-27所示。

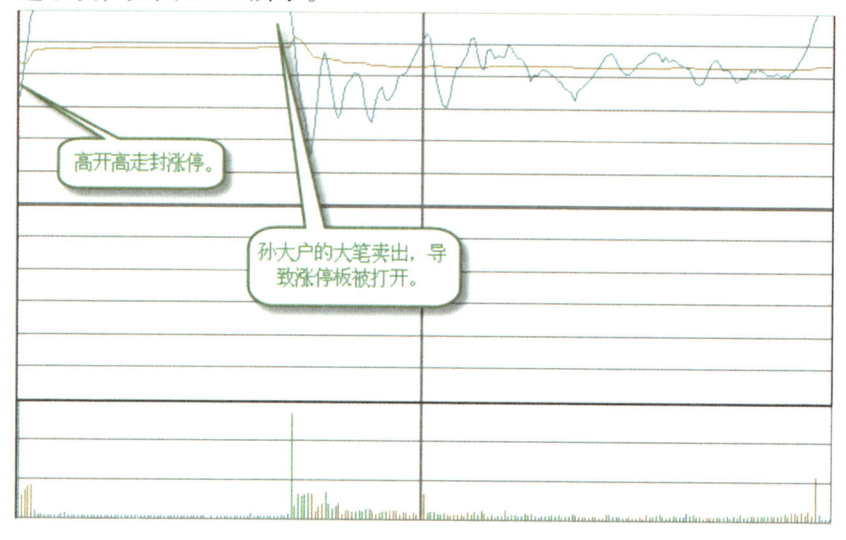

图8-27　兰石重装2014年11月4日分时图

从图8-27中可以看到，尽管在2014年11月4日的尾盘，兰石重装再次封死在涨停板上，并且如果是从日线上看，当日收出了一个涨停锤子线，是加速上涨的标志，其后股价也出现了持续上涨，但是如果当时深入其中的话，相信很多人的额头会汗水不断的，毕竟炒股是一种投资，非同儿戏。

在操作兰石重装上，孙大户可以说是玩一回"一夜情"，尽管他只是在这只妖股身上赚了10%左右的收益，但高处不胜寒，在股市里博弈，必须根据不同的情况坚守不同的操盘原则，因为在他的意识里，中长线有中长线的操作理念，短线操盘又有着严格的短线操盘原则。

这一点是容不得有半点马虎的！就像满汉全席是一顿饕餮大餐，成都小吃同样是一顿可口的美食。

8.4 新股炒作经典案例 2：科迪乳业（002770）

在炒作新股的过程中，风险时时存在，即使不少的牛股会接连出现，但同样会有上市首日即成为最高价的情况，像中国石油等，更有不少上市后，股价略有上涨即掉头向下，其后更是一路下跌，上市后的股价往往成为顶部区域的，如兆日科技（300222），如图8-28所示。

图 8-28 兆日科技日线图

因此，孙大户深知，炒新就像是踩高跷，稍有不慎即会碰个头破血流。所以，在新股操作的道路上，即使是孙大户这样的股神，同样走得如履薄冰，亦步亦趋。而许多新的投资者之所以敢于猛冲猛打，是因为他们对市场一知半解，也就是所谓的无知者无畏。但孙大户之所以能够成为孙大户，正是因为这种勇敢中的谨慎。

在炒新的路上，孙大户一直如此。

比如在 2015 年 6 月 30 日时，此时正好是 2015 年的一轮暴跌进入尾声的时候，科迪乳业（002770）却在此时上市了，面对大盘的暴跌，新股的上市，是开盘即像兆日科技一样，先略有上涨，其后开始漫漫熊市？还是不顾大盘，依然一路飞升？

在思索中，科迪乳业在接连出现5个一字涨停后，于第5个涨停，也就是2015年7月7日，涨停板被打开，并暴出巨大的成交量，卖盘顿起，其后出现了与大盘同步下跌的走势，如图8-29所示。

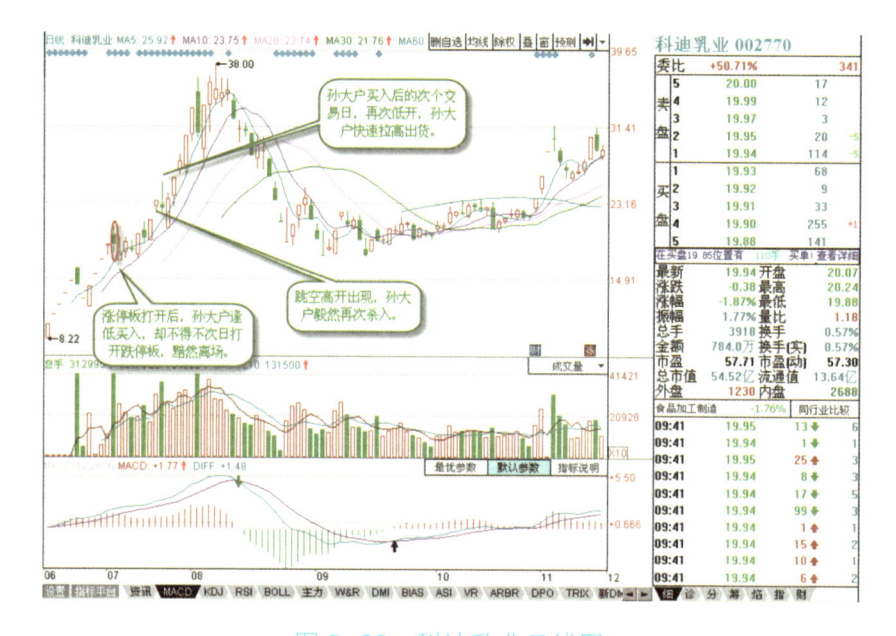

图 8-29　科迪乳业日线图

然而在7月9日，科迪乳业同样出现了与大盘同步的止跌反弹，此时大盘开始震荡，科迪乳业也在接连出现4个涨停后，开始了震荡。孙大户不再犹豫，于7月15日，也就是科迪乳业在直接开盘涨停并打开涨停板的当口，开始大举买入，如图8-30所示。

此时，如果看一下当日科迪乳业的分时图，即会发现，涨停板被打开后，股价出现了一阵急跌，给孙大户的买入提供了一个当日较好的时机。可是他怎么也没想到，虽然他在买入，股份却怎么也无法做到再次封死涨停，如图8-31所示。

图 8-30 同花顺科迪乳业 2015 年 7 月 15 日 "龙虎榜"

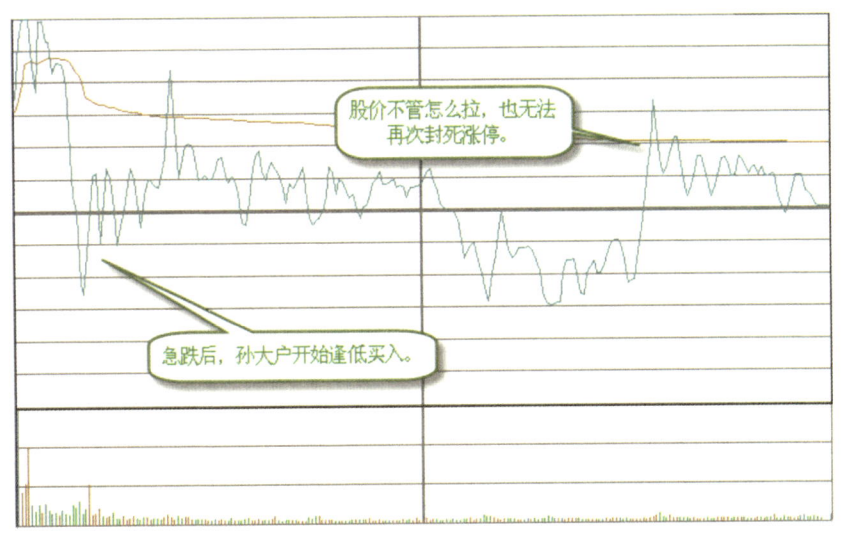

图 8-31 科迪乳业 2015 年 7 月 15 日分时图

无论买什么股票，孙大户最大的优点在于，他一直尊重趋势，根据大盘不同的趋势来决定自己的操作，此时大盘暴跌后出现修复

第八章 炒新敢死队：中信上海溧阳路孙大户

209

性的震荡，而此期间各种热点层出不穷，即使指数会再次选择下跌，也会跌幅有限，所以他选择了进军科迪乳业。

然而，孙大户却没有料到，科迪乳业在他买入的次日，也就是7月16日，却出现了直接以跌停价开盘，如图8-32所示。

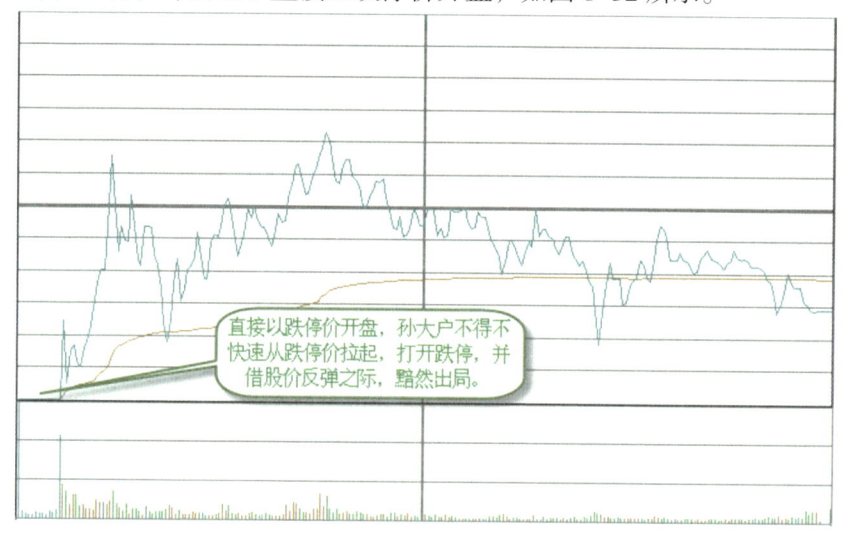

图8-32 科迪乳业2015年7月16日分时图

无奈之下，孙大户只得以大单将股价从跌停价拉起，然后借快速拉高反弹之际，匆匆出局，如图8-33所示。

图8-33 同花顺科迪乳业2015年7月16日"龙虎榜"

在这一次炒新过程中，孙大户最终以黯然离场告终，肉没吃到却惹了一身骚，心里自然很不爽。当年老章折戟中信证券，是因为他以自身微小的力量与趋势抗衡，才有了惨败。如今却不是这样，且当日的科迪乳业在孙大户出来后，出现了净注入247.25万元。因此，虽然此时孙大户离开了科迪乳业，却一直在观察着它。

或许，此时孙大户心里更多的是一份不甘，就像当年老章面对中信证券时一样，不同的是，当时的老章是面对一直下跌的中信证券，而此刻的孙大户却是在静观其变，就像狮子发现猎物后对猎物的凝视一样，是在伺机而动。

天上不会掉馅饼，机会总是会垂青有准备的人。孙大户就是这样，科迪乳业其后果然很快恢复了上涨的趋势，如图8–29中显示的一样，在7月23日出现一根涨停阳线后，24日出现了跳空高开的强势上涨形态。孙大户准确把握机会，果断大笔买入科迪乳业，如图8–34所示。

【龙虎榜】 科迪乳业 07月24日成交明细

字体：大 小 换肤：　　1132人正在讨论　2015-07-24 19:02:57

2015年07月24日，同花顺数据中心显示，科迪乳业（002770）报收23.19元，涨幅10.01%，成交量3065.90万股。

上榜类型：日换手率达20%的证券历史上榜明细

序号	交易营业部名称	买入金额(万)	卖出金额(万)	净额(万)
买入前五金额合计为9566.41万元				
1	中信证券股份有限公司上海溧阳路证券营业部	3529.69	12.42	3517.27
2	中信建投证券股份有限公司武汉中北路证券营业部	1825.87	12.06	1813.81
3	海通证券股份有限公司深圳分公司红岭中路证券营业部	1694.34	0.69	1693.65
4	中信证券（浙江）有限责任公司杭州东新路证券营业部	1380.20	4.36	1375.84
5	齐鲁证券有限公司威海海滨北路证券营业部	1136.31	13.87	1122.44

图 8–34　同花顺科迪乳业 2015 年 7 月 24 日“龙虎榜”

这一次，所不同的是，孙大户的出手更大些，使得他所在的中信证券上海溧阳路营业部再次跃升为"龙虎榜"的买入冠军。孙大户买入科迪乳业的当日，股价很快出现了涨停，只是不知是运气不佳，还是鬼使神差，孙大户在科迪乳业上的运气并不好，就在他买入后的当日，科迪乳业盘中曾出现了两次打开涨停板，尽管最终都给他封死了，但上行压力的显现，却让孙大户暗自捏了一把冷汗，如图8-35所示。

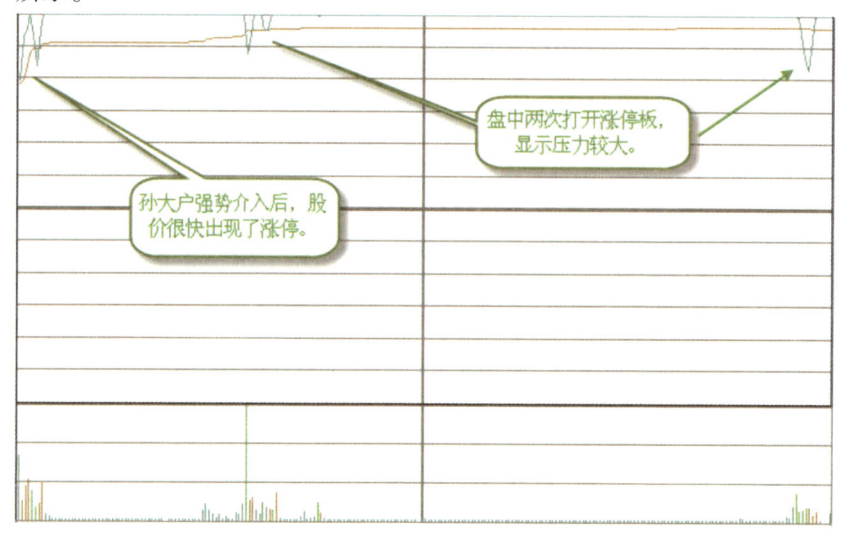

图8-35 科迪乳业2015年7月24日分时图

值得一提的是，孙大户大举买入科迪乳业的当天，恰好是周五，而大盘在震荡行情中，方向不够明朗，很多投资者都会尽量卖出持股，以降低周末持股所带来的消息不确定的风险，这或许也是大盘不够明朗之下，投资者的一种普遍心理。

然而，一个人的心理往往就会影响到他的行为，孙大户同样没有例外。

2015年7月25日，周一开盘后的股市，科迪乳业并没有如孙大户所愿，再次接连强势上涨，就像他在周末所担心的一样，科迪乳业再次出现了低开，几乎和他上一次操作时的情况一样，孙大户感觉到了科迪乳业身上所暗暗透露出来的一股股冷意，尽管此时是炎炎夏日。于是，他再次强势拉高股价，开始了大举出货，如图 8-36 所示。

	卖出前五金额合计为9681.71万元		
1	中信证券股份有限公司上海溧阳路证券营业部	25.94　3590.18	-3564.25
2	中信建投证券股份有限公司武汉中北路证券营业部	6.52	1801.35	-1794.84
3	海通证券股份有限公司深圳分公司红岭中路证券营业部	220.66	1685.30	-1464.63
4	中信证券（浙江）有限责任公司杭州东新路证券营业部	26.87	1427.12	-1400.25
5	齐鲁证券有限公司威海海滨北路证券营业部	26.44	1177.76	-1151.32

买入净差　-7001.06万元

图 8-36　同花顺科迪乳业 2015 年 7 月 27 日 "龙虎榜"

与上一次操作科迪乳业不同的是，这一次，孙大户再次出手科迪乳业的时候，在他买入科迪乳业的前一个交易日出现了涨停，而此时的拉高出货，孙大户自然是吃到了肉，如图 8-37 所示。

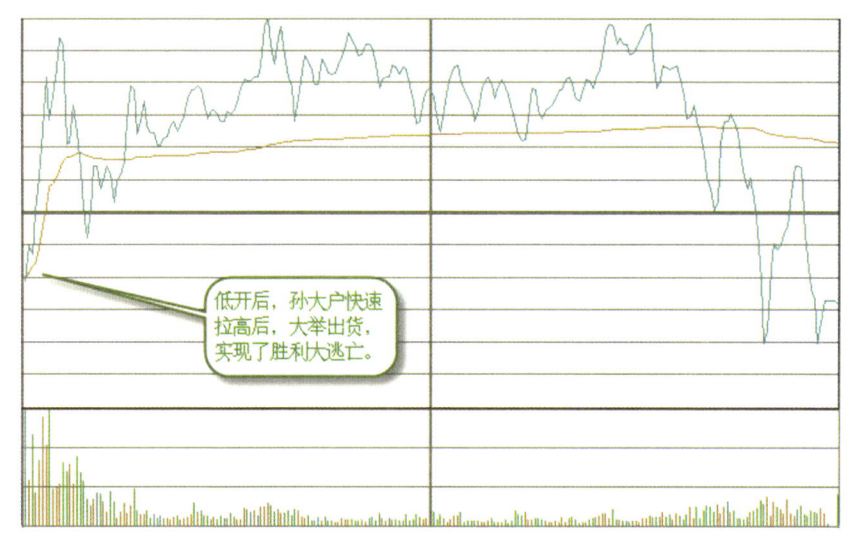

低开后，孙大户快速拉高后，大举出货，实现了胜利大逃亡。

图 8-37　科迪乳业 2015 年 7 月 27 日分时图

两次与科迪乳业的亲密接触，在孙大户的心里总是不爽的，尽管第二次他是吃到了肉，但总觉有些勉强，并且第二次操作科迪乳业时，就像是狮子虽然逮到了猎物，但猎物却不是斑马等大型体积的动物，而是小羚羊式的羊犊子，根本无以果腹。因此，孙大户仍然不甘心地盯着科迪乳业。

科迪乳业的走势好像故意在逗孙大户，在他两次出局后，科迪乳业的股价都是略有震荡探低后继续走强，让他总也赶不对点，这也是他总不甘的原因之一。

直到 2015 年 7 月 30 日，科迪乳业此时已接连出现了两天的上涨，在 30 日再次以高开的方式出现。孙大户第三次杀入，如图 8–38 所示。

【龙虎榜】 科迪乳业 07月30日成交明细

字体：大 小　换肤：■　　1132人正在讨论　2015-07-30 16:45:14

2015年07月30日，同花顺数据中心显示，科迪乳业（002770）报收27.50元，涨幅7.05%，成交量3159.36万股。

上榜类型：日换手率达20%的证券历史上榜明细

序号	交易营业部名称	买入金额(万)	卖出金额(万)	净额(万)
买入前五金额合计为12775.71万元				
1	中信证券股份有限公司上海溧阳路证券营业部	4273.32	13.38	4259.94
2	光大证券股份有限公司宁波中山西路证券营业部	2729.58	18.53	2711.06
3	华泰证券股份有限公司永嘉阳光大道证券营业部	2637.22	14.57	2622.66
4	中国中投证券有限责任公司广州体育东路证券营业部	1722.59	1.96	1720.62
5	国泰君安证券股份有限公司上海分公司	1413.00	--	1413.00

图 8–38　同花顺科迪乳业 2015 年 7 月 30 日“龙虎榜”

第三次买入科迪乳业，股价很快出现涨停，但其后很快被打开涨停板，虽然孙大户再次强势封板，但尾盘却再次打开，股价并未封死在涨停板上收盘，如图 8–39 所示。

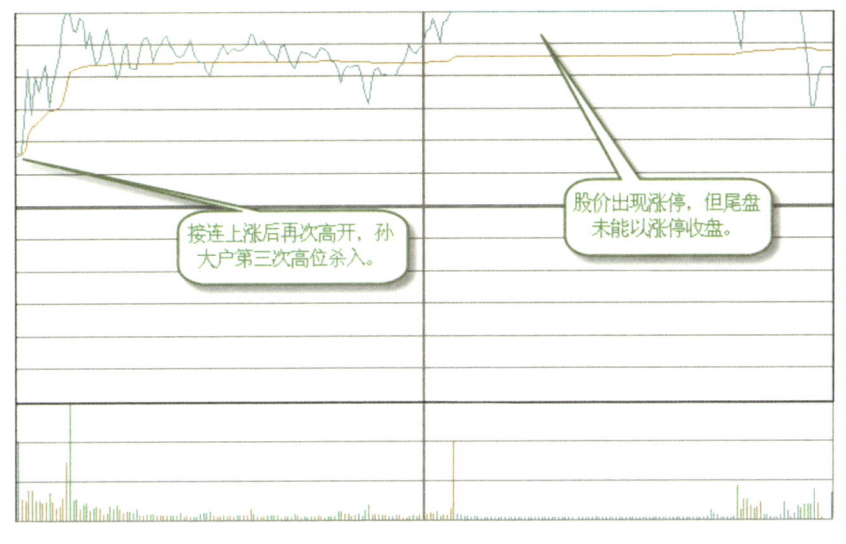

图 8-39　科迪乳业 2015 年 7 月 30 日分时图

然而这一回，科迪乳业没再让孙大户失望，在 2015 年 7 月的最后一个交易日，他实现了顺利操作，如图 8-40 所示。

图 8-40　同花顺科迪乳业 2015 年 7 月 31 日"龙虎榜"

与科迪乳业的第三次亲密接触，孙大户终于实现了梁山好汉般的大口喝酒大口吃肉，因为在他出货的 7 月 31 日，股价虽然略有低开，但很快被拉高，并多次封于涨停板，让他能够在涨停板上做到从容地卖出，如图 8-41 所示。

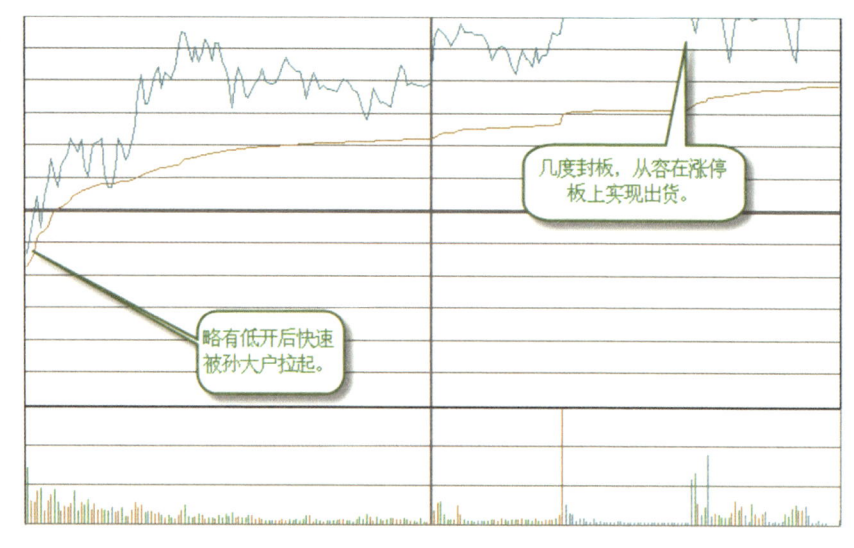

图 8-41　科迪乳业 2015 年 7 月 31 日分时图

从孙大户与科迪乳业的三次亲密接触过程中，可以看到，踏准节拍永远是投资者股市投资的关键。因为只有踏准了股价上涨与下跌的节拍，才能够踩准点，在下跌出现前提早离开，而在上涨时果断买入赚到钱，否则，即使是在 2007 年和 2014 年这样的大牛市中，也根本赚不到钱，甚至是出现亏损。

孙大户与普通投资者所不同的，只是他大多操作新股，而这无形之中更是加剧了投资的风险！

8.5 新股炒作经典案例3：易尚展示（002751）

在参与新股炒作中，因为各种网上申购者更为低廉的筹码存在，加上股价上市后又经过较大幅度的拉升，因此，其中的风险可以说是相当高的。尽管此时如果单纯从个股的流动盘上看，并不大，但盘子大也有盘子大的好处，盘子小也有盘子小的风险，因为此时只要稍稍地抛盘，即有可能快速影响到股价的下跌。

久经沙场的孙大户当然明白这一点，但他依然一如既往地参与到新股当中，仅仅从这一点上看，说明他在其中确实是赚到了很大的利润，所以才会乐此不疲。同时也表明，只有艺高，一个人才会做到胆大。孙大户之所以被世人划到涨停板敢死队之列，正是因为他的艺高人胆大，敢于在涨停板上，甚至是在很多人看来股价都已是珠穆朗玛峰的峰顶了，他依然敢于在刀尖上舔口血。因为他在新股炒作中，偶尔也会充当一回庄家。

做过几年的投资者都知道，尾巴行情往往是很难把握的，因为在以资金推动型为主的A股市场，很多的尾巴行情往往是呈倒V型反转形态的，也就是说，上涨行情来得快，去得也快，是很难把握的，而孙大户因为在早期就参与其中了，所以他偶尔也会做一回股市里的善始善终者。

比如，易尚展示（002751）是2015年4月24日登陆深市中小板的，上市后，接连出现了23个一字涨停，接着又出现了3个涨停，加在一起，至6月2日时，已经出现了26个涨停板，其后开始冲高回落。此时，不要说普通投资者，很多涨停板敢死队这时候也是不大敢参与行情的，因为从易尚展示4月24上市时的最低价13.84元，历经26个涨停后，至6月2日时的收盘，股价已经高达179.93元，短期上市后的涨幅此时已高达13倍多，如图8-42所示。

图8-42　易尚展示日线图

如果再加上新股中签时的筹码，短期获利盘更多更大。比如，孙大户在股票上市即拥有了此股，此时可以说获得颇丰，在6月3日，股价失去了继续上冲动力时，他就选择了拉高卖出，如图8–43所示。

【龙虎榜】 易尚展示 06月03日成交明细

字体：大 小　换肤：■　2868人正在讨论　2015-06-03 17:03:36

2015年06月03日，同花顺数据中心显示，易尚展示（002751）报收162.88元，涨幅-9.48%，成交量770.59万股。

上榜类型：日跌幅偏离值达7%的证券历史上榜明细

序号	交易营业部名称	买入金额(万)	卖出金额(万)	净额(万)
	买入前五金额合计为11174.63万元			
1	华泰证券股份有限公司深圳益田路荣超商务中心证券营业	2690.05	320.87	2369.18
2	万联证券有限责任公司成都天府二街证券营业部	2195.03	--	2195.03
3	光大证券股份有限公司佛山绿景路证券营业部	2150.85	1690.45	460.40
4	东吴证券股份有限公司东莞鸿福路证券营业部	2125.42	212.38	1913.04
5	国金证券股份有限公司上海黄浦区西藏中路证券营业部	2013.28	934.65	1078.63
	卖出前五金额合计为12664.47万元			
1	华泰证券股份有限公司上海澳门路证券营业部	9.33	4941.32	-4932.00
2	中信证券股份有限公司上海淮海中路证券营业部	25.72	2225.02	-2199.31
3	华泰证券股份有限公司无锡解放西路证券营业部	673.64	2037.48	-1363.84
4	中信证券股份有限公司上海溧阳路证券营业部	125.95	1770.20	-1644.24
5	光大证券股份有限公司佛山绿景路证券营业部	2150.85	1690.45	460.40

图8–43　同花顺易尚展示2015年6月3日“龙虎榜”

面对如此巨大的利润，很多人都会选择获利了结的，然而，孙大户却不仅仅是在卖，他还在其后进行了买入，如图8–44所示。

此时，孙大户的再次介入，使得行情结束了前两天的低位调整，股价在当日低开后，出现了快速回升，并且很快结束了股价继续下跌的趋势，恢复了之前的上涨，股价也在当日以涨停价收盘，如图8–45所示。

图 8-44　同花顺易尚展示 2015 年 6 月 8 日 "龙虎榜"

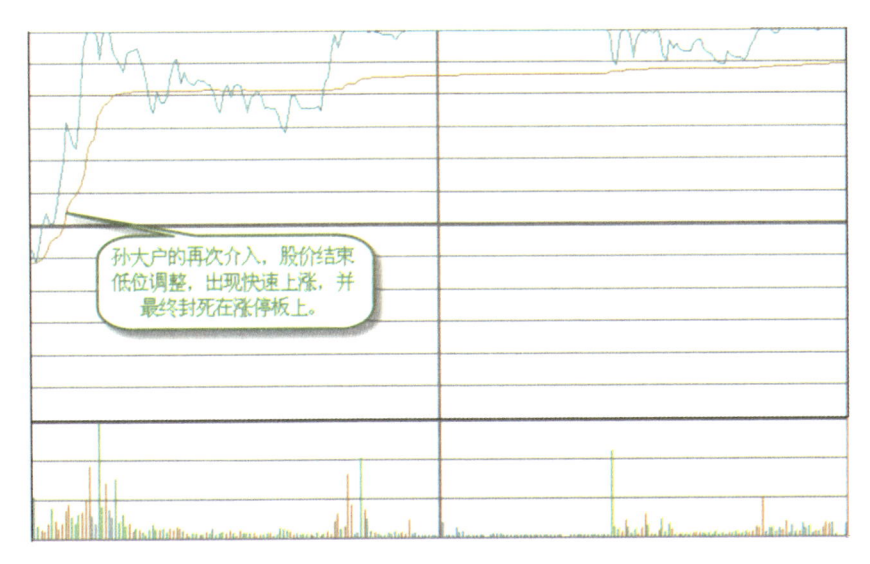

图 8-45　易尚展示 2015 年 6 月 8 日分时图

次日，股价继续维持在了低位缩量震荡后，6 月 11 日，孙大户再次出现了大举的买入行为，但此次，孙大户买入的多，卖出的也不少，说明此日孙大户是在利用手中的筹码在对敲股价，以致使中信证券溧阳路营业部同时出现在了易尚展示 2015 年 6 月 11 日“龙虎榜”的买入与卖出榜上，如图 8–46 所示。

【龙虎榜】 易尚展示 06月11日成交明细

字体：大 小 换肤：

2868人正在讨论 2015-06-11 17:23:23

2015年06月11日，同花顺数据中心显示，易尚展示（002751）报收199.65元，涨幅10.00%，成交量413.49万股。

上榜类型：日换手率达20%的证券历史上榜明细

序号	交易营业部名称	买入金额（万）	卖出金额（万）	净额（万）
	买入前五金额合计为21603.34万元			
1	华泰证券股份有限公司深圳益田路荣超商务中心证券营业	6425.31	--	6425.31
2	中信证券股份有限公司上海溧阳路证券营业部	5996.28	3315.36	2680.92
3	华泰证券股份有限公司成都蜀金路证券营业部	4372.22	45.88	4326.34
4	申银万国证券股份有限公司厦门厦禾路第一证券营业部	2590.76	--	2590.76
5	浙商证券股份有限公司厦门港务大厦证券营业部	2218.77	942.59	1276.18
	卖出前五金额合计为19982.41万元			
1	华西证券股份有限公司成都西玉龙街证券营业部	35.94	8283.48	-8247.54
2	机构专用	--	4054.16	-4054.16
3	中信证券股份有限公司上海溧阳路证券营业部	5996.28	3315.36	2680.92
4	东吴证券股份有限公司东莞鸿福路证券营业部	--	2753.33	-2753.33
5	中国银河证券股份有限公司杭州庆春路证券营业部	--	1576.08	-1576.08

图 8–46 同花顺易尚展示 2015 年 6 月 11 日“龙虎榜”

在孙大户疯狂的买入与卖出之下，6 月 11 日的易尚展示当日高开后，出现了快速封涨停，尽管期间曾数度打开涨停板，但很快即封死在涨停板上，如图 8–47 所示。

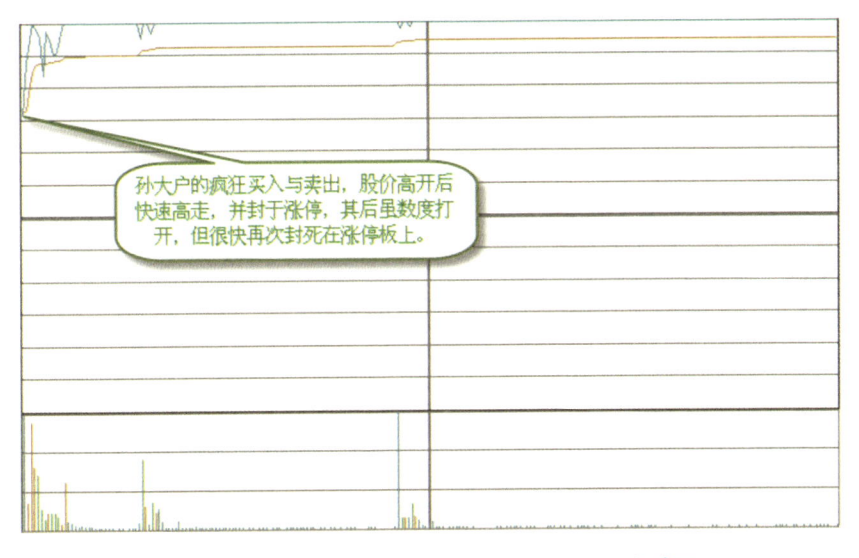

图 8-47 易尚展示 2015 年 6 月 11 日分时图

在日线图上，如图 8-42 中显示的一样，在 6 月 11 日这一天，股价再次出现高开后的涨停阳线。

其后的 6 月 12 日，在孙大户的操作下，易尚展示再次跳空高开，开在了 200 元之上，但在一阵急速冲高，创出历史新高 217.88 元之后，股价出现了一泻千里，K 线上也收出了一根较长的阴线，股价收在了 200 元之下的 179.80 元，几近跌停，如图 8-48 所示。

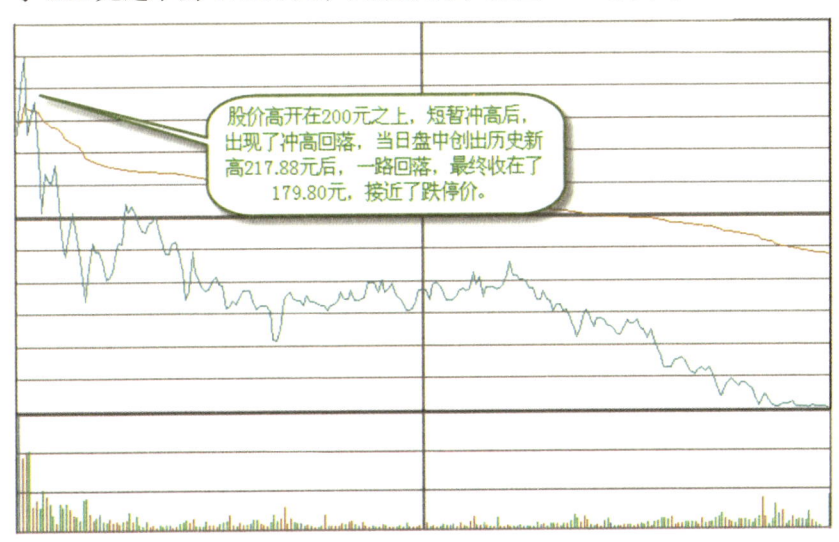

图 8-48 易尚展示 2015 年 6 月 12 日分时图

第八章 炒新敢死队：中信上海溧阳路孙大户

221

易尚展示之所以在 6 月 12 日出现如此的冲顶反转走势，皆因为在当日，孙大户一直在大举拉高出货所致。而孙大户此时的疯狂出货，也使得他所在的中信证券溧阳路营业部出现在了当日易尚展示"龙虎榜"卖出的榜首，如图 8-49 所示。

【龙虎榜】 易尚展示 06月12日成交明细

字体：大 小 换肤： ■　　　　　　　　　　　　2868人正在讨论　2015-06-12 17:22:50

2015年06月12日，同花顺数据中心显示，易尚展示（002751）报收179.80元，涨幅-9.94%，成交量627.56万股。

上榜类型：日跌幅偏离值达7%的证券　历史上榜明细

序号	交易营业部名称	买入金额(万)	卖出金额(万)	净额(万)
	买入前五金额合计为16347.56万元			
1	光大证券股份有限公司长春解放大路证券营业部	5013.98	13.35	5000.63
2	国泰君安证券股份有限公司南京太平南路证券营业部	4547.43	12.04	4535.39
3	光大证券股份有限公司佛山绿景路证券营业部	3160.76	1297.93	1862.83
4	华泰证券股份有限公司成都蜀金路证券营业部	2105.98	9.67	2096.31
5	方正证券股份有限公司上海延安西路证券营业部	1519.41	9.51	1509.90
	卖出前五金额合计为22608.40万元			
1	中信证券股份有限公司上海溧阳路证券营业部	572.07	6909.22	-6337.15
2	华泰证券股份有限公司深圳益田路荣超商务中心证券营业	5.50	6170.87	-6165.37
3	机构专用	—	5437.78	-5437.78
4	中信建投证券股份有限公司兴化牌楼西路证券营业部	—	2170.56	-2170.56
5	中国银河证券股份有限公司北京中关村大街证券营业部	159.09	1919.97	-1760.88

图 8-49　同花顺易尚展示 2015 年 6 月 12 日"龙虎榜"

然而，这并不算完，在随后易尚展示再次出现短线调整时，孙大户再次于 2015 年 6 月 19 日出现了大举买入卖出的行为，使得其所在的中信证券溧阳路营业部同时位居于易尚展示当日"龙虎榜"买入与卖出之首，并且全天以净买入为主，如图 8-50 所示。

在孙大户这种几近疯狂的大笔买入与卖出之下，易尚展示的股价在当日再次出现涨停，但此次涨停板却未能封死，午后出现了快速滑落，分时图上呈现出明显的冲高回落的顶部迹象，如图 8-51 所示。

第八章 炒新敢死队：中信上海溧阳路孙大户

【龙虎榜】 易尚展示 06月19日成交明细

2015年06月19日，同花顺数据中心显示，易尚展示（002751）报收161.00元，涨幅3.22%，成交量356.96万股。

上榜类型：日换手率达20%的证券 历史上榜明细

买入前五金额合计为15104.84万元

序号	交易营业部名称	买入金额(万)	卖出金额(万)	净额(万)
1	中信证券股份有限公司上海溧阳路证券营业部	6747.15	2084.49	4662.66
2	机构专用	4166.89	--	4166.89
3	申银万国证券股份有限公司厦门禾路第一证券营业部	1666.46	--	1666.46
4	兴业证券股份有限公司武汉青年路证券营业部	1545.94	3.33	1542.61
5	齐鲁证券有限公司福州湖东路证券营业部	978.40	38.59	939.81

卖出前五金额合计为5868.60万元

| 1 | 中信证券股份有限公司上海溧阳路证券营业部 | 6747.15 | 2084.49 | 4662.66 |

图 8-50　同花顺易尚展示 2015 年 6 月 19 日"龙虎榜"

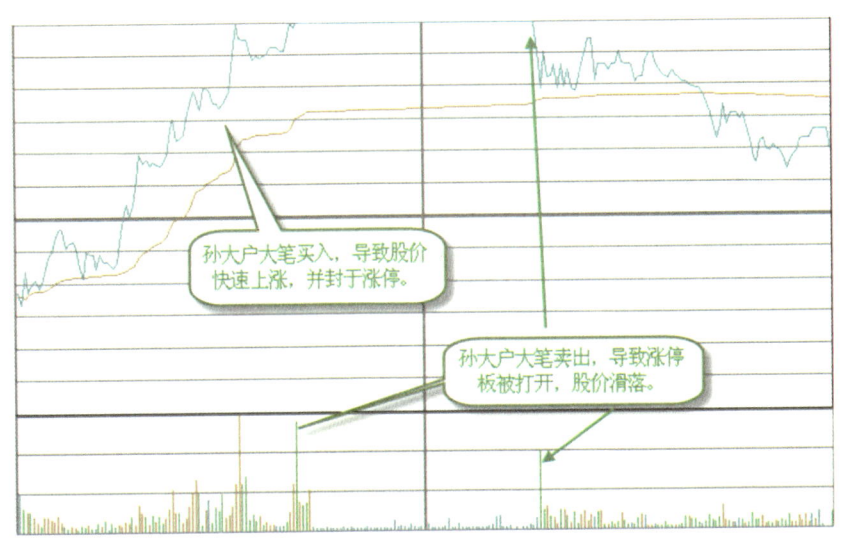

（孙大户大笔买入，导致股价快速上涨，并封于涨停。）

（孙大户大笔卖出，导致涨停板被打开，股价滑落。）

图 8-51　易尚展示 2015 年 6 月 19 日分时图

223

此后的 6 月 23 日，孙大户再次如法炮制，大举买入，大举卖出，中信证券溧阳路营业部再次荣登当日易尚展示龙虎榜的买入与卖出榜之首，但不同的却是，全天以净卖出为主，如图 8-52 所示。

图 8-52　同花顺易尚展示 2015 年 6 月 23 日 "龙虎榜"

在孙大户这种大举买入与卖出之下，股价再一次低开后出现快速上涨，并封于涨停，但他的大举卖出又导致涨停板打开，虽然尾盘再度强势封板收盘，但略显有些牵强，有如强弩之末，如图 8-53 所示。

至此为止，在孙大户反复买入与卖出之下，易尚展示多次荣登"龙虎榜"的买入与卖出榜。而在其后，易尚展示便先于大盘开始了暴跌。其中，孙大户手中尚存的几个筹码，此时早已是白捡来的，这些筹码从孙大户手中的流走，也成为了易尚展示下跌的推手。

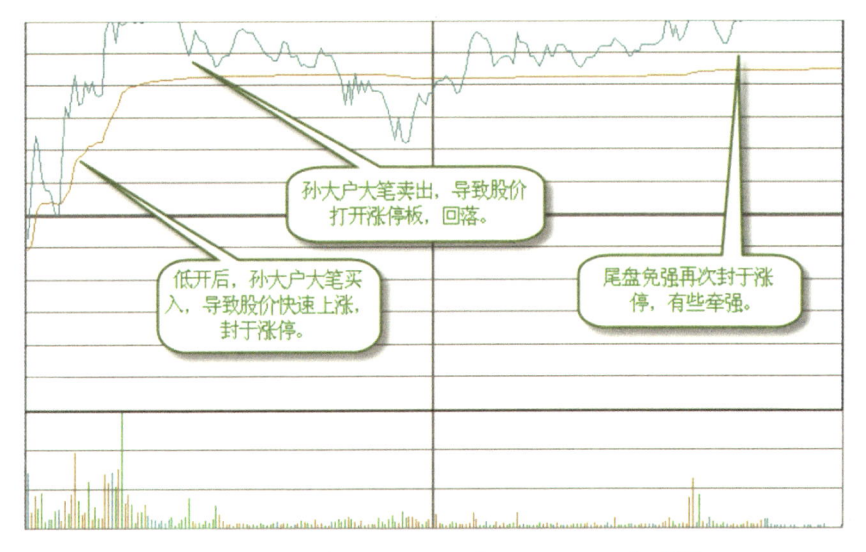

图 8-53　易尚展示 2015 年 6 月 23 日分时图

比如，2015 年 6 月 30 日，孙大户再次抛出了部分筹码，如图 8-54 所示。

图 8-54　同花顺易尚展示 2015 年 6 月 30 日 "龙虎榜"

看起来，孙大户在 6 月 30 日卖出的易尚展示的筹码并不多，中信证券溧阳路营业部在龙虎榜上只位列卖出第 5 位，但在此时易尚展示的盘中，却仿佛压死骆驼的最后一根稻草。因为当日是直接以跌停开盘的，孙大户的大举出货，自然是在午后大单操作，将股价从跌停板快速拉起，从而完成出货，就像寒冷的冬夜里一簇美丽的烟花，在短暂划亮夜空之后，股价再次压下来时，却犹如千斤重担，狠狠将股价钉死在了跌停板上，如图8-55所示。

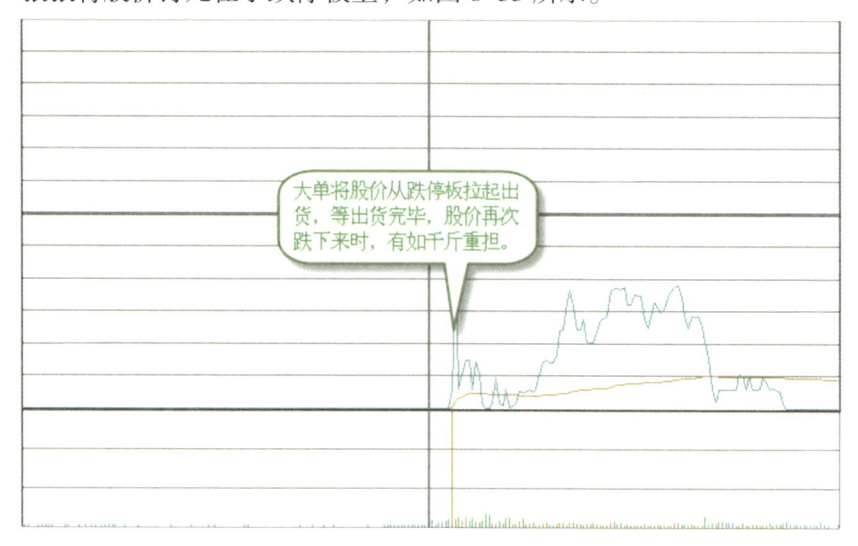

图8-55　易尚展示2015年6月30日分时图

股市中美丽的烟花，因为孙大户的反复进出，在天空划过了极为亮丽的一幕，然后便从此烟消云散了。

从孙大户参与易尚展示的过程中，可以清晰地看到，他在易尚展示这只新股身上，从头到尾上演了一回庄家操盘新股的全过程，比如，如何在高位卖出，如何在高位吸引跟风盘甩货时构筑顶部，又如何在股价下跌过程中甩尽存货而成为股价下跌的推手。

无限风光在险峰，但你只有爬到了股价的顶峰后，才能确认这里就是顶峰。然而，所谓股票的顶都是庄家人为制造出来的，是跟风筹码渐少后，庄家实现胜利大逃亡后留下来的遗址！

第九章　其他涨停板敢死队：他山之石可以攻玉

涨停板敢死队就像是股市里的热点，同样会不断扩散，甚至是出现一种联动效应。当股市里的大叔级人物们粉墨登场的时候，各大券商与各路民间高手，却以他们各自骄人的战绩，自发式地形成了各种各样、名目繁多、体系不同的涨停板敢死队。这些涨停板敢死队的相继出现，繁荣了中国的股市，续写出一个又一个股市辉煌的同时，也成就了当今股市的百花齐放，但他们却有着一个共同的认识：热点，就是股市里的提款机。

9.1 一字板的 VIP 席位

所谓的一字板席位，是指证券公司所设的一种特殊席位，而这些席位几乎清一色均成为那些涨停板敢死队的专享席位，因为要想坐上这一席位，投资者自身必须拥有一定的资质。什么资质呢？说白了很简单，即自身拥有一定数额的资金量，同时还要向所在的证券营业部每年交纳一定数额的佣金。

这就好比是我们经常接触的各个银行的 VIP 客户一样，是享有专用的办理业务的通道的，不仅便捷，而且会享受许多普通客户所无法得到的服务。然而，银行里的 VIP 客户，有专人负责，证券营业部的 VIP 席位，其所享受的服务却远比银行要大得多。

投资者都知道，在现行涨跌停板制度之下，当一只股票价格上涨幅度达到 10%（ST 类 5%）之后，即不再上涨，但是可以买卖的。通常而言，当一只股票涨停封板后，即使有卖出者，但买入时是要有个先来后到的，也就是先挂出的单会在卖出者出现时，实现先成交。如此一来，一字板的 VIP 席位的优先权就显露出来，因为券商可以将那些 VIP 投资者的买单排在前位。

这样一来，那些出现一字涨停的股票同样可以在涨停板上成交，也是为什么普通投资者无法买到这类股票的原因之一。

比如，易事特（300376）是在 2014 年 1 月 27 日上市的，并且在上市的次日后即出现了接连的一字涨停，如图 9-1 所示。

可是，在股价出现一字涨停的时候，仍然有人在大笔卖出股票和大笔买入股票。此时，只需看一看"龙虎榜"即会发现，如图 9-2 所示。

第九章 其他涨停板敢死队：他山之石可以攻玉

图 9-1　易事特日线图

图 9-2　同花顺易事特 2014 年 1 月 30 日 "龙虎榜"

奇怪的是，这些买入的营业部，几乎都是那些涨停板敢死队聚积的地方，换句话说，参与一字涨停板的资金，都是那些涨停板敢死队。为什么会这样呢？

如果仅仅从股票信息中看，我们广大投资者眼睛能够看到的是一种表面现象但事实上其背后所隐藏的玄机却很多。比如，如何让你的挂单能够排在前面？买卖股票都是以时间优先和价格优先为原则，但这个优先原则只适用于每一个独立的证券公司交易单元内进行，在交易所共用的交易单元，接扫单都是从每个交易单元排在最前面的单从前向后按顺序依次扫单，速度为50毫秒一次。如此，要想在集合竞价期间把自己的单快速提交到交易所内，有两种方法：

（1）下隔夜单。在前一天晚上，所在证券公司清算完成后立马可以下单，一般券商都是在晚上八九点完成，八点的时候就开始下单，然后不停点提交，只要清算完成，你的单马上就能提交进去。证券公司每天名下的客户交易量不一样，清算时间并不固定，当你大概熟悉你所在的证券公司清算完成时间后，每天按分钟点击30下键盘计算，每天需要敲半小时左右，近900下，这样才有希望下成靠前的委托单。这样做除了勤快外，就算你是普通的VIP客户，结果也是很难将自己的单排在前几位的。

（2）使用独立交易单元。独立交易单元只有一个或几个人使用，一般都是证券公司用于自营业务。

独立交易单元具备突出的交易速度，尤其是在集合竞价中，独立交易单元的通道独立于证券公司的普通交易单元之外，在集合竞价的时候与证券公司的普通交易单元原则上是平等的，交易所依次从各个交易单元中提取固定量的交易指令，独立交易单元客户不超过20个，可以一次提取完，排队抢一字板股票时就有了优先，如图9-3所示。

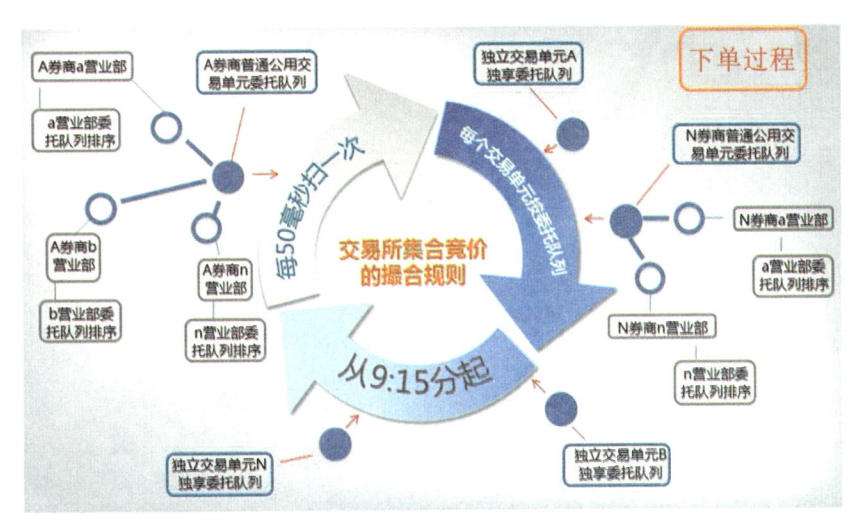

图 9-3　下单过程

普通交易单元的投资者数量数以万计，交易所及证券公司清算时间又不固定，你很难排在靠前的位置，交易所也很难第一次就扫描到你，同时申报单也很拥堵，成交概率很低。独立交易单元，人少可第一次就能扫描到你，申报单畅通无阻，就像机场排队检票，如果有几十个、几百个人排队，检票速度肯定慢；如果走 VIP 专用通道，只有两三个人，速度肯定快多了。

如此一来，自然就明白为什么那些拥有专享的 VIP 通道的涨停板敢死队能够始终让自己的买单排在前面，第一时间就能够买到一字涨停板的股票了。这也就是投资者经常讲的什么"排板神器""VIP通道""专用通道""快速交易通道"，使得那些拥有大资金的游资大户总是能够先于普通者一步买到了一字板的股票了，如图 9-4 所示。

图 9-4　股民挂单

　　涨停板敢死队参与一字涨停板时所拥有的专用通道，要远远优于银行里的那些 VIP 客户了，而这种专用通道的出现，本身就是一种不平等的待遇，而世间从来就没有绝对的平等，资金量的巨大，毕竟能够给券商带来丰厚的收益。因此，他们专门为那些手握巨大资金的涨停板敢死队，精心设计了一个又一个专用席位，据悉，当前各大证券营业部已经专门设置了 2000 多个这样的席位。

　　上海某私募基金经理曾讲："VIP 交易通道是交易制度和规则不公正的体现。"

　　尤其是在 2014 年 4 月 11，在沪深两市的"龙虎榜"上，6 只一字涨停股遭到同一家游资封板，兴业证券武汉营业部出现在了世人面前，这 6 只股票分别是华数传媒(000156)、拓尔思（300229）、新世纪（现为联络互动 002280）、依米康（300249）、高金食品（002143）和爱使股份（600652），并且，这些股票在此时都处于一字封板的强势上涨形态。比如其中的高金食品（现为印记传媒），如图 9-5 所示。

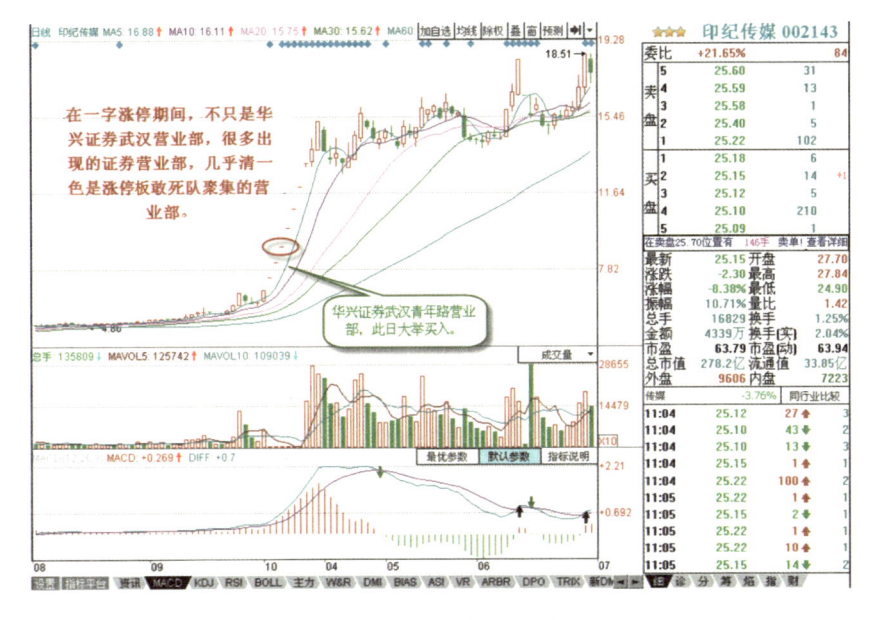

图 9-5 印记传媒日线图

在股市中妖股横生、一字涨停板遍地出现的时候，这些涨停板敢死队聚集的营业部的大举出现，说明这些涨停板敢死队一直在进进出出地往来穿梭于这些牛股，你方唱罢我登场，才造就了这些牛股、妖股，而这些股票，不是并购重组、增发、高送转、借壳等概念，就是刚刚上市的新股，无一例外的都是市场的热点与焦点。

从某一角度来说，这些市场热点股票，他们之所以会成为妖气冲天的牛股、瞬间暴发的黑马，正是因为券商给了拥有巨额资金的涨停板敢死队们一条看得见摸得着的专用交易通道，才让他们拥有了大炒特炒的机会，兴业证券武汉青年路营业部的曝光，不过是过于集中于某一交易日，所以才撕开一个巨大的口子。

这种 VIP 通道所使用的光缆、路由器、服务器等硬件设施，通常也会比那些普通的通道要好，就像美国国家安全局利用海底电缆获取情报一样，这些涨停板敢死队的交易速度要快上很多，几乎实现了秒杀的速度。

如果普通投资者交易时，像当年赵老哥一样骑着自行车去证券营业部的，那么涨停板敢死队则是此时开着法拉利跑车的赵老哥。

9.2 最善良的涨停板敢死队

在股市中，除了那些投资者耳熟能详的涨停板敢死队，还有一支别样的涨停板敢死队，说它别样，是因为他们喜欢在熊市里空仓，尤其是当行情出现反弹上涨时，因此他们又被叫作空仓敢死队，或是最善良的涨停板敢死队。

投资者都知道，炒股只有满仓才能够做多，像老章、赵老哥，以及西藏双煞等，这些涨停板敢死队的核心人物，他们之所以能够做到财富在短期内的爆炸式增长，都是因为他们在操作中敢于做多，从而做到财富在股市里的滚雪球。因此，这些涨停板敢死队才显露出了他们凶悍的操盘手法和独特鲜明的风格。

然而，空仓敢死队与他们的风格恰好相反，尤其是在熊市里的时候，他们的温柔与善良体现得最为明显。因为当大市行情不好的情况下，尽管股价在盘中多次出现止跌反弹，他们都不轻易参与。

比如，在上证指数自2015年6月15日转为冲高后的下跌过程中，盘中曾数次出现看似顽强的反抗，而这时候，那些最善良的涨停板敢死队却一直处于空仓状态。因为在他们看来，行情既然已经转为弱市，盘中的每一波反弹都是庄家的诱多陷阱。因为这种熊市的反弹都是短暂的昙花一现，反弹往往成为下跌途中的一瞬间，即使参与，也根本讨不到彩的，如图9-6所示。

在上证指数开始转为下跌趋势的2015年6月下旬，盘中虽然多次出现止跌后的反弹，但时间往往很短，多为"一日游""二日游"行情，并且短暂的止跌过后，将出现继续的大跌。

图 9-6　上证指数日线图

此时，即使是前期的热点或牛股，也会失去热度，而轮为"阶下囚"。比如全通教育（300359），在 2015 年，涨幅一直很可观，股价最高涨到了每股 467.57 元，可在高送转后，却一路先于大盘出现了下跌，当大盘在 2015 年 6 月 15 日开始下跌转为熊市后，股价依然在一路下跌，即使是盘中出现反弹，其后依然会回归到下跌趋势中，如图 9-7 所示。

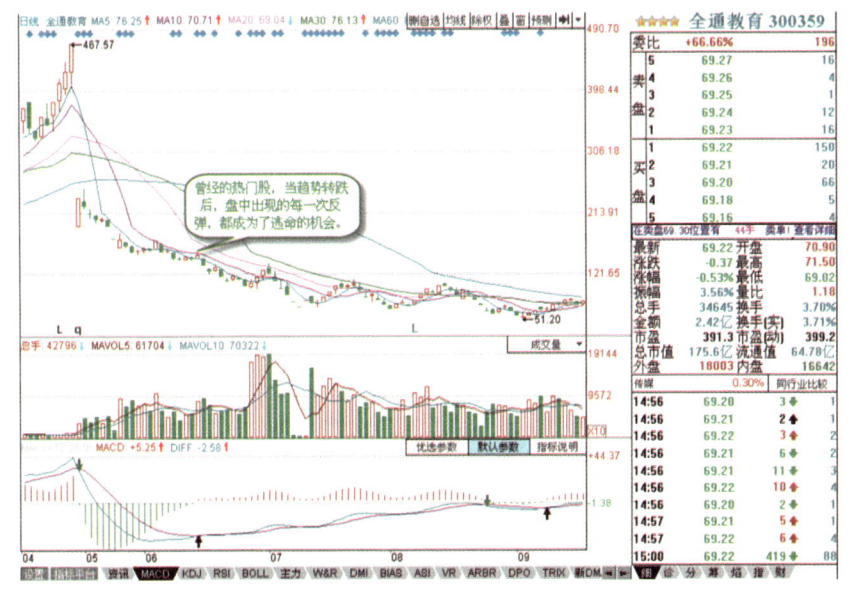

图 9-7　全通教育日线图

同时，空仓敢死队又拒绝涨停板敢死队那种敢为天下先的果敢，去吃第一口螃蟹，也就是股价趋势即将转折时的反转之初。因为在他们看来，股票的底都是人为的，没有人会知道哪里才是真正的底部，只有庄家才晓得，如图9-8所示。

图9-8 济民制药日线图

当行情来的时候，空仓敢死队不仅要掐头，同时，他们又往往在行情的末端采取去尾，因为在他们看来，尾巴行情是行情走到头的时刻，同样存在着很大的危机，所以他们此时往往会空仓以待。

比如，在2015年12月21日，东阿阿胶（000423）出现了放量上涨，因股价已经过较大幅度的接连上涨，此时的放量上涨无疑属于上涨的末端，空仓敢死队同样会空仓，不理会这种情况，如图9-9所示。

图 9-9　东阿阿胶日线图

　　如此掐头去尾的操盘理念，无形中使得空仓敢死队的视角变得相对窄了许多，因为他们只赚中间稳稳一段行情的钱。然而，在熊市中，空仓敢死队的这种做法却一次又一次让他们躲过了被血洗的浩劫。

　　股市里有句话，留一点利润给别人，少一分风险给自己。这句话如果用在了空仓敢死队的身上，是同再恰当不过了。

　　正是由于空头敢死队的这种戒贪，不为跌途中的短线上涨所动，才使得他们避免了涨停板敢死队在短线操作中一不留神即犯的最大错误：与趋势抗衡！

　　比如，当年老章在中信证券上的多次失误，事实上就是不甘心，才使得他鬼使神差一般，在中信证券上反复重复自己的失误，使损失像被复制了一样接连出现，最终赔掉了 2 亿元。

　　这种情况，在空头敢死队身上绝不会发生，因为他们有着自己严格的趋势原则。因此，他们也在市场中拥有了良好的美德，懂得将利润让给别人，被市场称为最善良的涨停板敢死队。

然而，空仓敢死队虽然被人们称为最善良的涨停板敢死队，并不是说明他们操起盘来就显得多么温柔，而是在对待熊市时会显得温顺体贴，可当行情真的到来后，这些人操作起股票来，和那些涨停板敢死队没什么区别，同样是以凶猛著称，并且做起短线来，十分凌厉。

如果是放在牛市中，投资者很难看到他们手软。因为此时的空仓敢死队早已转身变为了涨停板敢死队，于是，一个又一个牛气冲天的股票，在这些熊市里显得无比温柔的刽子手面前，同样会出现鸡犬升天的情景。所以说，温柔也罢，凌厉也罢，凶悍也罢，不过是面对不同的行情时，涨停板敢死队所呈现在世人面前不同的面孔而已，因为他们不出手便罢，一出手便直指要害。骨子里，所有涨停板敢死队面对股票时，都有着一种舍我其谁的霸气！反映到股票身上时，这种霸气就是平地而起后的直上云霄，而妖股就是这样在其中不断诞生的！如图9-10所示。

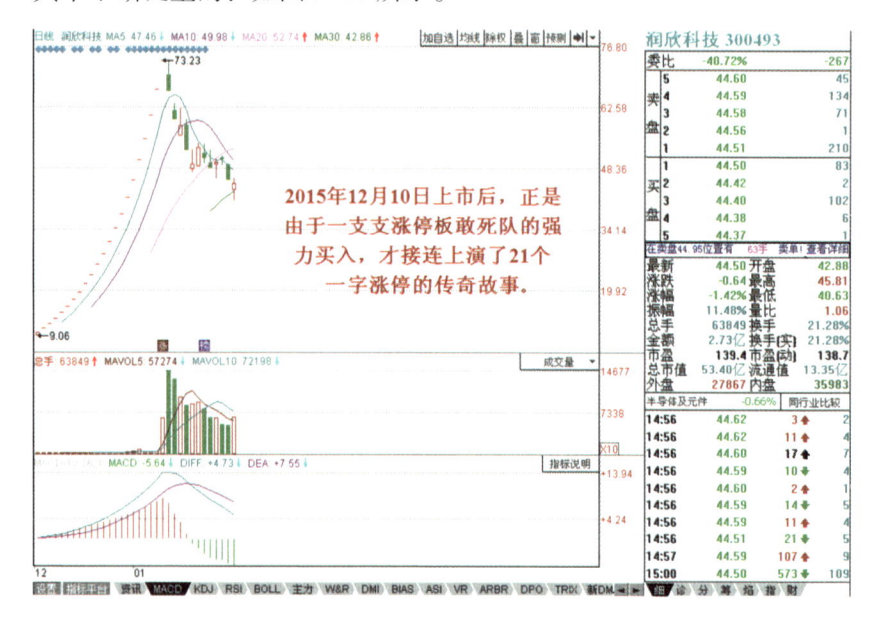

图9-10　润欣科技日线图

9.3 炒股养家

大凡听说过股市里的炒股养家炒股事迹的，相信没有一个会忘记这一点，就是一字板。因炒股养家曾经坦言，他最喜欢的就是一字板行情，因为在炒股养家参与的一字板行情中，他确实从中赚到了钱，尝到了其中的甜头，所以才会热衷的。

投资者都知道，一字板是股市在涨跌停板制度下的一个特殊现象，即开盘就以涨停价出现，并一直维持至收盘。这种中途不曾打开过的涨停板，在K线上就形成了一个"一"字，成为一字板，尽管在一字板之下，允许交易，但成交量都会是给量的，因为毕竟此时的股票卖出欲望是相对小的。所以，一字板的出现，往往意味着后市股价仍然会出现接连上涨。

如今，一字板就像家常便饭一样，投资者很容易在两市中发现，比如那些上市的新股，几乎都会接连出现数个一字板的，而更有疯狂者如暴风科技（300431）是在2015年3月24日上市的，此时恰好赶上了这轮牛市的尾巴，竟然一边出现了29个一字板，可谓疯狂至极，很多机构都在此时纷纷咋舌，称不敢接手，如图9-11所示。

图 9-11　暴风科技日线图

从中，足见一字板中所蕴含的巨大暴利，但若是一字板出现太多了，同样会成为一块烫手的山芋，让投资者纷纷摇头的。可见，暴风科技在这一轮牛市尾声时，刮起的绝对是一场暴风。

然而，在早些年，炒股养家接触一字板的时候，一字板出现的并不多，因为当时的炒作与如今比，显然小巫见大巫。并且，不仅仅是一字板，即使是很多公司的高送转行情，也是几年送一次。可如今却是年头送转了，年尾又送，以前是 10 送 4、5，现在却是动不动就 10 送转 20，更有甚者达到了 10 送 30。

在炒股养家参与一字板的年代，2010 年的 11 月，他当时买的是江苏吴中（600200），此时的一字板，也是江苏吴中自上市后首次出现的一字板。从这个角度来看，炒股养家是应当写入江苏吴中的发展史的，因为他功不可没，如图 9-12 所示。

图 9-12　江苏吴中日线图

当时，炒股养家还是一个入市一年多的小散，但他却已经从中看到了一字板的魅力和巨大的收益。

一年前，这个上海人凑了 50 万元来到了股市，在华鑫证券上海茅台路证券营业部开了户，却不想此后的数年间，正像他的网名炒股养家一样，他不仅因炒股实现了养家，还从股市中获得了巨大的财富，使华鑫证券上海茅台路证券营业部也成了涨停板敢死队的聚集地，经常荣登两市排行榜。

从时间上看，炒股养家入市是 2009 年，恰好躲过了 2007 年沪指从 6124.03 点到 1664.93 点的一路猛跌，而这一点也给他带来了投资的机会，因为股市中的机会都是跌出来的，如图 9-13 所示。

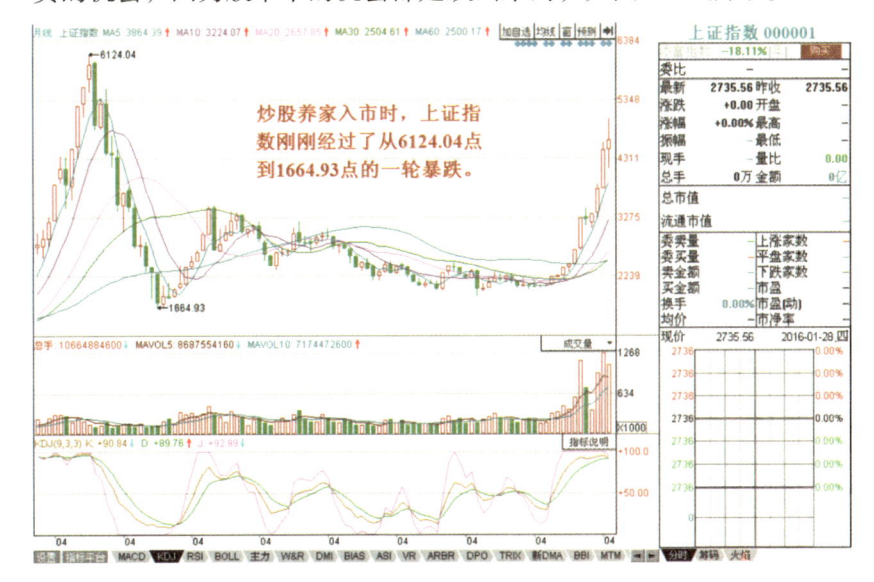

图 9-13　上证指数月线图

江苏吴中对于炒股养家来说，其实只是他入市不久的一次牛刀一试。其后，他再次利用这种参与一字板的方式，在罗顿发展身上大大赚了一笔。

当时，罗顿发展（600209）不过只是一只股价不足 4 元的股票，可以说，正是前期的这一轮大跌，将罗顿发展打回了原型，甚至是穿着三角裤在两市裸奔。这恰恰让炒股养家从中看到了机会，于是大笔介入之下，罗顿发展在 2012 年 7 月 11 日一下子结束了自己的裸奔时代，一边涨停一边开始了一字板，仅仅用了10个交易日，股价即出现了快速翻倍行情，成为了当时当之无愧的大牛股，如图9-14所示。

图9-14　罗顿发展日线图

然而，就在市场一片欢欣鼓舞、鼓声阵阵之际，炒股养家却开始了他的胜利大亡，大笔卖出罗顿发展，这从炒股养家所在的营业部的资金进出即可看出，他所在的华鑫证券上海茅台路营业部名列当日的卖出榜首，如图9-15所示。

如果此时投资者留心观察即可发现，在炒股养家从罗顿发展撤离的时候，擅长于吃尾段行情的西藏双煞之一的方青侠，在此日正在大举进军罗顿发展，但这些身后事炒股养家早已无心顾及了，因为此时他的目的只有一个：三十六计走为上策。

然而，炒股养家虽然喜欢参与一字板，善于一字板，但当他发现在参与一字板推动股价的过程中，一旦推不动了时，就会果断中止，获利后全身而退。

罗顿发展(600209)日换手率达20%

买入营业部名称	累计买入金额（元）
东吴证券股份有限公司苏州西北街证券营业部	7,201,929.83
浙商证券有限责任公司义乌江滨北路证券营业部	6,985,747.00
西藏同信证券有限责任公司上海东方路证券营业部 方青侠大举介入	6,814,579.90
渤海证券股份有限公司上海彰武路证券营业部	5,047,314.00
中信建投证券股份有限公司苏州工业园区星海街证券营业部	3,998,291.60
合计买入	30,047,862.33

卖出营业部名称	累计卖出金额（元）
华鑫证券有限责任公司上海茅台路证券营业部 炒股养家大举卖出	14,714,236.00
国盛证券有限责任公司抚州赣东大道证券营业部	11,402,228.07
江海证券有限公司哈尔滨西大直街证券营业部	9,438,695.31
方正证券股份有限公司台州解放路证券营业部	8,644,932.80
五矿证券有限公司深圳金田路证券营业部	8,312,290.74
合计卖出	52,512,382.92
合计资金流出	流出：22,464,520.59

图 9-15　同花顺罗顿发展 2012 年 6 月 8 日"龙虎榜"

比如蒙草抗旱（300355）就是这样，自 2012 年 9 月 27 日上市后，蒙草抗旱并没有出现接连的一字上涨，但作为美丽中国概念股，这只京津化一体中的蒙草抗旱股票，炒股养家当然不会放过。在 2012 年 11 月 9 日，当他看到方青侠大举杀入这只股票，股价出现低位涨停企稳后，再次蠢蠢欲动起来，如图 9-16 所示。

当日，蒙草抗旱出现了上市后的低位企稳，并出现放量中阳涨停，如图 9-17 所示。

图9-16 同花顺蒙草抗旱2012年11月9日"龙虎榜"

图9-17 蒙草抗旱日线图

2012 年 11 月 12 日，炒股养家在蒙草抗旱开始了他的一字板工程，开始大举买入，如图 9-18 所示。

蒙草抗旱(300355)连续三个交易日内，涨幅偏离值累计达20%

字体：大 小 换肤： 123人正在讨论 2012-11-12 18:00:02

蒙草抗旱(300355)：连续三个交易日内，涨幅偏离值累计达20%

买入金额最大的前5名		
营业部或交易单元名称	买入金额（元）	卖出金额（元）
华鑫证券有限责任公司上海茅台路证券营业部	23,988,189.50	0.00
海通证券股份有限公司南京广州路证券营业部	9,234,985.22	28,875.00
东海证券有限责任公司南京长江路证券营业部	6,769,254.48	0.00
方正证券股份有限公司冷水江锑都中路证券营业部	6,497,476.06	0.00
西藏同信证券有限责任公司上海东方路证券营业部	6,226,000.00	0.00

卖出金额最大的前5名		
营业部或交易单元名称	买入金额（元）	卖出金额（元）
申银万国证券股份有限公司合肥阜南路证券营业部	2,061,360.00	7,840,128.00
国信证券股份有限公司深圳泰然九路证券营业部	4,112,669.15	4,092,084.20
中国银河证券股份有限公司天津民族路证券营业部	175,324.00	3,583,105.80
华安证券有限责任公司深圳深南西路证券营业部	1,359,462.00	3,408,014.00
机构专用	0.00	3,291,400.00
合计资金流入：38,181,113.41	流入：60,424,720.41	流出：22,243,607.00

图 9-18 同花顺蒙草抗旱 2012 年 11 月 12 日“龙虎榜”

蒙草抗旱的股价当日出现了一字涨停。于是次日，也就是 1 月 22 日，炒股养家继续他的一字板，遇到很大的封板压力，于是他果断选择了出局。

在炒股养家眼里，一字板有着很大的收益，对投资者也是一种极大的诱惑，然而，当他在一字板过程中遇到压力时，不会顶风而上，而是选择迅速中止出局。这种临时决断的果敢，源自炒股养家对一字板的理解。

在炒股养家眼中，一字板赚钱的核心是利用了人性和市场心理。因为普通涨停的股票，第二天未必会出现高开，就算高开后，往往也高开不了几个点，总体来说出货是不容易的。而在市场中，直接一字涨停的股票，往往能给市场一种心理上的震撼：这股得有多大的利好啊！第二天不高开 5 个点 8 个点的还好意思吗？于是第二天便继续一字开盘。继续有人来封一字，封得住，就锁仓，使利润最大化；如果封不住，那么就高抛出局，实现获利了结。并且，在大单一字板时，根本不需要辛辛苦苦去打什么单子，直接挂上多个 9999 的大买单即可，省时省力又赚钱。

因此，一直热衷于一字板的炒股养家，其中炒股赚钱的最根本，实际上更多的是利用了市场上对股票涨跌的一种心理，以及人性中的弱点。这一点，和那些大庄家是没有什么区别的，不过是炒股养家将这种心理战巧妙地运用到了短线操作之中。

9.4 落升

在众多民间股神里，落升可以说是相对高调的一个，这种高调是因为这位民间股神以网名落升发表的一篇篇网文，尤其是在 2003 年的熊市中，落升的股评博文一经出现，一夜间即会出现点击量过万。

在那时，落升的股评要比专家还权威，因为他是一名当时红极一时的网络明星，正在熊市的天空灼灼闪烁。他的股评似乎比 K 线图上的随机指标 KDJ 还要准确，甚至不少人当时根本不看 K 线的指标趋势，却时刻在关注着落升的股评，如图 9-19 所示。

然而，正当落升红得发紫的时候，这一轮熊市终于在上证指数创出 998.23 点的新低后，突破 1000 点，然后开始了长达两年的牛市，向 6124.04 点的珠穆朗玛峰开始冲击，落升却突然没有消息了。像是人间蒸发了一般，电台里没有落升的声音了，电视上没有落升的影子了，甚至连他钟情的网站论坛里，也再不见了落升的股评文章了，甚至只言片语，如图 9-20 所示。

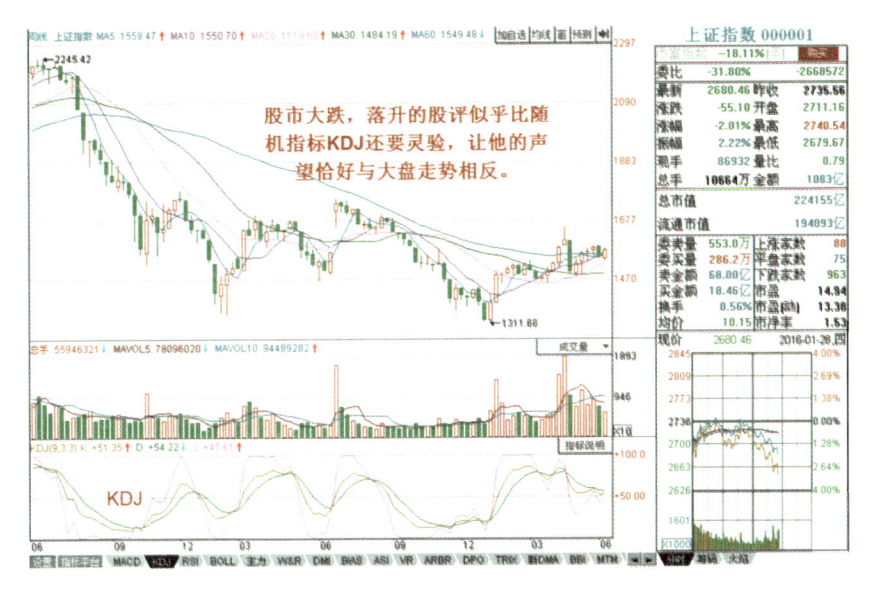

图 9-19　上证指数 2002 年周线图

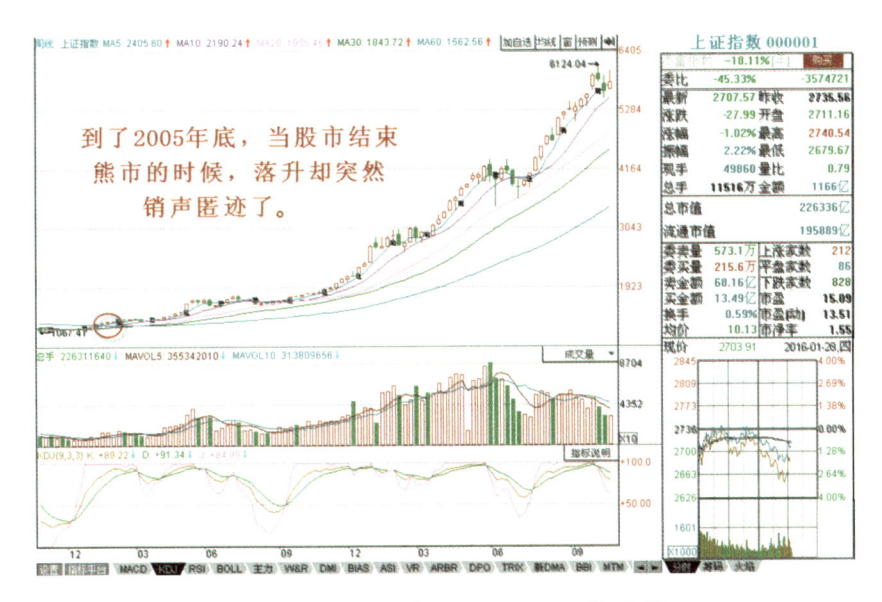

图 9-20　上证指数 2005—2007 年周线图

这位生于 20 世纪 60 年代的落升，隐居到了江南一个无人关注的滨江小城，选择了远离喧嚣，与寂寞相伴。

俗话说，大隐隐于朝，中隐隐于市，小隐隐于野。

落升的隐，充其量只能算是一种小隐。因为他的隐只是隐于世间的僻静之隅，属于"野"，但是他这一隐竟然就是 3 年。

但这三年时间里，股市江湖却出现了一波史无前例的上涨，上证指数从 1000 多点上涨到了 6124.04 点，并跌到了 1600 多点，月线上呈一个巨大的倒 V 型反转走势，可谓波澜壮阔，如图 9-21 所示。

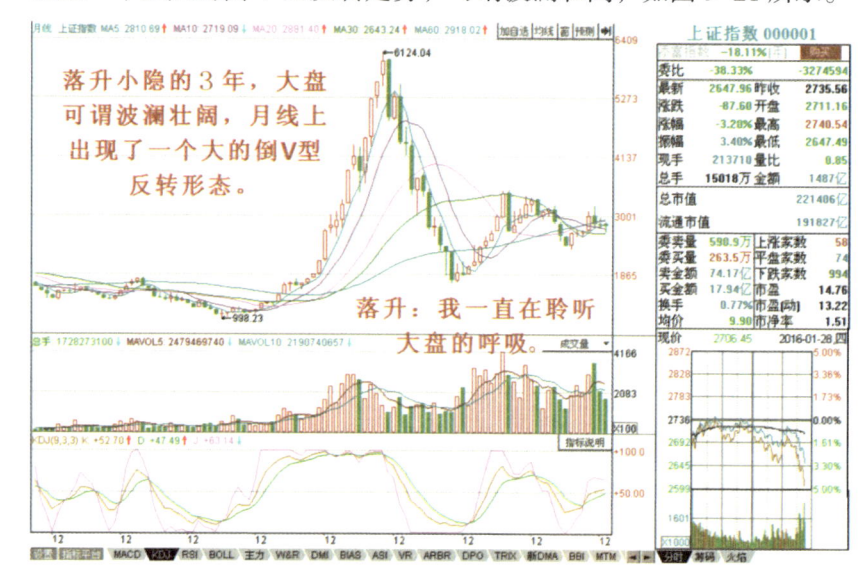

图 9-21　上证指数 2005—2008 年月线图

在这三年里，其实落升从来就没有离开过股市，因为自他 2000 年深入江湖后，从此再也无法离开江湖，只不过，在这三年里，落升不再用自己的笔去解析大盘或盘中个股，而是一直在用自己的实际行动去验证和实践着他对股市的认识。

用落升的话说，就是"要听到大盘的呼吸"。

落升用 3 年隐居对大盘呼吸的聆听，让他狂赚了 112 倍！

据相关证券营业部提供的一份长达数百页的交割单，从中详细地记录着落升从 2006 年至 2009 年 2 月的每一笔交易。大幅资产与大盘走势背道而驰的"喇叭口"曲线图，令每一位见到的人都不免心生震撼。

3年股市投资，收益率竟然高达112倍，这种涨幅，即使是在牛市里也属于罕见。那么，这位落升又是如何操作，才能获得如此大的收益呢？

（1）势

落升炒股，最看重势，无论大盘还是个股，趋势都是纲。趋势的形成是所有因素共同作用的结果，而一旦形成，轻易不会改变，所以顺势而为是炒股的第一铁律。上涨时注重势，下跌时同样要注重势，如图9-22所示。

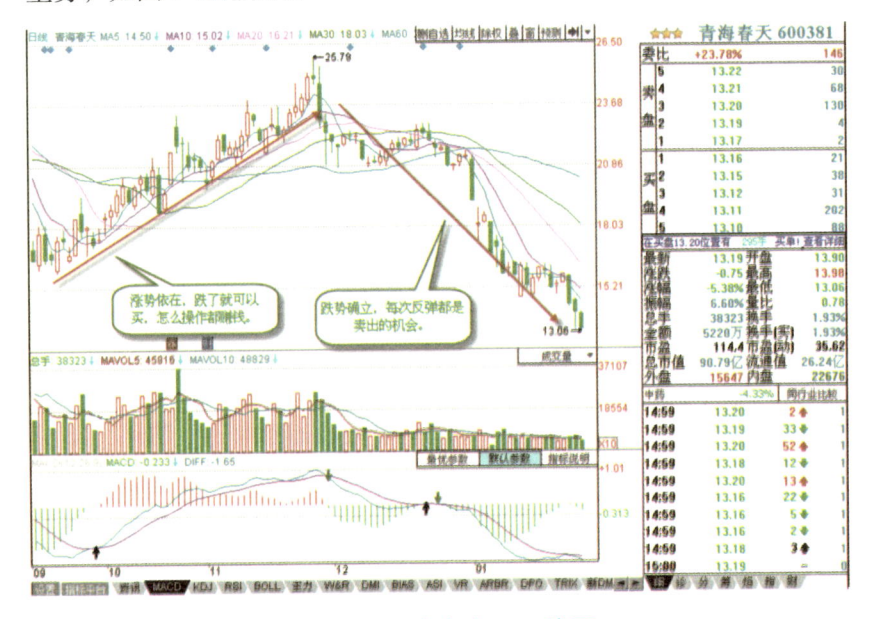

图9-22 青海春天日线图

（2）热点

用落升的话说："热点，就是股市里的提款机。"不管是在牛市还是熊市，是否操作取决于有没有可持续的热点，如果有就做，没有就不做。落升选股的唯一标准，就是看它是不是热点，是就选，不是就放弃，如图9-23。

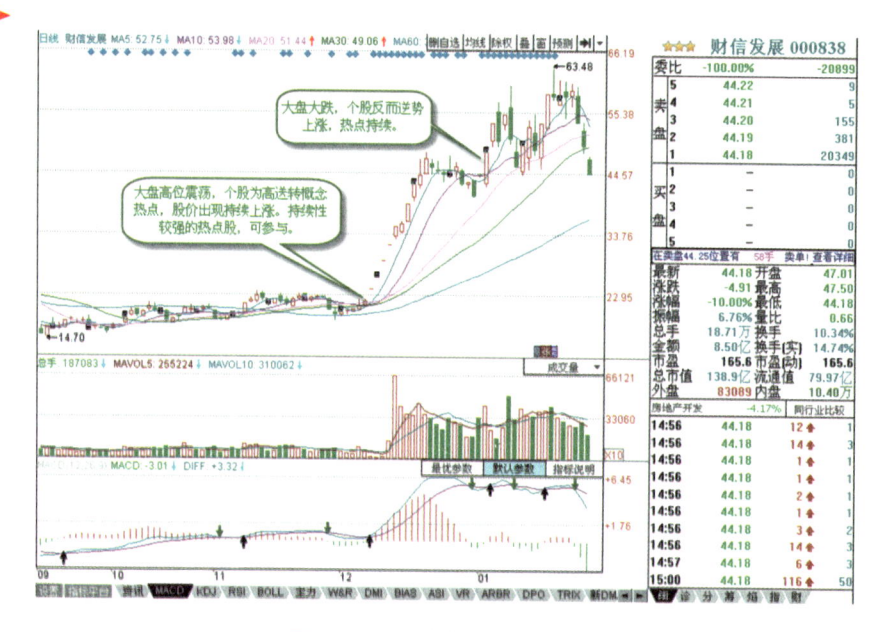

图 9-23　财信发展日线图

但在捕捉热点时，要注意到一点，就是热点的强度，用落升的话讲，就是市场的温度，当发现市场温度不高时，除非惊天的重大题材，否则放弃入场。

（3）心态

落升认为，投资的最大敌人不是股票，而是自己。好心态能让一个有 60 分能力的人发挥出 100 分的水平，坏心态则让 100 分能力的人只发挥 60 分水平。

（4）擒贼先擒王

就是龙头和领涨思维，在选股时，同样是热点，要选择板块里的龙头股或领头羊，因为这些股票在成为热点以后，都是由龙头股或是细分行业龙头最先领涨的，这些股票往往涨幅要超过一般的同板块热点股。

比如在 2015 年上半年，国防军工一直是热点板块，而其中的中航动控又有大飞机概念，为当之无愧的龙头，因此，在经历 2015 年 6 月下旬的暴跌后，发起反弹时，反弹力度较大，几乎当初跌了多少，

如今又涨回了多少，如图 9-24。

图 9-24　中航动控日线图

（5）听党的话，明确方向

党的方针政策对股市的影响力仅次于趋势，所以炒股要听党的话，方向才能明确。比如在 2015 年 7 月初这一股市暴跌过程中，政策密集出台救市，大盘终于止跌回升，短期上涨趋势确立，可盘中积极抢反弹，如图 9-25 所示。

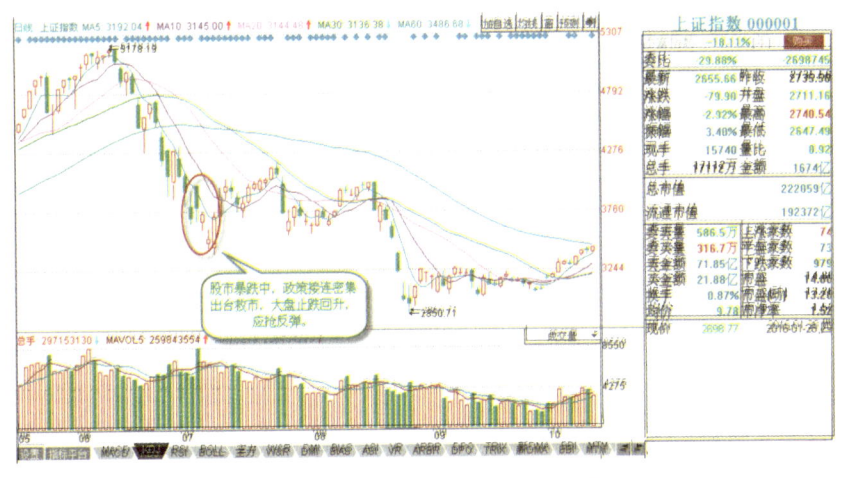

图 9-25　上证指数 2015 年日线图

（6）波段操作

落升把持股的时间这样来划分：持股一周以内算短线，一周到一个月为中线，一个月以上算长线。他的观点是：长线是赌博，短线难获大利，中线波段才是金。这也是落升与其他涨停板敢死队操盘中的最大差异。

落升认为，没有人能够精准地预测出股市的长期走势，因此长线无异于一场毫无把握的赌博。短线的优点是能够很好地控制好风险，缺点是交易成本过高，行情好的时候赚钱不够快。中线波段是落升最崇尚的方式，原因是大多数热点板块主升浪的持续时间在一周左右，所以他中线波段的目标就是专吃主升浪。与短线相比可以获大利，与长线相比，又可以避免坐过山车。

比如在2015年9月中旬离开底部的上涨过程中，中科金财（002657）之后出现了翻倍行情，如果短线操作，只能赚到其中的一小截，但长线持股，又无法避免其中的回调，甚至是后来的下跌，而中线波段持股，却可以在股价离开底部上升时介入，当股价接连上涨后出现乏力时卖出，如图9-26所示。

图9-26　中科金财日线图

（7）甘于寂寞

甘于寂寞就是要学会等待，因为机会都是等来的，当股市不好时，要学会空仓以待，守住寂寞，这样才能够做到心静看得远，对市场的涨跌回转有一个清醒的认识。否则，若是成天与众人谈股论金，情绪很容易激动，脑子一热就会忘乎所以，而当机会真的到来了时，又没了资金杀入，该出手时往往又出不了手。

（8）截短亏损让利润奔跑

这是落升最喜欢的一句华尔街名言。只不过落升把利弗摩尔的"这行的秘密就在于牛市时买进股票，安坐不动，直到你认为牛市接近结束时再脱手"改为了"这行的秘密就在于抓到好股票，安坐不动，直到你认为主升浪接近结束时再脱手"。说到底，就是在尊重趋势的前提下，懂得如何持股，以获得最大的利益。

在这些策略之下，落升用了3年的时间，完成了112倍的收益。其中，最难能可贵的。不是他在头两年牛市里资金翻了20多倍，而是他在2008年的大熊市中，资金翻了5倍。这种战绩，即使对于那些涨停板敢死队来说，也绝对是凤毛麟角、难能可贵的。

9.5 其他

在涨停敢板死队中，除了那些投资者耳熟能详的营业部，其实在全国各地还有许多的营业部，他们那里同样聚集着许多涨停板敢死队。这些涨停板敢死队以叶大户、老章、asking、孙大户、赵老哥、职业炒手、方青侠、炒股养家、落升等人的理念与手法，聚集在各地的营业部里，同样过着炒股的日子。

在这些涨停板敢死队里，比如北京、深圳、东北等地，均出现过比较典型的例子。这些敢死队大多以几个核心人物为中心，聚集了较大的资金，同样形成了对股价的呼风唤雨，比如国信证券深圳泰然九路营业部、国信证券红岭中路营业部、国信证券上海北京东路营业部、光大证券上海张杨路营业部、东方证券上海宝庆路营业部、东方证券上海宛平南路营业部、五矿证券深圳金田路营业部、光大证券奉化南路营业部、海通证券南京广州路营业部、国泰君安深圳益田路营业部、中信证券福州连江北路营业部、中国中投证券无锡清扬路营业部、国信证券广州东风中路营业部、广发证券辽阳民主路证券营业部……

涨停板敢死队，在最初宁波解放南出现后，如今已经遍地开花，在全国各地均不同程度地涌现，他们在继续宁波解放南短线操盘理念的基础上，形成了分散各地的扎堆现象，然而每一个涨停敢死队都是以几个核心人物为中心，聚集了大量的资金，在季末年末或相关衍生品结算日等敏感期进行蓄意拉抬打压股价，通过虚假申报影响开盘价等异常行为，在被外界戏称为涨停板敢死队的同时，在股市上掀起了一波又一波风浪。

这种股市风浪有大有小。在每一轮牛市行情中，他们往往会变得十分疯狂，比如2014年开始的牛市中，中科金财因各路敢死队的参与，从最初的20多元，一路上涨到了最高186元，如图9-27所示。

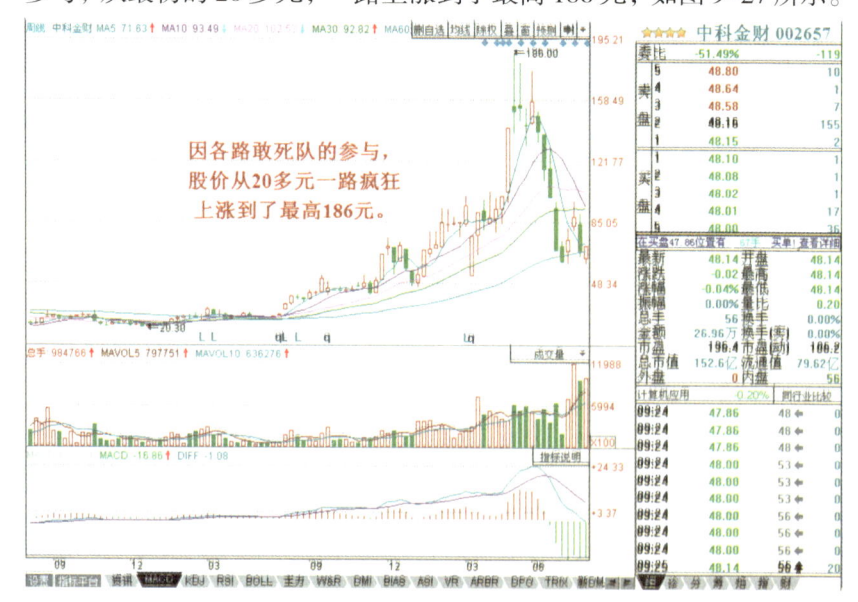

图9-27　中科金财周线图

在这种股价疯狂上涨的过程中,都离不开那些涨停板敢死队从中的兴风作浪,如果此时随意打开中科金财在一路上涨时荣登"龙虎榜"的数据,就会发现,这些大举买入的证券营业部,均为涨停板敢死队聚集的地方。比如,2015年5月6日中科金财的成交明细,如图9-28所示。

序号	交易营业部名称	买入金额(万)	卖出金额(万)	净额(万)
	买入前五金额合计为23908.76万元			
1	齐鲁证券有限公司宁波江东北路证券营业部	9478.87	--	9478.87
2	中信证券股份有限公司上海溧阳路证券营业部	7032.71	23.32	7009.39
3	机构专用	2766.00		2766.00
4	国泰君安交易单元(227002)	2329.33		2329.33
5	机构专用	2301.85		2301.85
	卖出前五金额合计为7631.10万元			
1	中信建投证券股份有限公司北京农大南路证券营业部	--	1939.93	-1939.93
2	华泰证券交易单元(233200)	--	1900.76	-1900.76
3	海通证券股份有限公司上虞市民大道证券营业部	1.15	1640.74	-1639.59
4	申银万国证券股份有限公司本溪解放北路证券营业部		1100.09	-1100.09
5	机构专用		1049.58	-1049.58
	买入净差 16277.66万元			

图9-28 同花顺中科金财2015年5月6日"龙虎榜"

上图中的中信证券上海溧阳路营业部就是以炒新著称的孙大户的所在地。

即使是在行情较弱的震荡时期,由于这些涨停板敢死队的大举介入,不少股票同样会掀起一股股妖气十足的血雨腥风。比如海欣食品,在经历大盘2015年6月下旬的暴跌后,再次上演了一波快速崛起的壮举,如图9-29所示。

图 9-29 海欣食品日线图

这其中，涨停板敢死队同样功不可没。比如，我们随意打开其中 2015 年 10 月 19 日的海欣食品"龙虎榜"就会发现，85 后赵老哥所在的银河证券绍兴营业部出现在了其中，如图 9-30 所示。

图 9-30 同花顺海欣食品 2015 年 10 月 19 日"龙虎榜"

这些著名的涨停板敢死队，都是投资者所熟知的，其他还有很多是我们所不熟知的，比如兴业证券武汉营业部、中金证券北京建国门外大街营业部、安信证券北京中关村南大街营业部等。这些证券营业部尽管所在地有所不同，但其却频频出现在两市"龙虎榜"上，而他们所参与的个股，却无一例外都是当时的牛股。

这些涨停板敢死队们，尽管都在效仿宁波解放南的短线操盘手法，以短线抓涨停见称，但是在长久的操盘中，他们又都有自身不同的特点，或说是习惯。

比如，国泰君安深圳益田路营业部最个性化的特点是：

1.选股上：注重于题材的挖掘，尤其是对热门题材的深度挖掘，并紧扣主流热点，敏感程度很高，标杆作用明显。

2.操作上：彪悍、凶猛，有金戈铁马的榜首。出手很重，经常出现在公开信息榜的榜首。

3.盈利预期：十分明确，有非常周密的实施方案。

4.风险控制：擅长快速出逃，稍有不对，即迅速撤离。

渤海证券上海彰武路营业部最具个性化的特点是：

1.选股方面：注重个股的基本面，偏好业绩比较好的二线蓝筹股。喜欢在某一领域里深度挖掘，能源板块挖掘得比较深入。

2.操作上：追求稳健制胜，操盘手法比较沉稳、老道。

3.盈利预期：难以预测，善于利用滚动复利的手法，反复高抛低吸。

4.风险控制：喜欢顺势而为，鲜有大起大落。

所以说，不同的涨停板敢死队，在具体操作中多多少少都有着他们各自不同又特点鲜明的个性，就像百人百姓一样。然而，还有一个现象，就是这些涨停板敢死队大多会出现在那些相对富裕的沿海城市。

当地政策上的宽松，为涨停板敢死队得到了入市的便利，并最早享受到了各种优惠，而相对富裕的生活，又让他们在入市时拥有了相对大的本金。尤其是中国股市出现较晚，新兴市场不断成长的历程，又让这些涨停板敢死队利用了中国A股市场不断成熟的制度上存在的某些缺陷，不断地制造出各种各样的投机机会。

这些都是中国涨停板敢死队相继在各地出现的重要因素。

在宁波解放南的影响下，相继在全国各地出现了许多的涨停板敢死队。而随着中国证券市场在制度上的不断完善，查处的力度也在不断加大，很多著名的敢死队核心人物的相继落网，又使得这些人在成名之后纷纷转战到附近不起眼的证券营业部，再加上这些涨停板敢死队利用各种马甲出现，使得不少原本并不知名的营业部突然崛起。

就像在2007年出现的所谓史上最牛散户刘芳与当时的 *ST 金泰（现为山东金泰600385）一样，竟然从2007年2月底时开始，接连出现了42个涨停板，如图9-31所示。

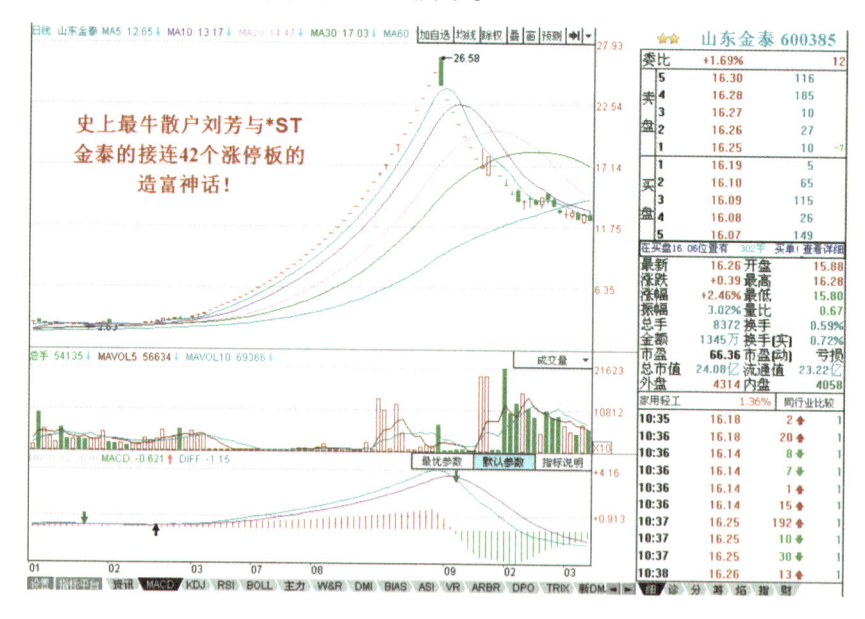

图9-31 *ST 金泰（现为山东金泰）日线图

就是这个子虚乌有的所谓刘芳，不过是一个马甲而已，当刘芳的身份在当时央视财经记者的一路追寻之后，当年*ST金泰也成为了A股一个破灭的神话故事，留在了那年那月里的A股市场。如今，*ST金泰早已摇身一变而为山东金泰，湮没在了滚滚股市里，许多后来的投资者根本不知道这些，甚至是在两市里看到山东金泰，根本就不识其庐山真面目。

一如杨洪基所吟唱的明代文学家杨慎的《临江仙·滚滚长江东逝水》："滚滚长江东逝水，浪花淘尽英雄……"如图9-32所示。

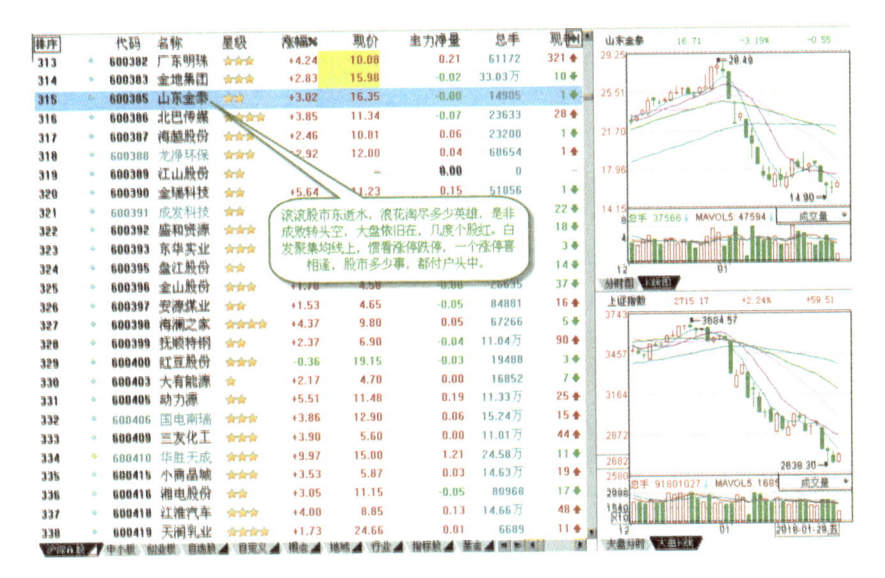

图9-32　沪深A股行情

如刘芳，以及那些涨停板敢死队，他们在股市的涨跌中，有的在逐渐没落、消失，有的却在不断崛起，本书中所介绍的涨停板敢死队的人和事，只是曾经对中国股市影响较大的代表性人物和事迹，现实中还有很多的涨停板敢死队，只不过他们的行踪过于隐秘，再加上篇幅有限，不可能一一道来。

然而，这些人所行的毕竟是一种股市投资的偏门，随着中国证券市场的不断成熟，各种制度的不断完善，投资者仍该回到股市投资的正道中来，以价值投资为理念，波段操作为策略，不要追击所谓如昙花一现的涨停，从价值投资中去博取理性的收益。

后记：我和徐翔的一顿午餐

文 / 揭幕者

2015年11月1日上午，徐翔被警方在杭州湾跨海大桥上控制，当晚，一张阿玛尼"白大褂"的照片，广为流传。

2017年1月23日，徐翔案正式宣判，泽熙投资总经理徐翔，被判有期徒刑5年6个月，罚金110亿元。老揭不禁回想起与这位私募一哥的一餐之缘。

徐翔，江湖人称"总舵主"，圈内人士都称他为"翔哥"。老揭也是为数不多与翔哥面对面交流过的财经新媒体。当然，也仅仅只有这一面之缘。

2011年，经圈中好友牵线，老揭与翔哥共进了一顿午餐，地点就在当时他们公司楼下，东亚银行大厦2楼的君悦。翔哥的公司在9楼，在中国传统文化中，九是最高数，又与"久"谐音，往往代表着最高地位。

当时，翔哥的公司只租借了9楼的一半，江湖中有一个传说，9楼的另外半层，无论哪家投资类公司入驻，基本上不到半年就会搬离，因为泽熙的气场太强大。如今，9楼的泽熙早已人去楼空，2楼的君悦也已改头换面。每次老揭我路过东亚大厦，总会不经意瞄上一眼。

虽然被江湖封为"涨停敢死队总舵主"，但是翔哥并不喜欢这个所谓的"总舵主"称号，他告诉老揭："都是被媒体夸大的称号。"

记得午餐那天，6月的上海又闷又热，翔哥身穿黑色T恤，蓝色牛仔裤，170cm左右，微胖身材，金丝边框眼镜，额头发亮，两眼炯炯有神，举手之间，翔哥右腕上的Patek Philippe尽显低调奢华。与网上的白大褂照片相比，帅倒谈上不，但当时的他却精神许多，气场很强。

当天吃了什么我已经忘了，很普通，翔哥对吃的要求并不高，在临近下午1点开盘之际，他问服务员点了一碗面后，迅速吃完，说："快1点了，我要去上楼看盘了。"就匆匆离去。

短短一个多小时的午餐时间，翔哥话很少，要不是好友在其中穿针引线，这顿饭估计就是几个大男人在那默默地低头吃。说到激动处，翔哥会直接拍台子，并会以非常火爆的口吻直接开骂。譬如在宁波当地有不少骗子冒充他的名义欺骗散户收会员费，再譬如他对当前的业绩排名规则很不满意，他认为业绩要和规模结合，才是体现真正的管理水平。

对于投资界，翔哥唯一赞不绝口的人就是王亚伟。有知情人士告诉老揭，当时徐翔曾打电话给王亚伟，想邀请其一起共进午餐，被王亚伟婉拒。而在王亚伟离开华夏基金后，徐翔也有意邀请王亚伟加盟，但最终王亚伟还是创建了自己的阳光私募。

不过很遗憾，老揭无论是从正面还是侧面，刺探翔哥投资上的问题，翔哥始终不开口。知情人士向老揭私下透露，徐翔年少时混迹于营业部，很讨大户们喜欢，"翔哥"当时被外界称为徐强，是因为宁波人把"翔"念"强"，所以徐强就这样流传开来了，与他有更私密关系的伙伴，则称他为"强强"。

用"股痴"来形容徐翔并不为过，网上流传一位宁波解放南路营业部的员工回忆，徐翔是个市场痴人，一直保持对市场的热爱与信念，重心一直在二级市场，可以说是为市场而生，思维卓越，胆识过人。

有知情人士爆料，当年，翔哥在宁波结婚，他的朋友们送了个铜像给他，上刻"东方索罗斯"。

自从那顿午餐后，老揭再也没有见过翔哥，也没有和翔哥有任何交集，直到网络上疯转的那张白大褂照片，才知道翔哥出事了。

如今，距离这顿午餐，已足足 8 年。仿佛一切都是过眼云烟，老揭情不自禁，回忆往事，正是：

滚滚长江东逝水，
浪花淘尽英雄。
是非成败转头空。
青山依旧在，
几度夕阳红。
白发渔樵江渚上，
惯看秋月春风。
一壶浊酒喜相逢。
古今多少事，
都付笑谈中。

附：国内知名游资派系及所在营业部

揭幕者整理

派系	知名游资营业部
中信帮	中信溧阳路
	中信上海分公司
	中信上海古北路
	中信（山东）淄博分公司
	中信杭州四季路
赵老哥	华泰浙江分公司
	银河绍兴
	浙商绍兴分公司
华鑫帮	华鑫上海茅台路
	华鑫上海宛平南路
	华鑫宁波沧海路
小鳄鱼	南京证券南京大钟亭
	国泰南京太平南路
朱大户	中泰宁波江东北路
成都南北环	华泰成都南一环第二
	国泰君安成都北一环
佛山帮	光大佛山绿景路
	光大佛山季华六路
	长江佛山普澜二路
	湘财佛山祖庙路

厦门帮	华泰厦门厦禾路
	银河厦门美湖路
荣超割肉王	华泰深圳益田路荣超商务中心
深南哥	光大深圳金田路
乔帮主	招商蛇口工业七路
欢乐哥	中泰深圳欢乐海岸
	中信深圳后海
	中金云浮新兴东堤北路
东川路	申万宏源上海闵行区东川路
歌神	财通证券上塘路（原体育馆路）
其他知名营业部	东方上海银城中路
	中信杭州市心南路
	申万宏源上海闵行区东川路
	海通南京广州路
	中投杭州环球金融中心
	西藏东方拉萨金珠西路
	光大宁波解放南路
	中信建投杭州庆春路
	银河杭州庆春路
	华泰上海武定路
	国泰上海打浦路
	国泰上海江苏路
	中信山东淄博分公司
	中信建投无锡清扬路
	浙商绍兴解放北路
	财通温岭中华路

1. 趋势创新高战法

作者：揭幕者

揭幕者，中国十大原创证券自媒体，全国首位点击破亿的财经名博，首届全景社区十大博主称号，第二届中国财经博客大赛博客冠军！资深财经博客主，知名证券自媒体。

本书配合案例解读和交易方法讲解，帮助投资者获得股价突破的佳案例讲解，为实盘操作提供第一手资料。如果投资者想要战胜股市并且获得更高的投资回报，本书一定是不错的选择。掌握书中价格突破历史高位的交易方法，实战中买入这类股票，可以获得远超指数涨幅带来的收益。

2. 股市公开信息淘金

作者：揭幕者

揭幕者，中国十大原创证券自媒体，全国首位点击破亿的财经名博，首届全景社区十大博主称号，第二届中国财经博客大赛博客冠军！资深财经博客主，知名证券自媒体。

本书从信息的来源与如何利用出发，告诉投资者从哪些地方获取消息，获取怎样的消息，有指导性，同时又兼具实用性。本书立足于实战，从投资者的角度，以一个个实际的案例告诉投资者，什么样的消息是准确的，并如何从这些被多数投资者忽略了的消息中去指导自己的投资，寻找股市投资标的，利用消息抓住一支支大牛股、黑马股，实现在股市中只有少数人可以实现的赚取财富。